James K. Van Fleet

Die 22 größten Management-Fehler ...
... und wie man sie vermeidet

*Dieses Buch ist meiner Ehefrau gewidmet –
als symbolische Wiedergutmachung für ihre Geduld und ihr Verständnis
während der Entstehung dieses Buches.*

James K. Van Fleet

Die 22 größten Management-Fehler ...

... und wie man sie vermeidet

Aus dem Amerikanischen übersetzt
von Andrea Hubrich

Die Deutsche Bibliothek – CIP-Einheitsaufnahme

Van Fleet, James K.:
Die 22 größten Management-Fehler... : ...und wie man sie vermeidet /
James K. Van Fleet. Aus dem Amerikan. übers. von Andrea Hubrich. –
Landsberg/Lech : Verl. Moderne Industrie, 2001
 Einheitssacht.: The 22 Biggest Mistakes Managers Make <dt.>
 ISBN 3-478-38750-7

© 2001 verlag moderne industrie, 86895 Landsberg/Lech
http://ww.mi-verlag.de

Alle Rechte, insbesondere das Recht der Vervielfältigung und Verbreitung sowie der Übersetzung, vorbehalten. Kein Teil des Werkes darf in irgendeiner Form (durch Fotokopie, Mikrofilm oder ein anderes Verfahren) ohne schriftliche Genehmigung des Verlages reproduziert oder unter Verwendung elektronischer Systeme gespeichert, verarbeitet, vervielfältigt oder verbreitet werden.
Umschlaggestaltung: Vierthaler & Braun, München
Satz: mi, M. Zech
Druck: Himmer, Augsburg
Bindearbeiten: Thomas, Augsburg
Printed in Germany 38750/080101
ISBN 3-478-38750-7

Inhaltsverzeichnis

Vorwort – Was kann dieses Buch für Sie leisten? 11

| 1 | **Sie haben es versäumt, auf Ihrem Fachgebiet dem Wandel der Zeit Rechnung zu tragen** .... **15** |

Was Sie gewinnen, wenn Sie mit der Zeit gehen
und fachlich am Ball bleiben... 17
Methoden, um diese Ziele zu erreichen 18

| 2 | **Ihre Kenntnisse und Fähigkeiten beschränken sich auf Ihr Fachgebiet** .... **27** |

Was Sie gewinnen, wenn Sie sich auch für andere
Abteilungen und Gebiete Ihres Unternehmens interessieren . 29
Methoden, um diese Ziele zu erreichen 30

| 3 | **Sie weigern sich, mehr Verantwortung zu übernehmen – auch für Ihr eigenes Handeln** .... **39** |

Was Sie gewinnen, wenn Sie sich um zusätzliche
Kompetenzen bemühen und die Verantwortung für Ihr
Handeln übernehmen 41
Methoden, um diese Ziele zu erreichen 43

Inhaltsverzeichnis

**4 Sie treffen keine fundierten und
zeitgemäßen Entscheidungen** **51**

Was Sie gewinnen, wenn Sie fundierte und zeitgemäße
Entscheidungen treffen 53
Methoden, um diese Ziele zu erreichen 54

5 Sie üben Ihre Kontrollfunktion nicht ordentlich aus **61**

Was Sie gewinnen, wenn Sie die Ihnen übertragenen
Kontrollfunktionen ordentlich durchführen 63
Methoden, um diese Ziele zu erreichen 64

**6 Sie haben es versäumt sicherzustellen, dass Aufgaben
verstanden, überprüft und ausgeführt werden** **73**

Was Sie gewinnen, wenn Sie sich bemühen,
dieses Problem zu beseitigen 75
Methoden, um diese Ziele zu erreichen 76

**7 Sie verschwenden Ihre Zeit mit Details und den
Aufgaben anderer** **85**

Was Sie gewinnen, wenn Sie sich auf Ihren eigenen
Aufgabenbereich konzentrieren 86
Methoden, um diese Ziele zu erreichen 87

**8 Sie können Ihre eigenen Leistungen nicht
realistisch einschätzen** **95**

Was Sie gewinnen, wenn Sie Ihre eigene Leistung ehrlich
und realistisch einschätzen 96
Methoden, um diese Ziele zu erreichen 97

| **9** | **Sie geben sich mit dem Minimum zufrieden, anstatt nach dem Maximum zu streben** .... 107 |

Was Sie gewinnen, wenn Sie nach dem Maximum streben 109
Methoden, um diese Ziele zu erreichen 109

| **10** | **Sie missbrauchen Ihre Führungsposition für persönliche Zwecke** .... 119 |

Was Sie gewinnen, wenn Sie Ihre Führungsposition
nicht ausnutzen 121
Methoden, um diese Ziele zu erreichen 123

| **11** | **Sie sagen nicht die Wahrheit und halten nicht immer Wort** .... 131 |

Was Sie gewinnen, wenn Sie stets die Wahrheit sagen
und zu Ihrem Wort stehen 133
Methoden, um diese Ziele zu erreichen 134

| **12** | **Sie haben für Ihre Leute keine Vorbildfunktion** .... 141 |

Was Sie gewinnen, wenn Sie Ihren Mitarbeitern als
Vorbild vorangehen 143
Methoden, um diese Ziele zu erreichen 144

| **13** | **Sie bemühen sich lieber um die Sympathien Ihrer Mitarbeiter als um deren Respekt** .... 151 |

Was Sie gewinnen, wenn Sie in erster Linie nach
Respekt streben 153
Negative Methoden, um diese Ziele zu erreichen:
    was Sie nicht tun sollten 154
Positive Methoden, um diese Ziele zu erreichen:
    was nicht tun sollten 159

14 Sie kooperieren nicht mit Ihren Angestellten 165

Was Sie gewinnen, wenn Sie mit Ihren
Mitarbeitern kooperieren 166
Methoden, um diese Ziele zu erreichen 166

15 Sie versäumen es, Ihre Mitarbeiter um Rat zu fragen und sie um Hilfe zu bitten 177

Was Sie gewinnen, wenn Sie bei Ihren Mitarbeitern
Rat und Unterstützung suchen 179
Methoden, um diese Ziele zu erreichen 180

16 Sie schaffen es nicht, bei Ihren Mitarbeitern Verantwortungsbewusstsein zu entwickeln 189

Was Sie gewinnen, wenn Sie Verantwortung
abgeben können 190
Methoden, um diese Ziele zu erreichen 192

17 Sie legen mehr Wert auf das Einhalten von Vorschriften als auf fachliches Können 201

Was Sie gewinnen, wenn Sie umdenken 205
Methoden, um diese Ziele zu erreichen 205

18 Sie können Kritik nicht konstruktiv üben 213

Was Sie gewinnen, wenn Sie nicht mehr
destruktiv kritisieren 215
Methoden, um diese Ziele zu erreichen 215

| 19 | Sie schenken den Beschwerden Ihrer Angestellten keinerlei Beachtung .... **225** |

Was Sie gewinnen, wenn Sie die Beschwerden Ihrer Angestellten ernst nehmen 227
Methoden, um diese Ziele zu erreichen 230

| 20 | Sie informieren Ihre Mitarbeiter nicht ausreichend .... **237** |

Was Sie gewinnen, wenn Sie Ihre Angestellten gut informieren 239
Methoden, um diese Ziele zu erreichen 240

| 21 | Sie behandeln Ihre Mitarbeiter nicht als individuelle Persönlichkeiten .... **249** |

Was Sie gewinnen, wenn Sie die Individualität Ihrer Mitarbeiter anerkennen 251
Methoden, um diese Ziele zu erreichen 251

| 22 | Sie lehnen es ab, für einen Stellvertreter zu sorgen .... **261** |

Was Sie gewinnen, wenn Sie einen Mitarbeiter zu Ihrem Assistenten oder Stellvertreter ernennen 263
Methoden, um diese Ziele zu erreichen 265

Stichwortverzeichnis 271

Vorwort – Was kann dieses Buch für Sie leisten?

In der Vergangenheit war ich immer der Ansicht, dass es nicht richtig sei, eine Person auf mögliche Fehlerquellen in ihrem Verhalten hinzuweisen. Denn ich hatte die Hoffnung, dass diese Person den Fehler gar nicht erst begeht, wenn man sie nicht darauf aufmerksam macht. Ich bevorzugte also eine positive Betrachtungsweise der Sachlage.

Es ist jedoch noch gar nicht so lange her, da machten mich einige junge Geschäftsleute und Führungskräfte während eines meiner Seminare darauf aufmerksam, dass man mit dieser Einstellung verglichen mit einer Fahrschule zwar lernt, wie man ein Auto fährt, aber gleichzeitig nicht gezeigt bekommt, wie man sich in einem Notfall richtig verhält. Oder ein anderes Beispiel: Für jemanden, der sich für Wassersport interessiert, ist es zwar wichtig zu lernen, wie man ein Segelboot auf ruhigem Gewässer handhabt; er muss aber trotzdem auch wissen, was bei aufkommendem Sturm zu tun ist.

„Ist das nicht der Grund, warum es auf den großen Ozeanriesen genügend Rettungsboote gibt? Oder warum weisen die Flugbegleiter der Airlines jedes Mal darauf hin, wie man sich bei einem Absturz richtig verhält?", wollte ein anderer Seminarteilnehmer wissen.

„Als ich Betriebswirtschaft studierte, lernte ich, wie ein Unternehmen unter idealen Bedingungen funktioniert", sagte ein anderer, „aber uns wurde nicht beigebracht, was zu tun ist, wenn die Dinge einmal schief laufen. Ich arbeite jetzt seit fast elf Monaten in einem Unternehmen und muss feststellen, dass diese idealen Bedingungen, von welchen mein Professor immer sprach, in Wirklichkeit gar nicht existieren. Ich verbringe die meiste Zeit damit, Probleme zu lösen, von denen ich noch nie zuvor gehört habe, oder ich bin damit beschäftigt, Fehler zu beheben, die ein anderer gemacht hat."

„Er hat Recht", stimmte jemand zu, „das ist mir ebenfalls passiert. Warum lassen Sie uns nicht von Ihrem Erfahrungsreichtum profitieren? Sagen Sie uns, worauf wir achten müssen; was sollen wir tun, wenn die Dinge aus dem Ruder laufen? Oder noch besser: Nennen Sie uns bitte die größten Fehler, die uns unterlaufen können, und geben Sie uns ein paar klare, eindeutige, konkrete Verhaltensregeln, um diese Fehler zu beheben, beziehungsweise sie erst gar nicht geschehen zu lassen."

Ich erkannte, dass sie in der Tat Recht hatten. Mit der Hilfe und Unterstützung von ein paar anderen – dem Verlademeister der Firma Zenith, einem Fließbandvorarbeiter von General Electric, einem Professor der Wirtschaftswissenschaften, einem Büroleiter der gigantischen Einzelhandelskette K-Mart, einem Fabrikinspektor von Dayton Tire and Rubber, einem Filialleiter von Sears Roebuck, und vielen, vielen anderen – schrieb ich schließlich dieses Buch.

Wenn Sie es lesen, werden auch Sie die 22 größten Fehler von Führungskräften erkennen und lernen, wie man sie behebt, oder – noch besser – sie vermeidet. Sie bekommen eindeutige, positive und konstruktive Ideen an die Hand, wie man die Dinge von Anfang an richtig anpackt. Sie werden zum Beispiel lernen,

- ▼ wie man dem Wandel der Zeit auf einem Fachgebiet Rechnung trägt;
- ▼ wie man zur richtigen Zeit die richtige Entscheidung trifft;
- ▼ wie man seine Karriere fördert, indem man Verantwortung übernimmt;
- ▼ wie man seine Abteilung wie ein Rationalisierungsfachmann inspiziert;
- ▼ wie man sichergehen kann, dass die Aufgaben verstanden, beaufsichtigt und fertig gestellt werden;
- ▼ wie man seine eigene Leistung ehrlich und realistisch einschätzt;

- wie man nach dem bestmöglichen Ergebnis strebt, anstatt sich mit weniger zufrieden zu geben;
- wie man bei seinen Mitarbeitern Verantwortungsbewusstsein entwickelt;
- wie man die Beschwerden seiner Angestellten wie ein erfahrener Ratgeber handhabt;
- wie man jemanden kritisiert und ihm dabei das Gefühl gibt, ein Kompliment erhalten zu haben;
- wie man seine Mitarbeiter zu Höchstleistungen motiviert.

Und vieles, vieles mehr.

James K. Van Fleet

1 Sie haben es versäumt, auf Ihrem Fachgebiet dem Wandel der Zeit Rechnung zu tragen

Bob Horne war ein viel versprechender junger Chemiker, der bis vor kurzem für die *Reynolds Manufacturing Company* in San Francisco gearbeitet hat. Als Absolvent des Massachusetts Institut of Technology war er eigentlich schon frühzeitig für eine Beförderung vorgesehen. Er verließ jedoch das Unternehmen nach weniger als fünf Jahren. Lassen Sie mich Ihnen schildern, was geschehen war:

Für gewöhnlich brauchte Bob täglich drei Stunden für seine Fahrt zwischen seinem Arbeitsplatz und seinem Wohnort San Jose. Während er so hin- und herpendelte, lauschte er meistens den neuesten Musikhits der Top 40 im Autoradio.

Hin und wieder dachte er darüber nach, einen der Abendkurse in Stanford zu besuchen, um sich weiterzubilden, konnte sich jedoch nie wirklich dazu entschließen. Er überlegte sich auch hin und wieder, ein Fernstudium zu absolvieren oder wenigstens regelmäßig ein paar der besten wissenschaftlichen Magazine zu lesen, damit er auf dem Laufenden bleibt. Er schien jedoch von dem langen Fahrtweg jeden Tag so ermüdet zu sein, dass er sich nach ein oder zwei Gläsern Bier und einem üppigen Abendessen nur noch in seinen Lieblingssessel fallen lassen und etwas fernsehen konnte.

Als ihm angeboten wurde, auf Firmenkosten nach Stanford zu gehen, um einen weiterführenden Abschluss zu machen, bat er darum, das Angebot ein paar Jahre zu verschieben, da er momentan einfach zu erschöpft sei, nebenbei die Schulbank zu drücken. Und als sie ihm die Teilnahme an einem Dale-Carnegie-Kurs anboten, zu welchem auf Firmenkosten alle stellvertretenden Führungskräfte und Jungmanager geschickt wurden, lehnte er wiederum mit der Begründung ab, dass seine Frau gerade schwanger sei und ihn jeden Abend zu Hause benötige.

Er dachte auch oft darüber nach, der Vereinigung „Bay Chapter of the Society of Professional Engineers" beizutreten. Man traf sich dort jeden Freitagabend, um die neusten Entwicklungen zu diskutieren und um Ideen auszutauschen. Freitags war jedoch gerade sein Pokerabend mit den Bekannten aus der Nachbarschaft und dieses Zusammentreffen wollte er um keinen Preis versäumen.

Samstagmorgens war er regelmäßig auf dem Golfplatz verabredet, nachmittags gab es dann die anfallenden Arbeiten im und um das Haus zu erledigen oder er fuhr mit seiner Frau Beth in die Stadt, um dort ins Kino zu gehen, durch Chinatown zu bummeln, abends chic essen zu gehen oder einen der neuesten Klubs zu besuchen. Irgendwie schien Bob niemals genügend Zeit zu haben, um sich beruflich weiterzubilden. So kam es, dass sein Arbeitgeber nicht weiter an einer Zusammenarbeit mit ihm interessiert war. Mit der Begründung „für weitere Förderung nicht qualifiziert" trennte man sich von ihm.

Jim Turner trat zur gleichen Zeit wie Bob in das Unternehmen ein. Jim hatte keinen vergleichbar angesehenen Abschluss wie Bob vorzuweisen. Tatsächlich hatte er sein Diplom an einem kleinen College im Mittleren Westen, in Warrensburg, Missouri gemacht.

Seine schulischen Leistungen waren auch nicht so beeindruckend wie die von Bob. Jim hatte auf einer Skala von eins bis vier lediglich einen Durchschnitt von 2,2 erzielt, jedoch musste er sein Studium zu 100 Prozent selbst finanzieren. Unter anderem arbeitete er auch als Barkeeper, eine Tätigkeit, die den Personalchef des Unternehmens, Andy Myers, beeindruckte, da er seiner Meinung nach dadurch die Fähigkeit, mit den Leuten zu sprechen und mit Menschen umzugehen, einiges gelernt hat.

Genau wie Bob benötigte Jim für seinen Arbeitsweg täglich mehrere Stunden. Er jedoch nützte die Fahrzeit, um Kassetten des „Success Motivation Institute" aus Waco, Texas, einem der führenden Anbietern von Kursen in den Bereichen Personalmotivation und -führung, Weiterentwicklung von Führungskräften und Schulungen für Vorgesetzte und Manager, zu hören.

Natürlich gönnte er sich zwischendurch auch ein paar Stunden auf dem Golfplatz, einen Kinobesuch oder sonstige Wochenendvergnügen für sich und seine Frau. Aber er teilte seine Freizeit sorgfältig zwischen Weiterbildung und Vergnügen ein.

Jim bemühte sich neben der Arbeit um einen weiterführenden Abschluss und nahm dabei die Unterstützung seines Arbeitgebers gern an. Er trat dem „Bureau of Business Practice" in Waterford, Connecticut bei und wurde Mitglied in verschiedenen Buchklubs, in zwei Prentice-Hall Clubs in Englewood Cliffs, New Jersey, dem Business Leader's Book Club und dem Management Books Institute. Auf diese Art und Weise konnte er auf dem Gebiet Management und Führungsaufgaben auf dem Laufendem bleiben.

Alles in allem nutzte Jim jede sich bietende Chance, um auf seinem Fachgebiet nicht den Anschluss zu verlieren.

Heute – acht Jahre nach seinem Eintritt in das Unternehmen – bekleidet er die Position des stellvertretenden Vice President im Bereich Forschung und Entwicklung. Und auch heute hat er nicht aufgehört, sich weiterzubilden und seine Kenntnisse zu verbessern – nicht nur auf seinem eigenen Fachgebiet, sondern auch in den Bereichen Personalführung und Management.

Was Sie gewinnen, wenn Sie mit der Zeit gehen und fachlich am Ball bleiben

Sie sind jederzeit für eine Beförderung bereit

Wenn Sie auf Ihrem Fachgebiet bei den neuesten Entwicklungen auf dem Laufenden bleiben, sind Sie jederzeit für einen weiteren Schritt auf Ihrer Karriereleiter vorbereitet. Sie müssen von einem Moment zum anderen dazu in der Lage sein, die nächst höhere Position in der Hierarchie Ihres Unternehmens einzunehmen. Wenn Sie dazu nicht bereit sind ... Sie können sicher sein – ein anderer wird es bestimmt sein.

Sie bleiben auf Ihrem Fachgebiet stets ein Experte

Wenn Sie auf Ihrem Fachgebiet eine anerkannte Autorität sind, wird man zu Ihnen aufschauen. Man wird Sie respektieren und bewundern und sich gern mit der Bitte um Rat und Unterstützung an Sie wenden. Es wird gleichzeitig für Sie viel leichter werden, sich das volle Engagement, die Kooperation und die Loyalität Ihrer Mitarbeiter zu sichern. Ihre Vorgesetzten werden Sie aufgrund Ihrer Fähigkeiten respektieren und Vertrauen in Sie setzen.

Ihre Arbeit wird interessanter und erstrebenswerter

Natürlich werden Sie sich auch finanziell verbessern, wenn Sie Ihre Fachkenntnisse weiter ausbauen. Wichtiger jedoch ist vielleicht die Tatsache – obwohl auch eine gute Bezahlung sicher nicht zu verachten ist –, dass Sie, während Sie älter werden, nicht zum alten Eisen abgeschoben werden, nicht intellektuell stagnieren und Ihr geistiges Potenzial ungenützt lassen. Sie haben die Möglichkeit, Ihre Arbeit interessant und aufregend zu gestalten. Das an sich ist schon die Mühe der ständigen Weiterbildung wert.

Damit Ihnen nun nicht dieselben Fehler wie dem eben erwähnten Bob Horne unterlaufen, lassen Sie mich die Methoden des Jim Turner und vieler anderer erfolgreicher Manager und Führungskräfte ein wenig detaillierter erläutern.

Methoden, um diese Ziele zu erreichen

Bereiten Sie sich auf einen Karrieresprung vor

„Wenn Sie möchten, dass man Sie in Ihrem Unternehmen für weitere Schritte auf der Karriereleiter in Betracht zieht, müssen Sie sich selbst auf eine Beförderung vorbereiten", so Jim Turner. „Ohne Zweifel ist für die meisten Leute das größte Hindernis zum Erfolg die ineffektive Nutzung ihrer Freizeit. Der erste große Schritt, den Sie zu machen haben, ist zu lernen, wie Sie Ihre Zeit richtig einteilen.

Wenn Sie 40 Stunden die Woche arbeiten und jede Nacht acht Stunden schlafen, haben Sie immer noch 72 Stunden pro Woche übrig. Natürlich wird man einige Stunden davon noch der Arbeitszeit zurechnen müssen –

zum Beispiel die Fahrzeiten von und zur Arbeit –, aber auch diese Stunden im Auto können sinnvoll genutzt werden.

Sie könnten beispielsweise während der Autofahrt ein paar Kassetten des SMI (Success Motivation Institut) oder eines vergleichbaren Instituts anhören. Oder Sie könnten zu Hause ein paar Kassetten mit für Sie wichtigen Daten und Informationen aufnehmen, die Sie sich auf Ihrem Arbeitsweg gern anhören möchten."

Mein Hausarzt erzählte mir einmal, dass er jeden einzelnen Muskel des menschlichen Körpers auswendig lernte, während er mit der Straßenbahn in die George Washington University fuhr, als er in St. Louis Medizin studierte.

„Es gab zu dieser Zeit noch keine Kassettenrekorder, zumindest keine, die man in der Manteltasche spazieren tragen oder in ein Auto einbauen konnte. Also schrieb ich alle nötigen Informationen über die menschlichen Muskel auf drei bis fünf kleine Karten – den Namen des Muskels auf die eine Seite und die Informationen über seine Knochenanbindungen, Nerven, die Blutversorgung und die Funktionen auf die andere Seite. Beim Auswendiglernen schaufelte ich die Karten von der rechten Manteltasche in die linke. Während ich die Universität besuchte, verbrachte ich eine Menge für mich wertvolle Zeit in diesen alten Straßenbahnen, die ich ansonsten mit Tagträumen und dem Lesen der Sportnachrichten in der Zeitung verschwendet hätte."

Ich bin mir natürlich darüber im Klaren, dass man nicht jede freie Minute damit verbringen kann, sich weiterzubilden – obwohl es bei einigen Leuten so den Anschein hat. Chet Atkins zum Beispiel, einer der berühmtesten Gitarristen der Welt, nimmt seine Gitarre sogar mit zum Essen, wenn er gerade an einem neuem Arrangement arbeitet.

Sie müssen sich jedoch auch die Zeit für „Spaß und Vergnügen" gönnen, wie zum Beispiel für Golfspielen, Bowling, Schwimmen, Tennis, Handball oder für was auch immer Sie sich persönlich interessieren. Und halten Sie sich unbedingt ein paar Stunden für Ihre Frau frei – wenigstens hin und wieder. Auch sollten Sie sich die notwendige Zeit für die vielen unumgänglichen Arbeiten in und ums Haus nehmen, für den Garten, fürs Einkaufen, um Reparaturen am Auto auszuführen und dergleichen mehr.

Auf jeden Fall sollten Sie Ihre Zeit sorgfältig einteilen und planen. Ich bin sicher, Ihnen bleiben an vier bis fünf Tagen die Woche noch ein paar Stunden übrig, die Sie dann sinnvoller nutzen könnten, als sie vor dem Fernseher zu verschwenden.

Und das bringt mich zu ein paar kleinen Empfehlungen:

Bleiben Sie von der Glotze fern!

Das Fernsehen bietet eine wundervolle Gelegenheit, sich leicht und bequem unterhalten zu lassen; es lässt Sie aber auch – wenn Sie gestatten – geistig verkrüppeln. Ich selbst sehe mir lediglich die Abendnachrichten an und hin und wieder einen alten Film oder eine interessante Reportage. Lieber jedoch ziehe ich mich an vier Abenden die Woche gegen sieben Uhr mit einem Buch in mein Arbeitszimmer zurück. Ich bin jetzt über 50 Jahre alt, habe aber immer noch das Gefühl, dass es noch jede Menge zu lernen gibt, mir jedoch nicht mehr genügend Zeit dafür bleiben wird.

Nichts kann Wissen ersetzen!

Mangelnde Kenntnisse waren und werden niemals ein unüberwindliches Hindernis sein für jemanden, der beruflich weiterkommen möchte. Schulische Vorkenntnisse spielen keine maßgebliche Rolle. Fehlendes Wissen wird gern als willkommene Ausrede bemüht, eine anstehende Aufgabe nicht zu erledigen.

Wenn Sie genügend Interesse haben und den aufrichtigen Wunsch dazu verspüren, ihnen nachzugehen, können Sie sich Kenntnisse auf jedem Wissensgebiet der Welt aneignen. Stellen Sie Fragen, forschen Sie nach Fakten und verfolgen Sie neue Ideen. Ihr Alter, Ihr Gesundheitszustand, Ihre Arbeit, sogar Ihr finanzieller Status haben keinerlei Einfluss auf Ihre Fähigkeit, sich Wissen anzueignen. Wenn Sie zu einem bestimmtem Thema spezifische Kenntnisse brauchen, dann suchen Sie danach – finden Sie diese – lernen Sie das Gefundene.

Sie können sich diese Informationen und Fakten aneignen, indem Sie es sich einfach zur Gewohnheit machen, die öffentlichen Bibliotheken aufzusuchen; indem Sie selektiv lesen, werden Sie wieder zum Studenten und Sie haben dabei die besten Lehrer der Welt direkt unter Ihren Fingerspitzen.

Sie können natürlich auch die weiterführenden Kurse der Universitäten nutzen: Immatrikulieren Sie sich für ein Fernstudium und machen Sie Ihren Abschluss in dem Studienfach Ihrer Wahl.

Nehmen Sie jede Weiterbildungsmaßnahme für Führungskräfte und Manager wahr, wenn Sie Ihnen angeboten werden

Auf den ersten Blick scheint dieser Hinweis vielleicht überflüssig, aber George Bancroft, Direktor für Managementtraining bei Amber Industries of Paterson, New Jersey, überzeugte mich vom Gegenteil.

„Unser Unternehmen setzt wirklich alles daran, dass die leitenden Angestellten ihren Abschluss schaffen", erklärt Mr. Bancroft. „Zum Beispiel bietet die Columbia University ein Programm zur Erwachsenenbildung an, wobei man bei der Einschreibung nicht einmal einen Studienabschluss nachweisen muss. Wie auch immer, einige Jahre Berufserfahrung in der mittleren beziehungsweise gehobenen Führungsebene sind einfach unumgänglich.

Das zahlende Unternehmen muss auf alle Fälle bestätigen, dass der Bewerber für eine höhere Managementlaufbahn vorgesehen ist. Abgesehen davon sind 7.500 US-Dollar Kursgebühr zu entrichten. Der Einzelne hat dann noch eine Zulassungsprüfung für einen Abschluss in Betriebswissenschaften zu bestehen.

Der Kurs selbst setzt sich wie folgt zusammen: einmal in der Woche ganztägiger Unterricht, pro Quartal drei durchgehende Wochen Seminar und wöchentlich 15 Stunden, die für Hausaufgaben aufzuwenden sind. Die Studiendauer beträgt insgesamt zwei Jahre und bei erfolgreichem Bestehen wird der Absolvent mit dem so genannten Master's Degree ausgezeichnet.

Man möchte meinen, die Leute würden sich um eine Chance wie diese reißen! Überraschenderweise ist das ein Irrtum. Sie nennen eine Vielzahl von Gründen, warum sie nicht in der Lage sind, solche Kurse zu besuchen. Die häufigste Begründung für ihre Ablehnung ist jedoch der Verlust an Freizeit aufgrund der 15 Wochenstunden an Hausaufgaben!"

Unterschätzen Sie keinesfalls Fachkenntnisse

Ohne Frage ist Management eine Kunst; die erfolgreichsten Manager jedoch verfügen über solide Grundkenntnisse und Erfahrungen in den weniger glamourösen Bereichen und eher langweiligen Beschäftigungsfeldern der Verwaltungstätigkeiten in einem Unternehmen.

Unabhängig von ihren speziellen Fähigkeiten und Kenntnissen stehen Planung, Organisation, Kalkulation, Qualitätskontrolle, Forschung und Entwicklung, statistische Analysen, Problemlösung und Allgemeine Betriebswirtschaft auf dem Lehrplan der Wirtschaftserziehung und sind wertvolles Handwerkszeug für Manager und Führungskräfte der verschiedensten Hierarchiestufen eines Unternehmens.

Sollten Sie also auf einem dieser Gebiete oder in einem anderen, von mir hier nicht erwähnten, aber für Sie essenziellen Bereich Defizite haben, dann nutzen Sie die Angebote der Abendschulen, beginnen Sie ein Fernstudium und fangen Sie zu Hause zu lesen an.

Seien Sie für neue Ideen offen

Sie sollten für neue Ideen empfänglich werden, unabhängig davon, wie revolutionär diese auf den ersten Blick erscheinen. Auch wenn sie Ihre althergebrachten Überzeugungen völlig über den Haufen werfen, sollten Sie realistisch genug sein, um eventuelle Verbesserungsmöglichkeiten zu erkennen.

Neue Ideen sind die Grundlage für Ihre persönliche und berufliche Weiterentwicklung. Sie stellen eine Herausforderung dar; sie eröffnen neue Horizonte, die nur darauf warten, erforscht zu werden; sie regen Ihre Fantasie zu neuen Gedankengängen an. Kurz gesagt: Neue Ideen können Ihnen oftmals bei der Lösung von bestehenden und neuen Problemen helfen.

„Die Führungskräfte und Manager, die für jedes Problem eine Lösung finden, sind fast immer diejenigen, die das größte Interesse für Neuerungen zeigen", erklärt Gordon Hawkins, President des Iowa State Board of Realtors. „Zum einen halten sie es nicht für unter ihrer Würde, von anderen Leuten zu lernen – auch nicht von ihren Mitarbeitern. Noch haben sie Angst zuzugeben, dass sie auf manchen Fachgebieten noch einiges von anderen lernen können."

Wenn Sie sich selbst für neue Gedankengänge und Blickwinkel öffnen möchten, um den Anschluss nicht zu verpassen, dann folgen Sie diesen einfachen Richtlinien:

1. Lesen Sie ein paar der weniger populären Zeitungen, Magazine und Bücher.
2. Unterhalten Sie sich sowohl mit den Leuten in Ihrem Unternehmen als auch außerhalb Ihres Arbeitsbereichs.
3. Suchen Sie hin und wieder ein paar Ihnen unbekannte Orte auf. Erlernen Sie neue Sitten und Gebräuche, gewinnen Sie andere Eindrücke, sammeln Sie neue Erfahrungen.
4. Versuchen Sie alles, was Ihre alten Muster zu denken, handeln, sprechen, lesen und Dinge zu betrachten aufrütteln könnte. Es belebt die Sinne und wirkt Apathie und Lethargie entgegen.

Suchen Sie ernsthaft nach Wegen, Ihre Fähigkeiten zu verbessern

Wenn Sie es einmal ganz nüchtern betrachten, dann liegt es ganz an Ihnen, sich Führungsqualitäten anzueignen und damit fortzufahren, an den Entwicklungen auf Ihrem Fachgebiet weiter teilzuhaben. Ob Ihr Unternehmen nun Weiterbildungsmöglichkeiten anbietet oder nicht – Ihr berufliches Fortkommen liegt in Ihren Händen. Hier sind ein paar einfache Regeln, nach denen Sie sich richten können:

Bemühen Sie sich um mehr Verantwortung

Sie werden erst dann anfangen, über sich hinauszuwachsen, wenn Ihr Aufgabenbereich ein wenig zu umfangreich für Sie wird und Sie nicht mehr alles ohne Anstrengung erledigen können. Wenn Ihre momentanen Pflichten keine Herausforderung für Sie darstellen, dann ist es an der Zeit, sich nach neuen Betätigungsfeldern umzusehen – insbesondere sollten Sie sich dabei nach oben orientieren.

Sie könnten zum Beispiel Ihrem Chef anbieten, ihn bei seinen täglichen Routinearbeiten zu entlasten, sodass er mehr Zeit für wichtige Entscheidungen zur Verfügung hat. Er wird erkennen, dass Sie mehr Verantwortung übernehmen möchten. Schließlich ist auch er auf demselben Weg die Karriereleiter nach oben gestiegen. Sie können darauf wetten, dass er Sie auch mit mehr Arbeit „belohnen" wird.

Suchen Sie sich selbst mehr Aufgabenbereiche

Managementexperten erkannten bereits vor längerer Zeit, dass man Führungskräfte und Manager nicht auf dieselbe Art und Weise fördern kann wie zum Beispiel Schreibkräfte, Angestellte im Bereich Registratur oder Sekretärinnen. Die Weiterbildung von Führungskräften erfolgt in erster Linie über Eigeninitiativen und Selbststudium, wenn auch viele Unternehmen durch die Schaffung idealer äußerer Bedingungen ihre Leute dabei unterstützen.

Viele junge Führungskräfte sind der Ansicht, dass sich die für diese Aufgaben notwendigen Qualitäten nur durch Weiterbildungsseminare oder ein betriebswirtschaftliches Studium erwerben lassen. Sehen wir's jedoch so: Das, was Sie durch praktische Erfahrung bei der täglichen Arbeit lernen, ist mit Sicherheit noch wichtiger, da Sie hierbei die theoretischen Kenntnisse Ihrer Studien in der Praxis anwenden lernen.

Learning by Doing ist wohl für uns alle die beste Methode, ob es sich nun um Schwimmen, Fahrrad fahren, Ballwerfen, Klavier spielen oder eben das Übernehmen von Führungsaufgaben handelt.

Wachsen Sie mit Ihren Aufgaben

Dennis Allen ist Personalchef bei Delco-Remy, einer Tochtergesellschaft von General Motors. Er beherrscht seinen Job, er macht ihn sehr gern und kann bemerkenswerte Erfolge vorweisen. Von den Männern, die er im Laufe der Jahre für das Unternehmen eingestellt hat, sind 17 bis zu dem Rang eines Vice President im Unternehmensbereich von General Motors aufgestiegen, einer wurde sogar CEO.

„Wenn ein junger Mann beginnt für unser Unternehmen als stellvertretende Führungskraft zu arbeiten, empfindet er sich in seinem Aufgabenbereich mehr mit verwaltungstechnischen als mit Führungsaufgaben betraut", erläutert Mr. Allen. „Aber während er sich in der Unternehmenshierarchie immer weiter nach oben entwickelt, wird er erkennen, dass sich sein Arbeitsfeld langsam verändert. Auf der niedrigsten Führungsebene obliegt ihm die Verantwortung für nur einen einzigen Arbeitsablauf. Auf der nächsten Ebene wird er dann bereits für einen ganzen Tätigkeitskomplex verantwortlich sein, der unter Umständen den Einsatz von mehreren fachlichen Fähigkeiten von ihm erfordert.

Schließlich kommt er nach ganz oben an die Spitze und er wird herausfinden, dass er sich zunehmend mit Managementphilosophien beschäftigen muss. Heutzutage müssen sich unsere Topführungskräfte mit zukünftigen Ereignissen beschäftigen und hinter die unmittelbaren Probleme von Delco-Remy und General Motors blicken, um die langfristigen Ziele des Unternehmens nicht aus den Augen zu verlieren.

Auf dieser Ebene erfordert Management auch ein gewisses Gefühl für die soziale Verantwortung des Unternehmens. Das ist wirklich kein Job für jemanden, dessen kultureller Horizont von Marktberichten, Verkaufsstatistiken und Produktionszahlen eingegrenzt wird. Das Topmanagement von heute muss sich ebenso mit den Problemen der Umweltverschmutzung beschäftigen wie mit den Profiten ihrer Aktionäre – wenn nicht mit noch mehr!"

Hier haben Sie nun einige Methoden kennen gelernt, um mit der Weiterentwicklung auf Ihrem Fachgebiet Schritt halten zu können. Nützen Sie diese; sie werden Ihnen sehr hilfreich sein. Aber das ist nur ein Anfang. Entwickeln Sie auch eigene Wege und Techniken; gerade dadurch werden Sie ein besserer Manager.

2 Ihre Kenntnisse und Fähigkeiten beschränken sich auf Ihr Fachgebiet

John Kelly und Ralph Reynolds sind angesehene Mitarbeiter der Dayton Rubber and Tire Company in Springdale. Beide sind für die Beförderung zum Produktionsleiter vorgesehen. Die letzte Entscheidung obliegt George Orr, dem Leiter der Niederlassung in Springdale.

Beide Männer sind für diese Aufgabe qualifiziert; nicht nur durch ihre Ausbildung, sondern vor allem aufgrund ihrer Arbeitserfahrungen. Jeder bekleidet bereits die Position eines Fachbereichsleiters. Die anfallenden Verwaltungstätigkeiten bereiten John Kelly keinerlei Schwierigkeiten; seine Aufzeichnungen sind präzise und sein Schriftverkehr ist in einwandfreiem Zustand. Seine Produktionszahlen liegen in den oberen Bereichen. Er misst die Leistungen seines Bereichs im Wettstreit mit den anderen Abteilungen und hasst es, wenn er eine Niederlage einstecken muss. Auf den Gebieten Verwaltung und Produktion kann er gegenüber seinem Mitbewerber einen leichten Vorteil verbuchen. Auf der anderen Seite erscheint er, was sein Verständnis bezüglich anderer Abteilungen des Betriebs und seine Einschätzung der firmenweiten Zusammenhänge anbelangt, etwas zu schwächeln.

Als er nach seinem beruflichen Zielen gefragt wurde, antwortete er: „Ich möchte der beste Fachbereichsleiter des Unternehmens werden." Und wie George Orr bestätigt, ist er das auch.

Ihre Kenntnisse und Fähigkeiten beschränken sich auf Ihr Fachgebiet

Ralph Reynolds hingegen ist in dem Bereich Administration nicht so effektiv wie John Kelly. Er verschweigt nicht, dass er ungern an seinem Schreibtisch sitzt, um die anfallenden Verwaltungsaufgaben zu erledigen. Seine Produktionszahlen entsprechen sowohl in der Qualität als auch in der Quantität den Anforderungen und Standards des Unternehmens. Er hat Erfahrung in der Zusammenarbeit mit den übrigen Abteilungen des Betriebs und ist kooperationsbereit. Es liegt ihm viel daran, sich mit den Firmenzielen zu identifizieren. Ralph Reynolds verbringt einen Großteil seiner Freizeit im Unternehmen, um sich mit den Vorgängen in den anderen Abteilungen vertraut zu machen und um seine Kenntnisse zu erweitern. So ist es ihm möglich, Verständnis für die Probleme und die Arbeitsabläufe in den unterschiedlichen Bereichen der Firma zu gewinnen.

Nach seinen Karrierezielen befragt erklärt er: „Ich werde der CEO des Unternehmens werden."

Wenn Sie nun diese Fakten bedenken: Welchen der beiden Kandidaten würden Sie für eine Beförderung auswählen – John Kelly oder Ralph Reynolds? Ich würde Mr. Reynolds bevorzugen. Und so hat sich auch George Orr entschieden. Hier sind seine Gründe:

> *„John Kelly ist der beste Fachbereichsleiter des Unternehmens, weil er genau das sein möchte. Für uns ist das ein großes Glück, weil wir kompetente Mitarbeiter wie ihn in diesen Positionen dringend brauchen. Für John ist es eher ein Unglück. Durch seine Einstellung und indem er sich nur auf seinen eigenen Arbeitsbereich beschränkt, nimmt er sich selbst die Möglichkeit, befördert zu werden.*
> *Ralph Reynolds hingegen hat uns mehr als deutlich gemacht, dass seine Karriereziele deutlich höher gesteckt sind. Er möchte das gesamte Unternehmen leiten und weiß genau, dass er dieses Vorhaben nur dann realisieren kann, wenn er alle Abteilungen und Bereiche des Betriebs und die Vorgänge in denselben kennt. Ich persönlich glaube, dass er es bis an die Spitze schaffen wird, und ich hoffe, er kann seinen Traum bald verwirklichen."*

Wenn Sie sich selbst mit Ihren Kenntnissen und Bemühungen lediglich auf Ihr Fachgebiet beschränken, werden Sie aller Wahrscheinlichkeit nach nie mehr als ein qualifizierter Facharbeiter sein – und das ist es ja nun nicht, was Sie gerade wollen! Sie möchten doch Manager oder Führungskraft sein.

Bevor ich Ihnen hierzu einige spezielle Techniken und Tipps an die Hand gebe, damit Sie nicht dieselben Fehler wie John Kelly begehen, lassen Sie mich zunächst erläutern ...

Was Sie gewinnen, wenn Sie sich auch für andere Abteilungen und Gebiete Ihres Unternehmens interessieren

Sie schaffen bessere Voraussetzungen für einen größeren Karrieresprung

Wenn Sie sich lediglich auf Ihre Abteilung und Ihr Fachgebiet beschränken, werden Sie vielleicht am Anfang schneller befördert, Ihre weitere Entwicklung auf Ihrer Karriereleiter ist damit jedoch stark eingeschränkt. Heutzutage sind die Arbeitsabläufe in den Unternehmen derart komplex und breit gefächert, dass Sie nicht umhin kommen, sich umfassende Kenntnisse anzueignen. Nehmen Sie sich nicht selbst die Möglichkeit einer Beförderung, indem Sie nicht über Ihren Tellerrand hinausblicken und sich stattdessen auf einem speziellen Gebiet überqualifizieren.

Je höher Sie auf der Karriereleiter klettern, umso besser wird die Bezahlung

Es ist eigentlich ganz einfach: Je größer der Verantwortungsbereich ist, den Sie übernehmen, umso größer wird auch der materielle Nutzen und die finanzielle Vergütung Ihrer Anstrengungen sein. Und je kompetenter Sie darin werden, eine Vielzahl komplexer und komplizierter Tätigkeiten zu managen, je mehr Verantwortung Ihnen also übertragen wird, umso höher werden Sie in der Firmenhierarchie steigen und umso mehr Einkommen können Sie verlangen.

Ihre Karriere wird sehr viel interessanter

Offen gestanden kann ich mir persönlich nicht vorstellen, ein und dieselbe Tätigkeit 30 oder 40 Jahre lang auszuüben. Jedoch kenne ich Menschen, die genau das machen. Die meisten von ihnen sind der täglichen Arbeitsroutine überdrüssig. Sie verharren aber in ihrem Trott bis zum hoffentlich baldigen Ruhestand, da sie einfach keine andere Möglichkeit sehen.

Wenn Sie also die Spannung und die tägliche Herausforderung nicht missen möchten, dann spezialisieren Sie sich nicht zu sehr auf ein Gebiet oder eine Abteilung; diversifizieren Sie Ihre Fähigkeiten und Kenntnisse, und Ihr Job wird um ein Vielfaches interessanter. Glauben Sie mir, aus Ihrer täglichen Arbeit wird dann eine Karriere werden.

Methoden, um diese Ziele zu erreichen

Stecken Sie sich Ihre Ziele hoch

Paul J. Meyer, President des Success Motivation Institute in Waco, Texas, hat eine ausgezeichnete Methode entwickelt, um sich für das Erreichen seiner persönlichen, hoch gesteckten Ziele zu motivieren.

Mr. Meyer nennt sein Erfolgsrezept ...

... den 1-Million-Dollar-Erfolgsplan[1]

Konzentrieren Sie Ihre Gedanken. Legen Sie genau fest, welche Ziele Sie bis zu welchem Termin erreichen möchten.

Entwickeln Sie einen Plan, um Ihr Ziel zu erreichen. Setzen Sie sich eine Deadline. Planen Sie die einzelnen Schritte zum Erfolg – Stunde für Stunde, Tag für Tag, Monat für Monat.

Entwickeln Sie in Ihrem Herzen den aufrichtigen Wunsch, Ihre Träume zu erreichen. Brennendes Verlangen ist der größte Ansporn jeglichen menschlichen Handelns.

Setzen Sie vollstes Vertrauen in Ihre eigenen Fähigkeiten. Egal was Sie tun: Denken Sie nicht einmal im Traum an eine eventuelle Niederlage.

Verfolgen Sie Ihre Pläne mit verbissener Entschlossenheit, ungeachtet eventueller Hindernisse, Kritiken oder sonstiger misslicher Umstände.

---

[1] Abdruck gestattet durch Paul J. Meyer, President des Success Motivation Institut, Inc. of Waco, Texas. Alle Rechte vorbehalten. © 1962

Sehen wir uns im Folgenden Meyers persönliches Erfolgsrezept etwas näher an und erweitern wir es gegebenenfalls um den einen oder anderen Gedanken.

Konzentrieren Sie Ihre Gedanken

Bei diesem Punkt müssen Sie ganz genau wissen, welche Ziele Sie eigentlich verfolgen. Konzentrieren Sie sich auf Ihre Wünsche, Ihre Ziele und Ambitionen.

Eventuelle Unklarheiten können Sie sich hier nicht leisten. Allgemein gültige Regeln wie „Wohlstand erst im fortgeschrittenen Alter" und „sich zur Ruhe setzten, wenn man für das Alter ausreichend vorgesorgt hat" haben hier keine Gültigkeit. Wenn Sie das Geld reizt, dann müssen Sie den genauen Betrag und den Zeitraum präzise benennen, bis wann Sie dieses Ziel verwirklichen möchten. Bleiben Sie bei Ihren finanziellen Vorstellungen realistisch und setzen Sie einen angemessenen Termin.

Vielleicht streben Sie aber eher nach einer ganz bestimmten Position in einem Unternehmen. Welches Ziel auch immer Sie vor Augen haben, wenden Sie all Ihre Energie auf, um dieses auch zu erreichen. Lassen Sie sich dabei von nichts und niemanden ablenken. Überlegen Sie sich, was Sie wollen, wohin Sie Ihr Weg führen soll und wann Sie am Ziel ankommen möchten.

Entwickeln Sie einen Plan, um Ihr Ziel zu erreichen

Sie werden sich wundern, wie schnell sich Ihre kühnsten Träume zu konkreten und greifbaren Wünschen wandeln. Machen Sie sich also einen genauen Plan. Formulieren Sie Ihre Ziele schwarz auf weiß.

Entwerfen Sie eine Übersicht der notwendigen Schritte, mit Zwischenstopps und Checkpoints. Daran erkennen Sie, inwieweit Sie Ihrem Traum näher gekommen sind. Dabei sollten Sie beachten, dass die einzelnen Schritte ineinander übergehen müssen. Das heißt, haken Sie niemals einen Punkt auf der Liste ab, bevor Sie nicht mit dem nächsten begonnen haben. Dieser kleine Trick hält Sie davon ab, kurz vor dem Ziel einfach aufzugeben.

Entwickeln Sie in Ihrem Herzen den aufrichtigen Wunsch, Ihre Träume zu erreichen

Was passiert Ihrer Meinung nach, wenn Sie Ihr Ziel erreicht haben? Was werden Sie tun? Ein größeres Haus bauen, ein neues Auto kaufen, ein Wochenendhaus am See erwerben, einfach nur den materiellen Erfolg genießen?

Stellen Sie eine Liste der Vorteile auf, die Sie sich vom Erreichen Ihres Traumes versprechen. Denken Sie dabei nicht nur an die materiellen Dinge und finanziellen Vorteile; wie steht es mit einer eventuellen Aufwertung Ihrer Person, einer Verbesserung Ihrer Fähigkeiten im Umgang mit anderen Leuten um hier nur einige Beispiele zu nennen. Vergessen Sie nicht, diese erstrebenswerten positiven Effekte auf Ihre Liste zu setzen.

Setzen Sie vollstes Vertrauen in Ihre eigenen Fähigkeiten

Hier sollten Sie sich auf Ihre Stärken anstatt auf Ihre Schwächen konzentrieren. Glauben Sie an Ihre Fähigkeiten und vertrauen Sie darauf, dass Sie die angestrebten Ziele auch erreichen, gleichgültig welche Einschränkungen Sie auch in Kauf nehmen müssen. Die Geschichtsbücher nennen uns eine Vielzahl berühmter Menschen, die unglaubliche Hindernisse überwunden haben, um ihre Träume zu verwirklichen und erfolgreich zu werden.

Sehen Sie sich einige dieser Berühmtheiten und deren Schwierigkeiten etwas näher an. Wenn Sie deren Schwachpunkte und Aussichten mit Ihren vergleichen, werden Sie erkennen, dass es gar nicht so viele unüberwindliche Hindernisse gibt, die Sie vom Erreichen Ihrer persönlichen Wünsche abhalten können. Wenn diese Leute erfolgreich waren – warum dann nicht auch Sie? Wenn Sie sich selbst vertrauen und auf Ihre Fähigkeiten bauen, können Sie alles schaffen!

Verfolgen Sie Ihre Pläne mit Entschlossenheit und Beharrlichkeit

Wenn Sie den festen Willen, die Entschlossenheit und die Beharrlichkeit verspüren, ein bestimmtes Ziel zu verfolgen und zu realisieren, dann gibt es kein Hindernis, das nicht überwunden werden kann. Ganz egal was passiert. Ein felsenfester Entschluss zum Erfolg überwindet jede Situation oder jegliche Umstände, die Ihnen bei der Realisierung Ihrer Wünsche vielleicht im Weg stehen könnten. Halten Sie durch bis zum bitteren Ende und Sie werden schlicht und ergreifend durch nichts und niemanden aufzuhalten sein.

Beschränken Sie Ihr Wissen nicht nur auf Ihr eigenes Fachgebiet bzw. Ihren Arbeitsbereich

„Alle Manager und Führungskräfte sollten sich vergegenwärtigen, dass sie sich ein Leben lang weiterbilden müssen, um sich an der Spitze ihres Unternehmens halten zu können." So Robert Van Horn, President von Van Horn and Associates, ein Management-Consulting-Unternehmen in Seattle, Washington. „Jeder sollte über ein persönliches Programm zur Weiterbildung und zur Verbesserung der bestehenden Fähigkeiten verfügen. Dabei sollte man sich nicht nur auf seinem eigenen Sektor die neuesten Informationen aneignen, sondern auch alle anderen Gebiete in seine Weiterbildungsmaßnahmen mit einbeziehen. Das kann mithilfe von Fernstudiengängen oder kontinuierlichen berufsbegleitenden Aufbaukursen geschehen."

Ein wenig später in diesem Kapitel werde ich auf einige Techniken eingehen, die Sie selbst in Ihrem Unternehmen anwenden können, um sich Kenntnisse aus anderen Abteilungen und Fachgebieten anzueignen. Hier möchte ich zunächst jedoch aus eigener Erfahrung auf die Bedeutung der Erwachsenenbildung an Kollegs und Universitäten hinweisen.

Ich selbst habe eine Reihe von verschiedensten Kollegkursen belegt, angefangen bei Soziologie und Wirtschaftswissenschaften bis hin zu Seminaren über Verkaufstechniken und Marketingstrategien. Ebenso war ich in Vorlesungen über Psychologie und Philosophie zu finden – da ich ja keinen Abschluss mehr zu machen hatte, schrieb ich mich eigentlich für jeden Kurs ein, der mich interessierte.

Einmal saß ich in einem Seminar über Verkaufsstrategien und war sehr überrascht, als sich herausstellte, dass mein Sitznachbar Einkäufer für eine Kaufhauskette aus dem Mittleren Westen war:

„Ich verstehe eigentlich nicht, warum Sie als Einkäufer ein Seminar über Verkaufsstrategien besuchen", sagte ich. „Sie müssen doch selbst nichts verkaufen."
Er entgegnete mir: „So erstaunlich ist das nun auch wieder nicht. Ich habe mir überlegt, wenn ich die Vorgehensweise der Verkäufer besser kennen lerne und die Kunst des Verkaufens einmal von ihrem Standpunkt aus betrachte, dann kann das für meine Arbeit als Einkäufer nur von Vorteil sein. Wenn ich verstehe, wie ein Verkäufer vorgeht und welche Argumente er für seine Tätigkeit benützt, dann hält mich das davon ab, bei meinen Entschei-

Ihre Kenntnisse und Fähigkeiten beschränken sich auf Ihr Fachgebiet

dungen allein auf mein Gefühl zu vertrauen oder ein übereiltes Urteil zu treffen."

Der Punkt ging an ihn. Eine Menge Unternehmen vertreten mittlerweile bezüglich der Weiterbildungswünsche ihrer Angestellten eine ähnliche Einstellung. Viele Betriebe sind der Ansicht, dass ihre Mitarbeiter ihr Weiterbildungsbestreben auch auf andere Bereiche des Unternehmens ausdehnen sollten als lediglich auf ihr eigenes Fachgebiet. Und so bieten sie ihrem Führungspersonal eine Vielzahl unterschiedlichster Kurse an.

General Electric (GE) zum Beispiel unterhält für seine Ingenieure mehr als 400 verschiedene fachspezifische Weiterbildungskurse. Außerdem bieten sie Kurse in Buchhaltung, Marketing, Öffentlichkeitsarbeit, Public Relations und vielen anderen Disziplinen an. Auf diese Weise haben die Mitarbeiter von GE die Möglichkeit, auch über ihr Fachbereich hinaus umfassende Kenntnisse zu erwerben.

Die Firma Amway Corporation in Ada, Michigan – eines der größten und erfolgreichsten Unternehmen der Welt im Direktverkauf – hat ein spezielles Trainingsprogramm für Führungskräfte entwickelt, um den mehr als 150.000 Vertriebsangestellten eine Möglichkeit zu bieten, sich beruflich weiterzuentwickeln.

Eigene Mitarbeiter prüfen die aktuelle Fachliteratur zur persönlichen und beruflichen Weiterbildung dahingehend, ob sie dem hohen Standard des Amway-Trainingsprogramms für Führungskräfte entsprechen. Repräsentative Titel ihrer Wahl sind zum Beispiel *The Magic of Thinking Big* von David Schwartz, *How I Raised Myself from Failure to Success in Selling* von Frank Bettger und *How to Have Confidence and Power in Dealing with People* von Les Giblin. Alle drei Bücher sind bei Prentice-Hall, Englewood Cliffs, New Jersey, erschienen. Auch eines meiner eigenen Bücher *Power with People* wurde von ihrem Gremium für einen der Förderkurse für Führungskräfte ausgewählt.

„Das Amway-System, die richtigen und interessanten Bücher für ihre Vertriebsleute vorab zu überprüfen, auszuwählen und eine Empfehlung auszusprechen, war für mich persönlich eine große Hilfe", erklärt Charlie Miller, einer der Vertriebsmitarbeiter aus Ames, Iowa. „Erstens vertraue ich voll auf ihr Urteil – sie sind schließlich Experten auf diesem Gebiet. Und zweitens

fehlt mir die Zeit, Hunderte von Büchern zu lesen, um dann eines davon als tauglich zu erkennen. Zeit ist Geld, müssen Sie wissen!"

Unternehmen, die es sich nicht leisten können oder wollen, spezielle Weiterbildungskurse voll zu finanzieren, können ihren Angestellten einen Teil der Studien- bzw. Kursgebühren zurückerstatten und sie auf diesem Wege motivieren, ihre persönlichen und beruflichen Kenntnisse zu erweitern und ihre Ausbildung fortzusetzen.

„Obwohl wir über ein eigenes Schulungsprogramm verfügen, finden wir das externe zusätzliche Bildungsangebot sehr sinnvoll und nützlich", sagt Henry Goetz, Vice President im Bereich Personalwesen der Midwestern Lebensversicherungsgesellschaft. *„Bei der Entscheidung über einen etwaigen berufsbezogenen Weiterbildungskurs sind wir sehr offen und tolerant. Wenn sich jemand dafür entscheidet, seine beruflichen Kenntnisse zu erweitern und seinen Wissenstand zu verbessern, dann setzen wir alle Hebel in Bewegung, ihn dabei zu unterstützen. Wenn dieser Jemand meint, dass dieser oder jener Kurs dazu beiträgt, seinen persönlichen und professionellen Horizont zu erweitern, dann übernehmen wir die anfallenden Kosten."*

Erkundigen Sie sich in Ihrem eigenen Unternehmen nach den dortigen Förderungs- und Weiterbildungsmöglichkeiten. Vielleicht haben Sie ja bis jetzt die gebotenen Gelegenheiten einfach verpasst. Sollte es in Ihrem Betrieb keine derartige Berufsförderung geben, sind eventuell gerade Sie ausschlaggebend für die Schaffung entsprechender Möglichkeiten.

Ansonsten müssen Sie sich privat um Ihre Weiterbildung kümmern – wie auch ich es getan habe.

Lernen Sie einfach alles über Ihr Unternehmen

Möchten Sie eines Tages CEO Ihres Unternehmens werden? Dann lernen Sie möglichst viel über alle Bereiche und Abteilungen des Betriebs, in dem Sie arbeiten: Wie wird gearbeitet, was sind die zu erfüllenden Pflichten und welche speziellen Probleme können dabei auftreten?

Bleiben Sie jeden Tag eine Extrastunde in Ihrer Firma. Kommen Sie eine Stunde früher oder bleiben Sie abends einfach etwas länger. Aber verbringen Sie diese Zeit nicht in Ihrer Abteilung oder Ihrem Büro und starren Sie dabei keine Löcher in die Luft. Gehen Sie in andere Bereiche des Betriebs –

in die Speditionsabteilung, die Produktion, die Abteilung für Finanzplanung, Qualitätskontrolle oder Reklamationsbearbeitung. Besuchen Sie die Lager und die Abteilungen für Konstruktion und Entwicklung.

„Auf diese Art und Weise habe ich sämtliche Bereiche unserer Niederlassung hier in Springdale kennen gelernt", erzählt Ralph Reynolds. „Um die Wahrheit zu sagen, es hat mir wesentlich dabei geholfen, den Posten des Produktionsleiters zu bekommen. Ich wusste einfach mehr über die einzelnen Abteilungen als jeder andere. Ich möchte nicht behaupten, dass ich über die Vorgänge in der Abteilung für Keilriemen besser Bescheid weiß als der Fachbereichsleiter Bill Henry. Aber ich verfüge außerdem über Kenntnisse in den Bereichen Forschung und Entwicklung, Vertrieb und Lagerhaltung und so weiter. Bill fehlt hingegen dieses Wissen. Das Gleiche gilt für die anderen Fachbereichsleiter des Unternehmens; nicht dass ich klüger bin als sie – meine Kenntnisse resultieren einfach aus meinen häufigen Besuchen in den einzelnen Abteilungen und Bereichen des Unternehmens und den vielen Fragen, die ich dort gestellt habe."

Lernen Sie jeden Tag etwas Neues über das Aufgabengebiet eines Ihrer Mitarbeiter

Sobald Sie sich einen groben Überblick über die unterschiedlichen Aufgaben und Probleme der einzelnen Abteilungen verschafft haben, sollten Sie damit beginnen, sich etwas detailliertere Kenntnisse über den jeweiligen Job anzueignen.

Ich bin mir natürlich darüber im Klaren, dass Sie nicht in der Lage sind, sich für den Rest Ihres Berufslebens jedes komplizierte Detail eines jeden Arbeitsplatzes zu merken – das ist völlig unmöglich. Aber Sie wissen genug, um über den ein oder anderen Arbeitsvorgang kompetent sprechen zu können. Und nicht nur das: Niemand wird Sie bezüglich der dort anfallenden Pflichten und Schwierigkeiten täuschen. Sie wissen es ja aus eigener Erfahrung besser und verfügen somit über wertvolle Kenntnisse aus erster Hand.

Sam Freeman, Fachbereichsleiter bei Lily Tulip's in Springfield, Missouri, erzählt:

„Ich habe mir hier jedes Detail, gleichgültig um welchen Arbeitsschritt es sich handelte, genau angesehen. Aus meinem damaligen fehlendem Wissen

habe ich keinen Hehl gemacht. Wahrscheinlich bin ich den Kollegen mit meinen ständigen Fragen ziemlich auf die Nerven gegangen.
Aber ich war immer der Ansicht, dass ich mit ehrlichen Fragen auch ehrliche Antworten bekommen werde und dass man mir die einzelnen Arbeitsschritte so gut wie möglich erklären wird. Obwohl ich heute die einzelnen Arbeiten nicht annähernd so kompetent ausführen kann wie der jeweilige Angestellte, bin ich doch in der Lage sofort zu erkennen, wenn irgendetwas schief läuft. Das ist für jeden Vorgesetzten im Bereich Produktion von essenzieller Bedeutung."

Blicken Sie über die Grenzen Ihres Unternehmens hinaus

Hierzu gibt es verschiedene Möglichkeiten. Zunächst einmal können Sie Ihre Interessen und Kenntnisse auf die verschiedensten Bereiche hin erweitern, indem Sie externe Bildungseinrichtungen besuchen. Ob es sich nun um private oder berufliche Interessen und Aktivitäten handelt, spielt dabei keine Rolle. Man wird Sie als verantwortungsvollen und interessierten Mitmenschen kennen lernen, der für die Firma X arbeitet. Und diese Vorstellung wird sowohl für Sie persönlich, als auch für Ihren Arbeitgeber von Vorteil sein.

Eine weitere, sehr effiziente Methode, das Augenmerk ein wenig über den eigenen Tellerrand hinaus zu richten, entwickelte Jack Lowrey, Leiter der Personalabteilung von Cummins Diesel in Kansas City, Missouri:

> „Ich habe es mir zur Gewohnheit gemacht, wenigstens einmal im Monat ein uns ähnliches Unternehmen zu besuchen. Im Gegenzug luden wir auch viele andere Betriebe dazu ein, sich unsere Firma und unsere Arbeitsmethoden einmal vor Ort anzusehen.
> Auf diese Art und Weise habe ich viele unserer Kunden und Zulieferer kennen gelernt, die wiederum unsere Produktionsstätten in Augenschein nehmen konnten. Dieser wechselseitige Informationsaustausch hat für alle Beteiligten sehr große Vorteile gebracht. Er half uns dabei, die Probleme des anderen besser zu verstehen. Persönlich hatte ich auf diese Weise die wunderbare Gelegenheit, Ideen auszutauschen und neue Informationen im Bereich Personalwirtschaft zu erhalten."

Sie werden im Laufe der Zeit mit Sicherheit noch weitere Wege finden, sich für die verschiedensten Wissensgebiete und Arbeitsbereiche zu interessieren. Fügen Sie diese unserer Liste hinzu und wenden Sie alle bei Ihrer täglichen Arbeit an. Sie werden großen Nutzen daraus ziehen.

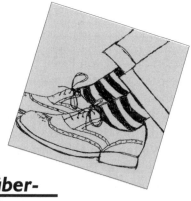

3 Sie weigern sich, mehr Verantwortung zu übernehmen – auch für Ihr eigenes Handeln

Obwohl Sie über besondere Führungseigenschaften verfügen müssen, um sich für eine der Toppositionen in der Führungsspitze Ihres Unternehmens zu qualifizieren, gibt es eine Sache, ohne die Sie es niemals bis dorthin schaffen werden. Und zwar Ihr Wille, sich um zusätzliche und größere Verantwortungsbereiche zu bemühen, und Ihre Bereitschaft, die volle Verantwortung für Ihr eigenes Handeln zu übernehmen.

Als Manager oder Führungskraft eines Unternehmens, Betriebs, Ladengeschäfts, einer Abteilung oder eines Unternehmensbereichs verfügen Sie ohne Zweifel über ausreichend Handlungsvollmachten und sind dazu befugt, Anweisungen zu geben, und die Arbeiten anderer zu leiten und gegebenenfalls zu korrigieren.

In dieser Position müssen Sie dazu bereit sein, die volle Verantwortung für Ihr Handeln oder Ihr Versagen zu übernehmen. Darüber hinaus müssen Sie auch voll und ganz hinter Ihren Mitarbeitern stehen – im Falle des Erfolgs ebenso wie bei Misserfolgen.

Ihnen allein wird man entweder das Lob aussprechen oder die Schuld zuschieben. Werden Sie gelobt, sollten Sie diese Anerkennung unverzüglich an

Ihre Mitarbeiter weitergeben. Tadel oder Schuldzuweisungen tragen Sie allein.

Natürlich wird von Ihnen erwartet, dass Sie auftretende Fehler durch entsprechende Korrekturmaßnahmen beheben lassen – den schwarzen Peter können Sie jedoch nicht weitergeben. Sie ganz allein tragen die volle Verantwortung für das Fehlverhalten Ihrer Mitarbeiter. Als Manager oder in leitender Position können Sie bei derartigen Vorfällen Ihren Kopf nicht mit den Worten „Ich habe ihm aber gesagt, dass er dieses oder jenes anders machen soll. Es ist wirklich nicht meine Schuld, dass er sich nicht an meine Anweisungen gehalten hat" aus der Schlinge ziehen. Derartige Ausreden akzeptiert niemand als Erklärung für fehlerhafte Leistungen; sie gelten höchstens als Entschuldigung, und meist nicht einmal als das.

Im Amerikanischen Bürgerkrieg endete die Schlacht von Gettysburg, nach General Picketts mutigem, aber völlig aussichtslosen Angriff auf das Zentrum der Verteidigungslinien der Union, in einer ungeheuren Niederlage für die konföderierten Streitkräfte. In dieser Situation versuchte ein junger Südstaatenoffizier General Lee mit den Worten zu trösten: „Es war nicht Ihr Fehler, General Lee. Aufgrund der unentschuldbaren Fehlentscheidungen der anderen war diese Niederlage unvermeidbar."

General Lee weigerte sich jedoch, jemand anderen als sich selbst für das Scheitern seiner Truppen verantwortlich zu machen, und antwortete dem jungen Offizier, wie es jede verantwortungsbewusste Führungskraft tun sollte: „Nein, das ist nicht wahr; es war alles ganz allein mein Fehler."

Sie wären sehr gut beraten, wenn Sie dem Beispiel von General Lee folgen würden. Versuchen Sie nicht, die Verantwortung für einen eventuellen Misserfolg auf jemand anderen abzuwälzen, indem Sie ihm den schwarzen Peter zuschieben. Wenn Sie sich so verhalten, durchschauen Ihre Vorgesetzten das unfaire Spiel sofort und Sie werden Ihre Vertrauensposition für immer verlieren.

Anstatt also die Schuld für einen Misserfolg anderen in die Schuhe zu schieben, übernehmen Sie lieber selbst die volle Verantwortung für das Geschehene.

Was Sie gewinnen, wenn Sie sich um zusätzliche Kompetenzen bemühen und die Verantwortung für Ihr Handeln übernehmen

Sie lernen, selbst die Initiative zu ergreifen

Wenn Sie einen größeren Verantwortungsbereich anstreben, dann müssen Sie lernen, selbst die Initiative zu ergreifen. Warten Sie nicht darauf, dass Ihr Vorgesetzter oder Ihr Arbeitgeber Ihnen sagt, was Sie tun sollen. Sie sollten bereits handeln, während andere noch darüber nachdenken. Sie sollten bereits eine Lösung parat haben, während andere das Problem gerade entdecken.

Wenn Ihre Mitarbeiter erkennen, dass Sie dazu bereit sind, einen Schritt weiter zu gehen und auch die Verantwortung dafür übernehmen wollen, wenn sie erkennen, dass Sie sich aktiv darum bemühen, einen größeren Handlungsspielraum zu bekommen, dann haben sie Vertrauen zu Ihnen und in Ihr Handeln, werden hinter Ihren Entscheidungen und Anordnungen stehen und Sie mit all ihren Kräften unterstützen.

Das Gleiche gilt für Ihre Vorgesetzten.

Sie verbessern Ihr berufliches Erscheinungsbild

Wenn Sie sich um einen größeren Verantwortungsbereich bemühen und bereit sind, die daraus resultierenden Konsequenzen zu tragen, werden Sie sich beruflich weiterentwickeln und Ihre Führungsqualitäten entscheidend verbessern.

Machen Sie es sich zur Aufgabe, nach und nach jeden nur möglichen Aufgabenbereich zu übernehmen – soweit es Ihre Kräfte zulassen. Bemühen Sie sich darum und nehmen Sie die Ihnen übertragenen Aufgaben freudig an.

Der schnellste und sicherste Weg, die Karriereleiter nach oben zu klettern, ist, seinen Bekanntheitsgrad zu steigern. Machen Sie sich mit allem und jedem bekannt, zum Beispiel indem Sie freiwillig schwierige oder unangenehme Tätigkeiten übernehmen.

Wenn Sie diese Aufgaben erfolgreich abschließen können, steigt Ihr Glaube an die eigene Person und an Ihre Fähigkeiten. Sowohl Ihr Vorgesetzter als auch Ihre Mitarbeiter werden künftig größeres Vertrauen in Sie setzen.

Sie verdienen sich den Respekt und das Wohlwollen Ihrer Vorgesetzten

Ein Mitarbeiter, der den Mut hat, kalkulierte Risiken einzugehen, vernünftige Entscheidungen zu treffen und für sein Handeln einzustehen, wird von jedem Arbeitgeber respektiert. Wenn Sie eine gebotene Gelegenheit nicht wahrnehmen, nicht hin und wieder durch Ihre Taten auf sich aufmerksam machen, dann sind Sie in den Augen Ihrer Vorgesetzten nicht geeignet, eine leitende Position im Topmanagement zu übernehmen.

Abgesehen davon sind Sie Ihrem Chef nicht von großem Nutzen, wenn Sie die Schuld für einen eventuellen Misserfolg einem anderen in die Schuhe schieben. Auch wenn Sie etwas falsch gemacht und einen Fehler begangen haben – Ihr Boss wird Sie trotzdem respektieren und Ihnen weiterhin vertrauen, wenn Sie die Verantwortung für Ihr Handeln übernehmen.

Sie können sich der Kooperation und der Unterstützung Ihrer Mitarbeiter sicher sein

Sobald Ihren Mitarbeitern bewusst wird, dass Sie nicht nur für Ihr eigenes, sondern auch für deren Handeln die Verantwortung übernehmen, werden sie bereitwillig Ihren Anweisungen folgen, mit Ihnen zusammenarbeiten und Ihnen loyal zur Seite stehen. Sie werden in der Lage sein, Ihre Mitarbeiter dazu zu bewegen, die anfallenden Aufgaben nach Ihren Vorstellungen zu erledigen.

Wenn Ihre Mitarbeiter jedoch das Gefühl haben, dass Sie als ihr Vorgesetzter nicht hinter ihnen stehen, verlieren Sie sehr bald ihr Vertrauen und ihre Unterstützung.

Wenn Sie sich um mehr Verantwortung bemühen, werden Sie diese auch erhalten

Jede Führungskraft, die sich um einen größeren Verantwortungsbereich bemüht, wird diesen auch erhalten.

Man wird kein erfolgreicher Manager, bekommt keinen höheren Dienstgrad verliehen oder avanciert nicht zu einer herausragenden Führungspersönlichkeit, wenn man sich nicht selbst um diese Positionen und die damit verbundenen Aufgaben und Pflichten bemüht. Es reicht nicht aus, auf eine sich bietende Gelegenheit zu warten – man muss sie suchen und auch finden!

Methoden, um diese Ziele zu erreichen

Vergegenwärtigen Sie sich Ihren Hauptverantwortungsbereich

> *„Wenn Sie die volle Verantwortung für Ihr Tun und Handeln übernehmen möchten, dann müssen Sie ganz genau wissen, wo Ihr primärer Verantwortungsbereich liegt, damit Sie sich voll und ganz auf diesen konzentrieren können", erklärt Roger Sanderson, Zweigstellenleiter einer Filiale der riesigen Kmart-Einzelhandelskette in Kansas City, Missouri.*
>
> *„Das bedeutet, Sie müssen in der Lage sein, den Unterschied zwischen dem zu erkennen, was Sie persönlich erledigen müssen und den Aufgaben, die Sie Ihren Mitarbeitern übertragen können. Sobald Sie die Aufgaben und Pflichten Ihres Jobs im Einzelnen kennen, sind Sie in der Lage, diese auch kompetent und umfassend zu erfüllen. Jedoch will niemand einen Job, bei dem die Aufgaben und Pflichten unklar und unzureichend beschrieben sind. Das führt lediglich zu Verwirrung und Frustration."*

Wenn Sie nun Mr. Sandersons Rat befolgen wollen, sollten Sie sich auf das Wesentliche, die fundamentalen Grundlagen Ihrer Aufgaben, konzentrieren. Sie werden sich mit den Verantwortungsbereichen und Aufgaben Ihres eigenen Jobs beschäftigen müssen und werden nicht dazu verleitet, sich in die Zuständigkeitsbereiche und Tätigkeiten eines Ihrer Mitarbeitern einzumischen. Kümmern Sie sich um die Probleme, die mit Ihrer Position verbunden sind; das sollte Sie eigentlich ausreichend beschäftigen.

Erledigen Sie jede Aufgabe so gewissenhaft wie möglich

„Wenn Sie durch die Übertragung immer größerer und bedeutsamerer Aufgaben für Ihr berufliches Engagement belohnt werden möchten, dann sollten Sie diese auch so gewissenhaft wie möglich ausführen", meint Melvin W. Peterson, verantwortlicher Generalinspekteur der Abteilung Qualitätskontrolle des Unternehmens Union Carbide in Pittsburgh. „Wenn man Ihnen schon bei kleinen und lästigen Aufgaben nicht vertrauen kann, dann wird Sie Ihr Vorgesetzter wohl kaum für die Übernahme eines größeren Verantwortungsbereichs in Betracht ziehen. Es spielt keine Rolle, ob es sich um einen größeren oder kleineren Job handelt, er Ihnen aufregend oder langweilig erscheint oder Sie der Meinung sind, dass er unwichtig und nicht der Mühe wert ist. Ein altes Sprichwort scheint auf diese Situation ganz gut zu passen und meine Idee richtig zusammenzufassen: ‚Jede Aufgabe, die es wert ist, erledigt zu werden, ist es auch wert, gut erledigt zu werden.'

Ich weiß natürlich, dass wir hier in der Qualitätskontrolle besonderen Wert auf diesen Punkt legen, aber das ist ja schließlich auch unsere Aufgabe. Jedes Mal wenn eines unserer Produkte von einem Kunden an uns zurückgeschickt wird, weil es mangelhaft ist, dann ist es die Schuld dieser Abteilung. Irgendjemand von uns hat offensichtlich nicht gewissenhaft genug gearbeitet."

Ich stimme mit Mr. Peterson überein. Erledigen Sie die Ihnen übertragenen Aufgaben so gut es geht, egal worum es sich handelt. Wenn Sie sich mit dieser Auffassung nicht einverstanden erklären können, dann sollte sich schleunigst etwas ändern. Mit anderen Worten: Wenn Sie der Meinung sind, dass es Ihr Job nicht wert ist, gut gemacht zu werden, dann stimmt das entweder nicht, oder er sollte einfach abgeschafft werden.

Wenn Sie davon wirklich überzeugt sind, dann sollten Sie das Ihrem Vorgesetzten auch mitteilen. Sind Sie dazu jedoch nicht bereit, dann müssen Sie wohl oder übel in den sauren Apfel beißen und Ihr Bestes geben. Eine Alternative gibt es nicht.

Stehen Sie zu Ihrer Überzeugung

„Handeln Sie gemäß Ihrer Überzeugung und stehen Sie auch dazu", rät Phil Curtis, einer der Gründer und Miteigentümer von Curtis and Williams Ad-

vertising and Public Relations in Phoenix, Arizona. „Sagen Sie Ihre Meinung und halten Sie an dieser fest. Stehen Sie zu sich; ansonsten ist es nicht leicht, mit sich selbst zu leben.

Ja sagen kann jeder – das ist keine Kunst! Aber darum haben die Jasager auch in keinem Unternehmen einen großen Stellenwert; davon gibt es schließlich mehr als genügend. Menschen jedoch, die den Mut haben, auch einmal aufzustehen und Nein zu sagen oder ihrem Chef die Stirn zu bieten, sind wirklich selten. Sie sind möglicherweise nicht übermäßig beliebt, aber – und da können Sie sicher sein – sie werden von allen respektiert.

Einer unserer Werbetexter ist Gott sei Dank so ein Mensch. Pete arbeitet nun schon seit vielen Jahren für uns und hat mit seiner Meinung nie hinter dem Berg gehalten. Meine Partner und ich diskutieren zum Beispiel eine unserer Ansicht nach bahnbrechende neue Werbeidee und jedermann in unserem Umfeld stimmt uns begeistert zu (wahrscheinlich weil sie Angst davor haben, es nicht zu tun). Fragen wir aber Pete nach seiner Meinung, ist es in den letzten 20 Jahren mehr als einmal passiert, dass er nur ‚Das taugt rein gar nichts' sagte. Ich bin davon überzeugt, dass er Al und mich dadurch des Öfteren davor bewahrt hat, uns bis auf die Knochen zu blamieren!"

Auch Sie tragen die Verantwortung dafür, dass Ihr Vorgesetzter das zu hören bekommt, was er *hören muss*, und nicht das, was er vielleicht *gern hören möchte* – besonders dann, wenn er Sie direkt nach Ihrer ehrlichen Meinung fragt.

Wenn Sie dazu nicht in der Lage sind, dann sind Sie das Gehalt nicht wert, das Monat für Monat auf Ihr Konto überwiesen wird. Ich gebe zu, es gibt mit Sicherheit einige Chefs, mit denen nicht so offen umgegangen werden kann aber – um die Wahrheit zu sagen – sollten Sie dann nicht besser irgendwo anders arbeiten?

Übernehmen Sie die Verantwortung für die Fehler Ihrer Mitarbeiter

Hier geht es in erster Linie darum festzulegen, welche der Ihnen übertragenen Aufgaben an erster Stelle steht. Wenn Sie bezahlt werden, dafür zu sorgen, dass eine bestimmte Arbeit ordnungsgemäß ausgeführt wird, dann müssen Sie auch Ihren Kopf hinhalten, wenn die Vorgaben und Termine nicht eingehalten werden.

Zugegeben, am einfachsten und angenehmsten ist es, gelobt zu werden; schwieriger wird es, wenn sie gegebenenfalls den Tadel für Ihr eigenes Versagen hinnehmen müssen. Aber wenn Sie Ihr Vorgesetzter nicht nur für Ihre persönlichen Fehler, sondern auch für die Ihrer Mitarbeiter kritisiert, dann ist das doppelt schwer zu ertragen. Da brauchen Sie einen festen Charakter und viel Standvermögen, um die Schuldzuweisung für die Fehler und Misserfolge anderer verkraften zu können. Aber das ist nun einmal das Berufsrisiko eines Managers oder einer Führungskraft; es gehört zum Job.

Übernehmen Sie die volle Verantwortung für Ihr eigenes Handeln

„Es gibt ein paar einfache Richtlinien bei der Übernahme von Verantwortung für das eigene Handeln", postuliert Earl Young, West Coast Sales Manager für Colony Paints:

„Seien Sie entscheidungsfreudig. Stehen Sie zu Ihrer Einschätzung bestimmter Fakten und zu Ihrer Bewertung verschiedener Situationen. Dadurch motivieren Sie Ihre Untergebenen dahingehend, ebenfalls zuversichtlich, entscheidungsfreudig und verantwortungsbewusst zu sein.

Wenn Sie etwas vermasseln – geben Sie es zu. Wenn Sie einen Fehler machen, dann versuchen Sie nicht, ihn zu vertuschen oder jemand anderen zum Sündenbock zu machen und stellen Sie sich nicht zum Schmollen in eine Ecke. Keiner Ihrer Mitarbeiter erwartet von Ihnen, dass Sie unfehlbar sind. Sie verlieren nicht das Gesicht, wenn Sie zugeben, dass Sie falsch liegen. Ihre Leute werden viel eher Vertrauen in Ihre Fairness und Ehrlichkeit fassen – und das ist für jeden Manager unbezahlbar.

Stecken Sie Kritik ruhig und gelassen weg. Das wird hart für Sie, wenn Sie zart besaitet sind. Wenn Sie Kritik aus dem Gleichgewicht bringt, stellen Sie sich immer die drei folgenden Fragen:

- ▼ *Wer* kritisiert mich?
- ▼ *Was* sind seine Qualifikationen?
- ▼ *Warum* kritisiert er mich?

Diese Fragen werden Ihnen dabei helfen, kritische Äußerungen gelassen zu beurteilen und die Motive hinter diesen Bemerkungen zu erkennen. Nachdem Sie sich alle Kritikpunkte angehört haben, wägen Sie diese in Ruhe gegen Ihre eigene Sicht der Dinge ab. Entsprechen sie wirklich der Wahrheit? Haben Sie sich etwas zuschulden kommen lassen? Verfügt Ihr Kritiker über alle notwendigen Fakten und Details der Angelegenheit? Hat er die Tatsachen verallgemeinert?

Wenn das, was er sagt, Sinn macht, dann akzeptieren Sie seine Kritik einsichtig und ruhig, und beheben Sie dankbar die Fehler, die er Ihnen mit seiner Beurteilung vor Augen geführt hat."

Den Punkten von Mr. Young möchte ich noch etwas hinzufügen:

Fühlen Sie sich auch für das verantwortlich, was Sie zu tun versäumt haben. Ein häufiger Fehler junger (und natürlich auch älterer) Manager und Führungskräfte ist, dass sie gern vergessen, auch für das verantwortlich zu sein, was sie zu tun versäumt haben.

Mit anderen Worten, schwerer als alles andere wiegen die *Unterlassungsfehler*. Zu seinen Fehlern zu stehen bedeutet eben auch, die Verantwortung für Versäumtes zu übernehmen. Um einen befreundeten Prediger zu zitieren: „Der gute Wille alleine bringt niemanden dem Himmel näher; man muss schon etwas Gutes getan haben."

Erkundigen Sie sich nach den verschiedenen möglichen Positionen

Als ich vor vielen Jahren beim Militär war, lernte ich, dass man den Mund aufmachen und sich darum bemühen muss, wenn man einem bestimmten Posten oder einer besonderen Aufgabe zugeteilt werden will. Einen Sommer lang war ich in Fort Leonard Wood, Missouri, stationiert. Meine Familie und ich waren in alten hölzernen Baracken aus dem Zweiten Weltkrieg untergebracht, die vorübergehend in Familienunterkünfte umgewandelt worden waren. Im Herbst wurden die Nächte doch schon sehr kühl und ich sah mich nach einer geeigneten Wärmequelle um.

Zu meinem Entsetzten entdeckte ich im Hauswirtschaftsraum nur einen alten Kohleofen.

„Weißt Du, wie man einen alten Kohleofen schürt?", fragte ich meine Frau. „Nein", entgegnete sie. „Ich auch nicht", musste ich zugeben. „Wir machen besser, dass wir hier wegkommen, bevor der Winter einbricht!"

Am nächsten Morgen las ich in der Post Daily Bulletin eine Meldung darüber, dass man nach qualifizierten Offizieren sucht, die Interesse hätten, eine Fremdsprache zu erlernen und die Sprachenschule der Army in Monterey, Kalifornien besuchen möchten. Interessenten sollten ihre schriftliche Bewerbung an die zuständige Stelle einreichen. Vor allem gäbe es noch ausreichend Plätze für Chinesisch-Mandarin.

Nun, ich habe keine Zeit damit verschwendet, meine schriftliche Bewerbung den üblichen Behördenweg durchlaufen zu lassen, nur damit diese schlussendlich auf dem Schreibtisch irgendeines Zuständigen in dessen „Eingangskorb" liegen bleibt. Ich hatte bereits so meine Erfahrungen mit dem System gemacht, und der Winter war nicht mehr weit entfernt.

Am selben Nachmittag rief ich also das Officer Career Management im Pentagon an und überzeugte den zuständigen Sachbearbeiter davon, dass ich der vielversprechendste Offizier sei, den sie in ihren Reihen hätten, und dass ich mich ausgesprochen gut dafür eignen würde, Chinesisch-Mandarin zu studieren. Und das, obwohl ich auf dem College in Spanisch und Französisch durchgefallen war.

Weniger als 60 Tage später fanden sich meine Familie und ich in den komfortablen Militärunterkünften auf der wundervollen und bezaubernden Halbinsel Monterey wieder, mit traumhaftem Blick auf den blauen Pazifik und weit entfernt von den Schneestürmen im Mittleren Westen.

Und das alles nur, weil ich den Mut hatte, meine Wünsche an der richtigen Stelle zu äußern.

Das Topmanagement vieler Unternehmen und Betriebe reagiert auf die gleiche Weise. Nur ein quietschendes Rad wird auch geölt. W. R. Nelson, leitender Angestellter bei der DaimlerChrysler Firmengruppe, formuliert es folgendermaßen:

„Wir erwarten, dass unsere jungen Führungskräfte sich ausdrücken können und ihren Mund aufmachen. Wenn sie einen größeren Verantwortungsbereich übernehmen möchten, dann müssen sie zu ihren Vorgesetzten gehen und danach fragen und – wenn nötig – darum kämpfen. Wir unterstützen unsere Leute so gut es geht dabei, sich um mehr Handlungsvollmachten und umfassenderen Erfahrungen zu bemühen. Aber wir können natürlich keine Gedanken lesen. Wenn sich ein Jungmanager nach mehr Verantwor-

tung erkundigt, dann wissen wir Bescheid und werden seinen Wünschen nachkommen. Bewältigt er den neuen Aufgabenbereich – schön! Ist er damit überfordert, dann ist es für alle am Besten, er findet dies so schnell wie möglich heraus und steht dazu."

Dies sind also ein paar Vorschläge, wie Sie sich in Ihrem Unternehmen um mehr Verantwortung bemühen können. Es gibt allerdings noch zwei Methoden, die ich hier gern in aller Kürze erwähnen möchte.

Diese Methoden erklären sich eigentlich von selbst und Sie benötigen keinerlei Handlungsanweisung, um sie in die Tat umzusetzen.

1. Sie müssen die Arbeitsbereiche Ihres Vorgesetzten in allen Einzelheiten kennen. Lernen Sie seine Aufgaben und Pflichten. Seien Sie jederzeit darauf vorbereitet, seinen Job von einem Moment zum anderen zu übernehmen.
2. Bei fehlenden Arbeitsanweisungen und Instruktionen ergreifen Sie selbst die Initiative. Handeln Sie so, wie es Ihr Vorgesetzter wahrscheinlich von Ihnen verlangen würde, wenn er selbst anwesend wäre.

4 Sie treffen keine fundierten und zeitgemäßen Entscheidungen

Ihre Fähigkeit, Entscheidungen zu treffen, hängt natürlich davon ab, wie viel Handlungsspielraum Ihnen Ihre Vorgesetzten zugestehen. Die Frage ist nun: Werden Sie die Ihnen übertragenen Vollmachten dazu nutzen, oder werden Sie vor Angst, einen Fehler zu machen, in hilfloser Untätigkeit verharren?

Ehe Sie diese Frage beantworten, hören Sie sich an, was Lloyd L. Lambert, einer Führungskraft der obersten Hierarchieebene der Republic Industrial Tool Corporation zu dem Thema „Entscheidungsfindung im Management" zu sagen hat.

> *„Abgesehen von der finanziellen Seite ist der Hauptgrund vieler Führungskräfte und Manager für eine Beförderung der, dass sie bedeutendere und wichtigere Entscheidungen treffen können, ohne ein übertriebenes Einmischen von dritter Seite befürchten zu müssen. Diese angestrebte höhere Position bevollmächtigt sie, die Dinge nach ihrem Ermessen zu regeln.*
> *Erstaunlicherweise ändert sich ihr Verhalten um 180 Grad, sobald sie offiziell über diesen Handlungsspielraum verfügen, und sie zögern, diesen auch anzuwenden.*
> *Dieses Widerstreben zeigt sich deutlich in ihrer Scheu, Entscheidungen zu treffen. Sie zaudern und stocken – sie manipulieren und schieben das Ergreifen fälliger Maßnahmen vor sich her – sie berufen ein ganzes Komitee*

ein, um die Sachlage nochmals genauer zu erörtern – sie warten die weitere Entwicklung ab, in der Hoffnung, das Problem löse sich von selbst. Sie lassen sich alles Mögliche einfallen, nur um eine entgültige Entscheidung zu vermeiden, die eventuell irgendwann einmal auf sie zurückfallen könnte.
Die Führungsetagen vieler Firmen und Betriebe sind überfüllt mit so genannten Führungskräften und Managern, die sich zu Tode erschrecken, wenn sie etwas entscheiden sollen, das über das Festlegen des richtigen Zeitpunkts für die morgendliche und nachmittägliche Kaffeepause hinausgeht."

Wenn Sie nicht zu dieser Gruppe gehören möchten, dann müssen Sie die Fähigkeit entwickeln, fundierte und zeitgemäße Entscheidungen zu treffen. Sie müssen lernen, die Ursache eines Problems herauszufiltern und dafür benötigen Sie bestimmte Kenntnisse.

Zunächst brauchen Sie ein gutes Urteilsvermögen, damit Sie in der Lage sind, nachdem Sie alle möglichen die Sachlage beeinflussenden Faktoren in Betracht gezogen haben, über eine gute und praktikable Lösung zu entscheiden. Auch Ihre Logik und Ihr Scharfsinn sind gefordert, wenn Sie eine objektive Beurteilung des Sachverhalts anstreben. Nicht zuletzt sollten Sie weitsichtig genug sein, um eventuelle Reaktionen und Konsequenzen Ihres Handelns vorhersehen zu können.

„Was passiert, wenn ...?" Um eine kluge Entscheidung treffen zu können, sollten Sie diese Frage stets im Hinterkopf behalten, wenn Sie über die möglichen Lösungen Ihres Problems nachdenken. Sie müssen in der Lage sein, Wichtiges von Unwichtigem zu unterscheiden und die Fähigkeit besitzen, Prioritäten zu setzen.

Zu guter Letzt brauchen Sie noch einen festen Charakter, um die richtigen Entscheidungen zur rechten Zeit zu treffen und diese anschließend auch der Situation angemessen zu vertreten. Auf diese Weise erhalten Sie die erwünschten Resultate.

Was Sie gewinnen, wenn Sie fundierte und zeitgemäße Entscheidungen treffen

Die Mitarbeiter werden Ihnen als Führungskraft vertrauen

Sowohl Ihre Vorgesetzten als auch Ihre Mitarbeiter werden Vertrauen in Ihre Fähigkeiten als Führungskraft gewinnen, sobald Sie ihnen zeigen, dass Sie in der Lage sind, eine Situation rasch und präzise einzuschätzen und eine angemessene, vernünftige und schnelle Entscheidung zu treffen. Dazu sollten Sie alle ausschlaggebenden Faktoren bedenken – diese analysieren und sortieren, sich die entsprechenden Gedanken darüber machen und schließlich, in der festen Überzeugung, das Richtige zu tun, ruhig und besonnen Ihre Anweisungen erteilen.

Die Mitarbeiter werden Ihren Entscheidungen und Anordnungen Folge leisten

Wenn Sie eine geplante Maßnahme nachvollziehbar begründen können und sie auch schnell in die Tat umsetzen – situationsunabhängig –, dann werden die Leute Ihren Anweisungen folgen. Sie werden Ihnen vertrauen und von Ihrem Urteilsvermögen beeindruckt sein. Schließlich werden sie ihr Bestes für Sie geben wollen.

Sie werden sich einen Namen als „Problemlöser" machen

Wenn es die Umstände erfordern, dass Sie Ihre Pläne ändern, eine neue Entscheidung treffen müssen oder eine andere Vorgehensweise notwendig wird, dann wird schnelles und positives Agieren Ihrerseits das Vertrauen der Leute in Sie festigen. Sie machen sich dadurch einen Namen als „Problemlöser" und als jemand, der Nägel mit Köpfen macht. Dieser Ruf wird Ihr Image in Ihrem Unternehmen nachhaltig verbessern.

Sie befreien sich von Enttäuschung und Frustration

Das Unvermögen, eine klare Entscheidung zu treffen, ist die Hauptursache für Enttäuschung und Frustration – nicht nur im Berufsleben, sondern auch bei der Lösung der Probleme im privaten Bereich. Wenn Sie die wissenschaftlich fundierten Lösungsmethoden und Theorien zur Entscheidungsfindung beachten, die Sie in diesem Kapitel erklärt finden, werden Sie sich Ihr Leben ein wenig leichter machen. Sie gewinnen dadurch Vertrauen in sich selbst und in Ihre Fähigkeiten, auch unter Druck das Richtige zu tun. Denn das ist schon die halbe Miete.

Methoden, um diese Ziele zu erreichen

Überlegen Sie gut, bevor Sie ein Risiko eingehen

Viele Menschen treffen ihre Entscheidungen „aus dem Bauch heraus", einem Impuls folgend und verbringen dann den Rest ihrer Zeit damit, sich über das Ergebnis zu ärgern. Mir persönlich ist es früher auch nicht anders ergangen, bis ich von Dr. Leon Utterback, einem Psychiater aus Los Angeles, eines Besseren belehrt worden bin. Dr. Utterback postuliert Folgendes:

> „Überlegen Sie gut, bevor Sie ein Risiko eingehen, *nicht erst, wenn die Würfel bereits gefallen sind. Ich selbst erkannte die Bedeutung dieses Satzes 1968 auf einer Ferienreise nach Las Vegas. Ich entschied mich damals, mein Glück an einem der Spieltische im ‚Golden Nugget' zu versuchen, aber ehe ich richtig ins Spielen kam, weckten die anwesenden Spieler mein Interesse. Ich entdeckte eine Person nach der anderen, die vom Spiel scheinbar völlig ungerührt blieben, bis die Würfel gefallen waren. Sie spielten impulsiv, als ob sie einer inneren Stimme folgen würden. Die Höhe des Einsatzes spielte dabei überhaupt keine Rolle. Aber in dem Augenblick, als die Würfel gefallen waren, erstarrten sie und waren beunruhigt darüber, ob der Shooter seine Punkte machen würde, oder nicht.*
> *Wie töricht sind doch die Menschen, dachte ich. Wenn sie sich schon über ihren Einsatz Sorgen machten, dann doch besser, bevor die Würfel gefallen waren – und nicht hinterher! Wenn jemand den Wunsch zu spielen verspürt, dann sollte er sich entweder Gedanken über die bestmöglichen Gewinnchancen machen oder überhaupt kein Risiko eingehen. Aber wenn die Wette erst einmal platziert ist und die Würfel fallen, dann ist es bereits zu spät, sich noch Gedanken zu machen. Es gibt keine Möglichkeit mehr das Ergebnis zu beeinflussen oder gar zu ändern."*

Dr. Utterbacks Theorie ist durchaus auf die Prozesse der Entscheidungsfindung in den Managementetagen der Unternehmen übertragbar. Denn viele

Menschen treffen ihre beruflichen und geschäftlichen Entscheidungen auf die gleiche Weise wie die Spieler in Las Vegas. Sie überlegen nur kurz – wenn überhaupt – und verschwenden keinen Gedanken an die Konsequenzen ihres Tuns. Sie handeln ohne entsprechende Vorbereitung, ohne über die Risiken nachzudenken, die sie eventuell mit ihrer Entscheidung eingehen und ohne ernsthaft über Alternativen nachgedacht zu haben.

Die beste Art und Weise, eine Entscheidung zu treffen, ist gemäß Dr. Utterback: *Erst denken – dann handeln!* Mit anderen Worten, versuchen Sie alles, um sicherzugehen, dass Sie die richtige Entscheidung treffen. Wenn es jedoch so weit ist und Sie wissen, was Sie möchten, dann lautet die Devise: Handeln! Über das Ergebnis müssen Sie sich dann nicht mehr sorgen.

Die folgenden Seiten dieses Kapitels möchte ich nutzen, um meine These durch ein paar Tipps und Tricks zu untermauern ...

Stellen Sie sich die fünf W-Fragen

1. *Wer* muss diese Entscheidung treffen?
   Ist es wirklich Ihre Entscheidung oder ist jemand anderes für diese Aufgabe zuständig?
   Hier müssen Sie Ihre Grenzen ziehen. Sie sollten genau wissen, welche Entscheidungen von Ihnen selbst *getroffen werden müssen* und welche von Ihren Mitarbeitern *getroffen werden können*.
   Mischen Sie sich nicht in die Aufgabengebiete Ihrer Mitarbeiter ein. Lassen Sie sie diese vom Anfang bis zum Ende allein durchführen. Wenn Sie sich dazu entscheiden, einzugreifen, dann bereiten Sie sich entsprechend gut darauf vor, damit Sie eine richtige Entscheidung treffen können. Wenn diese jedoch nicht in Ihren Kompetenzbereich fällt, dann lassen Sie die Finger davon. Überlassen Sie es der zuständigen Person, ihre Arbeit zu vollenden. Und das Beherzigen dieser Erkenntnis ist bereits eine sehr weise Entscheidung.
2. *Welche* Entscheidung muss ich treffen?
   In anderen Worten: Erfordert das Problem wirklich Ihre ungeteilte Aufmerksamkeit? Der beste Weg, das herauszufinden, ist, schriftlich festzuhalten, *was Sie riskieren*, wenn Sie dieses Problem nicht selbst lösen. Wenn Sie das Für und Wider in kurzen und einfachen Sätzen festhalten, rücken die Fakten doch sehr schnell wieder ins rechte Licht und das Problem relativiert sich.

3. *Wann* muss ich eine Entscheidung treffen?
   Spielt Zeit eine entscheidende Rolle? Müssen Sie sofort handeln oder können Sie die Angelegenheit noch ruhen lassen, ohne weitere Komplikationen oder eine Verschlechterung der Situation befürchten zu müssen? Wenn Sie warten können, löst sich das Problem vielleicht von selbst. Benutzen Sie diese Möglichkeit jedoch niemals als Ausrede, um nicht handeln zu müssen und um eine willkommene Erklärung parat zu haben, die Angelegenheit auf morgen zu verschieben.
   Die Entscheidung, zu handeln oder noch abzuwarten, ist an sich schon sehr schwierig und erfordert von Ihnen ein sehr gutes Urteilsvermögen.
4. *Was* muss ich noch alles wissen?
   Verfügen Sie über alle notwendigen Fakten, um eine fundierte und zeitgemäße Entscheidung treffen zu können? Wenn nicht – was fehlt Ihnen? Woher bekommen Sie die notwendigen Informationen? Wer kann Ihnen unter Umständen mit Rat und Tat zur Seite stehen? Haben Sie auch alle eventuellen Konsequenzen Ihrer Entscheidung überdacht? Wird sie andere Menschen betreffen? Wenn ja, sprechen Sie zuerst mit ihnen darüber.
5. *Wie* soll ich zu einer Entscheidung gelangen?
   Ziehen Sie Bilanz – unter Berücksichtigung aller Fakten und möglichen Konsequenzen. Wägen Sie die Vor- und Nachteile Ihrer Handlungsmöglichkeiten sorgfältig gegeneinander ab. Ein bedachter Vergleich aller möglichen Lösungen sollte es Ihnen einfach machen, die richtige zu finden.
   Wenn Sie sich einmal entschlossen haben ... dann bleibt nur noch eines zu tun: *Handeln Sie!*

Warum sind nun fundierte und zeitgemäße Entscheidungen notwendig?

Nun, nur eines von hundert Problemen löst sich von selbst! Für die restlichen 99 brauchen Sie eine Lösung. Wenn Sie nicht täglich mit diversen Problemen im Management konfrontiert sind, dann haben Sie wahrscheinlich nicht viel zu tun und Sie sollten sich besser nach einem anderen Job umsehen.

Da das Lösen von anstehenden Problemen und Aufgaben von derart elementarer Bedeutung ist, sind die folgenden Schritte und Methoden als Voraussetzung für das Treffen von richtigen Entscheidungen von großer Wichtigkeit für Sie. Daher erläutere ich nun ...

... wie man in fünf einfachen Schritten Geschäfts- und Managementprobleme lösen kann

1. Sammeln Sie sämtliche Fakten.
   Der erste Schritt zur Bewältigung anstehender Probleme ist, alle mit der Sachlage in Verbindung stehenden Fakten zu sammeln. Wissen Sie, wie Sie dabei vorgehen müssen?
   Nach Carl H. Jordan, einem Rationalisierungsfachmann und „Problemlöser" bei der Ladenkette *The Winn-Dixie-Stores*, gibt es drei Grundtechniken.

   „Stellen Sie Fragen!
   Es gibt keinen besseren Weg, an Informationen zu gelangen, als die richtigen Leute danach zu fragen. Sie müssen dabei nur sichergehen, dass die befragte Person keinen Grund hat, Ihnen die Unwahrheit zu sagen.
   Stellen Sie sich auch selbst ein paar Fragen; Sie werden angenehm überrascht sein, wie viele davon Sie bereits beantworten können.

   Halten Sie Augen und Ohren offen!
   Verlassen Sie sich nicht blindlings auf die Aussagen anderer Leute. Informationen aus erster Hand sind durch nichts zu ersetzen. Ihren eigenen Augen und Ohren können Sie eher trauen als Informationen aus zweiter und dritter Hand. Eines sollten Sie dabei jedoch beachten: Vermischen Sie nicht Ihre eigene Meinung, Ihre Vorurteile oder Gerüchte mit den Tatsachen.

   Lesen Sie viel!
   Durch gezieltes Lesen erweitern Sie Ihr Wissen um Problemlösungen enorm. Lernen Sie, wie andere ähnliche Probleme bewältigt haben. Fachzeitschriften sind dabei besonders nützlich."

2. Überprüfen Sie die Fakten.
   Nachdem Sie alle Aussagen, die mit Ihrem Problem in Zusammenhang stehen, gesammelt haben, gehen Sie im nächsten Schritt nach den folgenden zwei Kriterien vor:

Überprüfen Sie die Fakten auf ihren Wahrheitsgehalt!
Sind Sie in der Lage, die Richtigkeit und Verlässlichkeit von Informationen aus zweiter Hand durch Beobachtung persönlich zu bestätigen? Gibt es Belege durch einen Experten oder aufgrund von Erfahrung? Widersprechen sich einige Ihrer Fakten?

Welche Bedeutung haben bestimmte Fakten für die Lösung Ihres Problems?
Die schnellste Art, die Relevanz eines Sachverhalts zu überprüfen, ist, sich zu fragen, ob und was er zur Lösung des Problems beitragen kann. Wenn Sie dabei erkennen, dass er Ihnen nicht von Nutzen ist und Sie das Problem auch ohne die Berücksichtigung der Tatsache beheben können, dann ist diese auch völlig überflüssig und wertlos.

3. Befreien Sie sich von irrationalen Gedanken.
   Nach Dr. William Evans, einem New Yorker Psychologen, gibt es bei der Suche nach Problemlösungen drei mentale Hindernisse. Sie lauten

   ▼ *Vorurteile,*
   ▼ *vorgefasste Meinungen und Ansichten* und
   ▼ *Emotionen.*

Vorurteile machen es den Menschen unmöglich, eine Sachlage objektiv und wertfrei zu beurteilen.
Mein Vater zum Beispiel vertrat stets die Ansicht, dass man Männern mit Bart nicht trauen könne. Also hielt er sofort jeden bärtigen Mann, dem er begegnete, für unehrlich.
Vorurteile halten Sie möglicherweise davon ab, den Verbesserungsvorschlag eines Ihrer Mitarbeiter in Betracht zu ziehen, nur weil dieser vielleicht eine andere Hautfarbe hat, nicht über einen Collegeabschluss verfügt, seine Frau rote Haare hat oder er gern Pfeife raucht. (Ich kenne einen Personalchef, der ernsthafte Vorbehalte gegenüber Pfeifenrauchern hatte. Er hielt sie für zu langsam, für Traumtänzer und traute ihnen kein Durchsetzungsvermögen zu. Also stellte er keine Pfeife rauchenden Bewerber ein. Nicht auszudenken, wie viele gute und qualifizierte Leute ihm deswegen durch die Lappen gegangen sind!)

Vorgefasste Ansichten und Meinungen schränken Sie in Ihrer Entscheidungsfindung stark ein.

Voreingenommenheit und Vorurteile sind nicht das Gleiche, obwohl sie einander gegenseitig bedingen. Vorgefasste Ansichten und Meinungen können einen Menschen davon abhalten, der Realität ins Auge zu schauen.

So beharren viele Raucher nach wie vor darauf, dass Zigarettenrauchen nicht für den Lungenkrebs verantwortlich zu machen ist, obwohl die Wissenschaft in der Zwischenzeit das Gegenteil bewiesen hat. Flugzeuge können nicht fliegen – sie sind viel zu schwer dafür; Reisen ins Weltall sind völlig ausgeschlossen – kein Katholik wird jemals Präsident der Vereinigten Staaten werden und so weiter. Um diese mentalen Hindernisse zu überwinden, stellen Sie sich die folgenden Fragen:

1. Was ist meiner Meinung nach die Wahrheit?
2. Bestätigen die Fakten meine Vermutung?
3. Spielt Wunschdenken dabei eine Rolle?
4. Verwechsle ich vielleicht Zufall mit den Prinzipien von Ursache und Wirkung?
5. Halten meine Vermutungen einer logischen Hinterfragung stand?

Emotionen können unser Verhalten entscheidend beeinflussen.
Jedes Gefühl – Hass, Liebe, Angst, Neid, Eifersucht – beeinflusst uns bei der Beurteilung von Fakten. Ein hasserfüllter Mensch wird die ganze Welt nur dunkel, düster und jammervoll erleben. Hingegen sieht ein verliebter junger Mann die Sonne auch durch die schwärzesten Regenwolken.

Beurteilen Sie also Fakten oder lösen Sie Probleme niemals unter emotionalem Stress oder Druck.

4. Suchen Sie nach Übergangslösungen.
   Nachdem Sie alle Fakten gesammelt, bewertet und emotionsfrei und wissenschaftlich beurteilt haben, sollten Sie nun in der Lage sein, eine Lösung für Ihr Problem zu finden.

In der Regel ist die beste Lösung immer die mit den meisten Vor- und den wenigsten Nachteilen!

Sie finden vielleicht 39 verschiedene Möglichkeiten, um von New York nach San Francisco zu gelangen. Was Sie brauchen, ist aber nur die effektivste und beste.

5. Setzen Sie Ihre Lösung in die Tat um – unternehmen Sie alle notwendigen Schritte.
Für gewöhnlich ist dies der schwierigste Schritt, da er oft mit diversen Ängsten verbunden ist. Jedoch jetzt zu zögern wäre töricht. Der größte Teil der Arbeit ist ja bereits vollbracht. Kommen Sie nun nicht ins Wanken! Haben Sie Selbstvertrauen und setzen Sie Ihre Korrekturmaßnahmen sofort in die Tat um. Nachdem Sie sich einmal zu einer Maßnahme entschlossen haben, setzen Sie diese auch so schnell wie möglich in die Tat um, indem Sie die notwendigen Anweisungen erteilen. Wählen Sie eine angemessene Vorgehensweise und lassen Sie die Lösung für sich arbeiten.

Folgen Sie diesen Richtlinien – wenden Sie diese Techniken an –, und Sie werden fundierte und zeitgemäße Entscheidungen treffen können.

Sie müssen nicht mehr jedes Mal, wenn eine Entscheidung ansteht, ein großes Meeting einberufen. Sie werden lernen, sich die notwendigen Informationen zu beschaffen, und werden den Mut finden, zu sich selbst zu sagen: „Nun liegt es an mir!"

Auf lange Sicht werden Sie an innerer Größe gewinnen. Sie werden wie ein „Selfmademan" auftreten und wie eine routinierte Führungskraft agieren. Sie werden nicht mehr zögern und um den heißen Brei herumschleichen.

Sie nehmen von nun an die Dinge selbst in die Hand!

5 Sie üben Ihre Kontrollfunktion nicht ordentlich aus

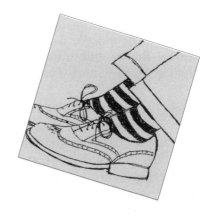

„Eines der am meisten vernachlässigten Gebiete im Bereich Management ist die Kontrolle der Arbeitsabläufe", erklärt Walter T. Erwin, Vice President der Herstellung des Unternehmens *Rheem Corporation*. „Jedoch ist gerade die Ausübung regelmäßiger Kontrollen ein nicht zu unterschätzender Aspekt. Denn nur so kann man sicher sein, dass die zu erledigenden Arbeiten auch wirklich ausgeführt werden.

Es gibt eine Menge Entschuldigungen dafür, dass ein Manager an seinem Schreibtisch sitzen bleibt und in den eigentlichen Arbeitsbereichen nicht zu finden ist.

Zum einen interpretiert er sein Aufgabengebiet dahingehend, dass er in erster Linie die anfallenden Schreibarbeiten zu erledigen habe, wobei sein Posteingangskörbchen ohnehin ständig vor Anfragen überquillt, die eigentlich schon längst hätten erledigt werden müssen. Wie könnte er da seinen üblichen Kontrollrundgang zu absolvieren?

Außerdem gibt es noch einen Stapel von Telefonnachrichten, die sich während seiner Abwesenheit ebenfalls angesammelt haben und nun beantwortet werden müssen.

Sie üben Ihre Kontrollfunktion nicht ordentlich aus

Aber Korrespondenz und Telefonate sind nun wirklich nicht die Hauptaufgabe einer Führungskraft. Sie sind lediglich ein Nebenprodukt seiner Tätigkeiten – Bürokratismus und Papierkrieg gehören eben zu diesem Job dazu. Wie viel Zeit er jedoch damit verbringt, liegt ganz in seiner Hand.

Es gibt natürlich noch weitere Gründe, warum es ein Manager ablehnt, sein Büro zu verlassen um seinen Arbeitsbereich zu kontrollieren. Er verfügt zum Beispiel unter, Umständen gar nicht über die nötigen Kenntnisse, um eine Überprüfung der Arbeitsabläufe ordentlich durchzuführen. Er kennt die Arbeitsschritte in seiner Abteilung nicht gut genug, um erkennen zu können, ob und wann etwas nicht seinen richtigen Gang geht, und befürchtet deshalb, sich vor seinen Mitarbeitern lächerlich zu machen. Kein Wunder also, dass er es vorzieht, seinen Schreibtisch nicht zu verlassen. Dort ist es ja viel sicherer!"

Was Mr. Erwin sagt, hat natürlich durchaus seine Berechtigung, aber für diese Art Probleme gibt es eine Lösung. Um die Sachverhalte ordentlich kontrollieren zu können, müssen Sie Ihr Geschäft in- und auswendig kennen, die Vorgänge genau studieren, planen und über deren praktische Anwendung Bescheid wissen. Sie müssen ständig am Ball bleiben, damit Sie erkennen können, was in Ihrem Verantwortungsbereich falsch und was richtig läuft.

Die Planung ist notwendig, damit Sie eine Übersicht erstellen können, die darüber Aufschluss gibt, welche Aufgaben in welchem zeitlichen Ablauf erledigt werden müssen und nach der Sie entsprechend Ihre regelmäßigen Kontrollgänge koordinieren können.

Natürlich müssen Sie nicht nur die Theorie, sondern auch die Praxis beherrschen, damit Sie einen Fehler auf einen Blick erkennen und entsprechend reagieren können.

Zugegeben, es kostet eine Menge Zeit, einen Arbeitsbereich in seinen Einzelheiten zu überwachen, aber ...

Was Sie gewinnen, wenn Sie die Ihnen übertragenen Kontrollfunktionen ordentlich durchführen

Das Ergebnis richtig durchgeführter Kontrollmaßnahmen sind Leistungssteigerung und Leistungsverbesserung

Wenn Sie fehlerhafte Arbeitsvorgänge berichtigen lassen müssen, dann kostet Sie das eine Menge Zeit und vor allem viel Geld – sowohl an Lohn- wie auch an Materialkosten, damit Sie die Leistungen Ihrer Abteilung wieder steigern können.

Ein altes Sprichwort sagt, dass *der größte Teil des Geldes, den ein Geschäftsmann als Gewinn verbuchen kann, aus den Kosten resultiert, die durch regelmäßige Arbeitskontrollen eingespart werden können.*

Auch Ihre Kontrollgänge werden Ihnen dabei helfen.

Verbesserte Sicherheitsbedingungen resultieren ebenfalls aus diesen Kontrollen

Sie finden auf diese Art und Weise heraus, welche Sicherheitsregeln Sinn machen und noch ihre Gültigkeit haben, und welche mittlerweile überholt und nutzlos geworden sind.

Ein weiterer Vorteil ist eine verbesserte Ablauforganisation

Es ist ganz klar, dass Ihre Mitarbeiter immer einen einwandfreien Job machen, wenn Sie auf Ihrer routinemäßigen Kontrollrunde sind. Das sollte Sie aber in keiner Weise von den Runden abhalten. Sie sollten ein derartiges Verhalten vielmehr erwarten. Ich persönlich wäre fast enttäuscht, wenn sich meine Leute anders verhielten. Vielleicht ist gerade das der beste Weg sicherzugehen, dass jeder seiner Aufgabe pflichtbewusst nachkommt und hin und wieder ein frischer Wind durch die einzelnen Abteilungen weht.

Anhand der Ablauforganisation erkennt man für gewöhnlich, ob die zuständige Leitung ihren Bereich unter Kontrolle hat oder nicht. Zugegeben, es ist durchaus möglich, dass ein Betrieb oder eine Abteilung auch dann funktioniert, wenn es dort von außen betrachtet scheinbar drunter und drüber geht und es aussieht, als ob der Blitz eingeschlagen hätte. Aber nach meiner eigenen Erfahrung sind diese Fälle eher selten. Ich habe noch nie gesehen, dass in so einer Umgebung effektiv gearbeitet werden kann.

Wenn Ihr zuständiger Vorarbeiter oder Abteilungsleiter nicht einmal die Dinge unter Kontrolle hat, die Sie bei einem Ihrer Besuche sofort als fehlerhaft erkennen, dann können Sie davon ausgehen, dass diese Person auch eine Menge andere und wichtigere Vorgänge schleifen lässt.

Sie können die Beziehung zwischen Arbeitgeber und Arbeitnehmer verbessern

Machen Sie jeden Kontrollgang auch zu einem Besuch auf persönlicher Ebene. Versuchen Sie sich stets an den Namen eines jeden Mitarbeiters zu erinnern. Versuchen Sie, so viel wie möglich über die jeweilige Person in Erfahrung zu bringen. Erkundigen Sie sich nach den Familien.

Wenn Sie Ihrem Gegenüber mit Würde und Respekt begegnen, werden Sie im Gegenzug gleiches Verhalten ernten. Ihr ehrliches Interesse an seiner Person wird den Teamgeist und das Arbeitsklima entscheidend beeinflussen. Allein dieser Gedanke sollte Ihnen ein paar persönliche Worte auf Ihren Kontrollgängen wert sein.

Allgemein erzielen Sie ein besseres Gesamtergebnis, wenn Sie wissen, wie man als Führungskraft seine Kontrollfunktion sachgerecht und doch menschlich ausübt. Denn eine Abteilung funktioniert nur dann reibungslos, wenn der Chef ein wachsames Auge walten lässt.

Methoden, um diese Ziele zu erreichen

Verfügen die richtigen Personen über die notwendigen Antworten?

Obwohl man natürlich nicht davon ausgehen kann, dass ein Abteilungs- oder Fachbereichsleiter wie ein Computer alle relevanten Zahlen und Daten im Kopf hat, so sollte er wenigstens annähernd eine Vorstellung von diesen haben, oder sie optional in seinem Notebook festhalten. Zumindest sollte sie oder er wissen, wo diese nachzuschlagen oder zu erfahren sind.

Sie können Fragen wie die folgenden stellen: „Welche Abteilung hat die höchste Abwesendheitsrate?" „Welche Sektion weist die meisten Mitarbeiterbeschwerden vor?" „Wie hoch ist laut Qualitätskontrolle die Rücklaufrate von dieser Abteilung? Ist sie höher oder niedriger als in anderen Abteilungen?" „Welcher Fachbereichsleiter weist die höchsten Produktionszahlen des Betriebs auf?" „Welcher die Niedrigsten?" „Welche Abteilung verursacht den meisten Ausschuss?"

Diese Fragen sind allgemein genug, um von einem gut informierten Abteilungsleiter mit Leichtigkeit beantwortet werden zu können.

Sie können zum Beispiel ein Bewertungssystem einrichten, um durch die Bewertung Ihrer Abteilungsleiter, Vorarbeiter und Bereichsleiter die Übersicht zu behalten.

Das Bewertungssystem könnte wie folgt aussehen:

Bewertungssystem	
Punkteanzahl	*Einsatz des Mitarbeiters*
6 Punkte	Er kennt die richtige Antwort oder hat sie in seinem Notebook notiert.
5 Punkte	Er ist in der Lage, die gewünschten Informationen unverzüglich anderweitig zu beschaffen.
4 Punkte	Er sagt: „Ich weiß es nicht genau, informiere mich aber und setze Sie darüber in Kenntnis", und handelt auch entsprechend.
3 Punkte	Er benötigt mehr als drei Arbeitstage, um die versprochenen Informationen zu erbringen.
2 Punkte	Sie müssen ihn daran erinnern, dass er Ihnen noch die fehlenden Informationen bringen muss.
1 Punkt	Er hat die ausstehenden Informationen trotz Nachfrage immer noch nicht vorgelegt.
0 Punkte	Er gibt zu, dass er nicht in der Lage ist, die gewünschten Informationen zu erbringen, und unternimmt auch keinerlei Anstrengungen, diesen Zustand zu beheben.

Obwohl dieses Bewertungssystem nicht den Anspruch der Unfehlbarkeit erhebt, werden Sie daran doch schnell herausfinden, welche Ihrer leitenden Angestellten effizient arbeiten (sie erreichen Punkte zwischen 6 und 4) und welche ihren Posten weniger gut ausüben (diese Mitarbeiten rangieren auf Ihrer Skala zwischen 3 und 0 Punkten).

Parallel dazu können Sie erkennen, welche Abteilung gemäß ihrem Vorgesetzten das Betriebssoll erfüllt und welche nicht.

Im Übrigen hilft dieses System den fähigen und sachkundigen Mitarbeitern dabei, ihren Weg auf der Karriereleiter nach oben zu finden.

Hat der Manager vor Ort wirklich alles unter Kontrolle?

In jeder Abteilung gibt es bestimmte Bereiche, die von einem Manager, der die Zügel fest in der Hand hält, mit Leichtigkeit überwacht werden können. Aus diesem Grund werden eine straffe Organisation und scharfe Kontrollmaßnahmen häufig als Maßstab angesetzt, um die Wirtschaftlichkeit einer Abteilung zu ermitteln. Wenn in einem Bereich schlampig gearbeitet wird, dann können Sie davon ausgehen, dass die dort gefertigten Produkte die gleichen Merkmale aufweisen.

David Bruce, Gründer und CEO der Lebensmittelkette *Consumers Markets*, eines im Mittleren Westen erfolgreichen Unternehmens, sagt dazu Folgendes:

> *„Eine schlechte Ablauforganisation ist der erste Beweis für die fehlende Kontrolle durch den Filialleiter. Ich musste in der Vergangenheit erkennen, dass dies ein erstes Warnsignal für noch mehr Ärger bedeuten konnte. Es ist das offensichtliche Merkmal für ein tiefer sitzendes Übel.*
> *Außerdem weiß ich aus Erfahrung, dass – unternimmt man nicht sofort etwas gegen dieses Problem – mein Reingewinn in diesem Laden bald beständig zu sinken beginnt. Wenn man diesen Zuständen nicht sofort einen Riegel vorschiebt, erhöht sich über kurz oder lang die Rate der Arbeitsunfälle – sowohl in der Häufigkeit, als auch in der Schwere –, da die dortigen Angestellten nicht mehr sorgfältig genug arbeiten; bei fehlender Kontrolle missachten sie wissentlich die notwendigen Sicherheitsvorkehrungen.*
> *Die Vorgänge in der Lagerhaltung verschlechtern sich ebenfalls. Konserven werden nicht mehr ordentlich nach ihrem Verfallsdatum überprüft und aus-*

sortiert. Frisches Obst und Gemüse verdirbt in größeren Mengen. Kleinere Ladendiebstähle durch die Angestellten werden immer häufiger. Das Geschäft geht nach und nach den Bach runter. Ich habe das schon zu oft mit ansehen müssen.
Daher halte ich persönlich eine straffe Organisation und ausreichende Kontrollen für die wesentliche Grundlage im Management eines Lebensmittelgeschäfts. Und ich bin mir sicher, dass dies auf andere Geschäftszweige in gleicher Weise zutrifft.
Hat ein Filialleiter die Verwaltung und Kontrolle nicht voll und ganz im Griff, dann ist es ihm auch nicht möglich, den Rest seines Bereichs vollständig unter Kontrolle zu halten."

Überprüfen Sie die nahe liegendsten Dinge – gerade diese werden gern übersehen

Ich kenne einen gut situierten Herrn, der jeden Morgen, bevor er sich auf den Weg zur Arbeit macht, sein Auto gründlich inspiziert. Er beginnt damit, indem er die Motorhaube öffnet und den Öl- und Wasserstand kontrolliert. Dann überprüft er die Batterie und zieht kurz am Keilriemen. Anschließend startet er den Motor und lässt ihn warmlaufen, während er seine Inspektion fortsetzt. Seine Aufmerksamkeit gilt zu guter Letzt den Scheibenwischern, der Hupe, den Scheinwerfern und den Blinklichtern.

Der Name dieses Herrn ist Frank Campbell, Vorstandsvorsitzender der *Campbell Sixty-Six Express Inc.* Seine Trucks mit dem unverkennbaren galoppierenden Kamel und dem Slogan „Humpin' to Please" auf beiden Seiten findet man auf allen Highways im Mittleren Westen Amerikas.

Nachdem Mr. Campbell in seinem Unternehmen eingetroffen ist, verbringt er jeden Tag die ersten ein bis zwei Stunden damit, seine auf dem Hof parkenden Trucks der gleichen Prozedur zu unterziehen, die er auch seinem eigenen Fahrzeug täglich angedeihen lässt.

„Ich überprüfe lediglich die offensichtlichen Dinge, weil man gerade diese so leicht übersieht und vergisst. Mein Servicemanager weiß ganz genau, wann ein Truck für die 20- oder 30-Tausend-Kilometer-Wartung fällig ist, und er protokolliert alle in der Werkstatt ausgeführten Arbeiten gewissenhaft und präzise in seinen Unterlagen.
Bei der Überprüfung der täglichen Wartungscheckliste unterlaufen allerdings häufiger Fehler oder Nachlässigkeiten. Ich führe jeden Tag meine In-

spektionen durch, und da meine Fahrer genau wissen, dass ich allmorgendlich auf der Matte stehe, halten sie ihre Unterlagen stets auf dem Laufenden. Wenn ich meine außerhalb liegenden Niederlassungen und Terminals inspiziere, gehe ich auf die gleiche Art und Weise vor. Außerdem führe ich auch nächtliche Kontrollen durch. Also müssen die Fahrer jeden Abend als letzte Tat das Fahrzeug warten und ihren Servicebericht schreiben."

Sie können in Ihrem Betrieb auf die gleiche Weise verfahren. Dabei spielt die Branche keine große Rolle. Ich kenne einen Betriebsleiter, der in ähnlicher Form seine Maschinen überprüft. Die Kontrolle über die Qualität der Produktion überlässt er seinem Produktionsmanager, den Abteilungen Forschung und Entwicklung und der Qualitätskontrolle.

Seiner Meinung nach ist das der effektivste und beste Weg, seinen Betrieb zu kontrollieren.

Sieben Schritte zu einer hieb- und stichfesten Kontrolle

Die hier folgende Vorgehensweise lässt sich auf alle Managementpositionen übertragen – von der Spitze bis hinunter zur Basis eines Unternehmens –, besonders nützlich jedoch ist es für das Juniormanagement, zum Beispiel für Vorarbeiter und Führungskräfte an vorderster Linie.

1. *Nehmen Sie sich jeden Tag die Zeit für Ihren Kontrollrundgang.*
   Überprüfen Sie immer nur bestimmte Bereiche Ihrer Abteilung; aber nicht jeden Tag dieselben. Bringen Sie ein wenig Abwechslung ins Spiel. Den einen Tag beginnen Sie mit Ihrer Runde am Morgen, ein anderes Mal erst am späteren Nachmittag. Wenn in Ihrem Unternehmen in verschiedenen Schichten gearbeitet wird, dann kontrollieren Sie auch mal nachts. Niemand bekommt im Leben etwas geschenkt.
   Sie werden bald herausfinden, dass montagmorgens und freitagnachmittags die kritischsten Stunden der Woche sind. Zumindest wird in den ersten und den letzten vier Stunden einer Arbeitswoche nicht so aufmerksam und präzise gearbeitet wie sonst. In diesen Stunden sind die Arbeitnehmer in der Regel weniger sorgfältig und die Qualität der zu dieser Zeit produzierten Waren lässt meistens stark zu wünschen übrig.

Also sehen Sie davon ab, Ihren Rundgang zu jenen Tageszeiten anzusetzen; die dann erbrachten Leistungen sind nicht repräsentativ für Ihre Mitarbeiter während der übrigen Arbeitsstunden.

2. *Gehen Sie Ihre einzelnen Kontrollpunkte noch einmal durch, ehe Sie mit Ihrem Rundgang beginnen.*
    Machen Sie sich mit den jeweils zu kontrollierenden Aspekten vertraut und überprüfen Sie Ihre Kenntnisse nochmals, ehe Sie Ihren Rundgang beginnen. Auf diese Weise kommen Sie nicht ins Stolpern und laufen nicht Gefahr, sich vor Ihren Untergebenen zum Narren zu machen. Sie erscheinen immer als kompetent und sachkundig, und in der Tat wird es auch nicht lange dauern, bis Sie ein echter Experte auf diesen Gebieten werden.
    Ich empfehle Ihnen, täglich nicht weniger als drei und nicht mehr als acht Punkte auf Ihre Checkliste zu setzen. Wenn Sie diese Punkte jeden Tag ändern, haben Sie in Kürze Ihren gesamten Bereich voll und ganz im Griff.

3. *Inspizieren Sie wirklich nur die von Ihnen ausgewählten Punkte.*
    Überprüfen Sie Ihre Kontrollpunkte nochmals, ehe Sie sich auf Ihren Rundgang machen. Und wenn Sie dann dabei sind, überprüfen Sie wirklich nur die Punkte auf Ihrer Checkliste. *Versuchen Sie nicht, an einem Tag Experte auf allen Gebieten zu werden!* Das schaffen Sie nicht. Bleiben Sie bei Ihren persönlichen Vorgaben und lassen Sie sich von niemandem ablenken. Sie werden mit Sicherheit alle Bereiche Ihrer Abteilung rechtzeitig inspiziert haben.

4. *Wenn Sie inspizieren – konzentrieren Sie sich auf die Kontrollkriterien.*
    Konzentrieren Sie sich auf die Punkte, die Sie für diesen speziellen Rundgang ausgewählt und auf die Sie sich vorbereitet haben. *Lassen Sie sich nicht von Ihren Mitarbeitern auf eine falsche Fährte locken!* Wenn Sie das zulassen, wird Ihr Kontrollgang zu einem Katz-und-Maus-Spiel. Halten Sie sich stets vor Augen, wer kontrolliert und wer kontrolliert wird.

    In dem Moment, in dem Sie sich von Ihren Mitarbeitern von Ihrem Vorhaben ablenken lassen, verlieren Sie Ihren Status als Experte. Sie laufen Gefahr, dass man Ihre eventuell fehlenden Kenntnisse auf anderen Gebieten erkennt.

Um als besonders sachkundig und versiert zu gelten, müssen Sie also jederzeit die Kontrolle über die Situation behalten. Mit der Zeit werden Sie zum wirklichen Experten.

5. *Umgehen Sie das hierarchische System.*
Dies ist eine absolute Notwendigkeit! Ansonsten erhalten Sie kein zufrieden stellendes Kontrollergebnis. Fragen Sie auf keinen Fall die Ihnen untergeordneten Manager, wie sie mit ihrer Arbeit zurechtkommen. Wenn Sie das tun, können Sie sich die Frage sparen. Sie müssen sich mit dem einzelnen Arbeiter vor Ort auseinander setzen, sodass Sie sich persönlich ein Bild von der Situation machen können. Es ist natürlich eine Form der Höflichkeit, dass Sie die direkten Vorgesetzten bitten, Sie auf Ihrem Kontrollgang zu begleiten, aber wenden Sie sich mit Ihren Fragen an die einzelnen Mitarbeiter und nicht an deren Chef. Das ist die einzige Möglichkeit, ehrliche Antworten zu erhalten und sich ein objektives Bild zu verschaffen.

6. *Stellen Sie Fragen und nochmals Fragen.*
Halten Sie sich vor Augen, dass Sie diese Kontrolle durchführen, um Informationen zu erhalten, und nicht, um sie zu geben. Stellen Sie also viele Fragen und hören Sie den Antworten genau zu. Lassen Sie sich von Ihren Angestellten erläutern, wie sie ihrer Meinung nach ihre Leistungen verbessern können. Denn im Grunde möchte doch jeder sein Bestes geben.

7. *Gehen Sie aufgedeckten Fehlern und Missständen auf den Grund und haken Sie nach.*
Eine Kontrolle der Arbeitsabläufe ist völlig überflüssig, wenn Sie die aufgedeckten Fehler und Missstände nicht beheben lassen. Gehen Sie den Dingen auf den Grund und haken Sie, wenn nötig, auch mehrmals nach. Überprüfen Sie die Vorgänge gegebenenfalls ein zweites Mal. Kontrollieren Sie, ob Ihre Korrekturmaßnahmen auch durchgeführt werden. Vergessen Sie nie: Eine Anweisung, deren Ausführung nicht überprüft wird, ist so gut wie überhaupt keine Anweisung!

Wie führt man präzise Kontrollen durch und wird trotzdem von den Kollegen geschätzt?

Es ist als Manager Ihr Job, Ihre Untergebenen zu führen und zu leiten und nicht einen Beliebtheitswettbewerb zu gewinnen. Es ist aber mit Sicherheit von Vorteil, wenn Sie auf der einen Seite Ihre Arbeit gut und gewissenhaft machen, sich aber andererseits auch um den Respekt und die Zuneigung Ihrer Mitarbeiter bemühen. Ihre Arbeit geht Ihnen dann viel leichter von der Hand.

Im Folgenden finden Sie sechs kurze Richtlinien, um dieses Ziel zu erreichen:

Richtlinien

1. *Stellen Sie sich niemals offensichtlich auf die Seite der Mitarbeiter und gegen deren direkte Vorgesetzte.*
   Das ist eine ganz billige Art, an Popularität zu gewinnen. Auf lange Sicht wird das jedoch nicht funktionieren. Die Mitarbeiter werden das Vertrauen und den Respekt verlieren, nicht nur in ihre direkten Vorgesetzten, sondern auch Ihnen gegenüber. Auf diese Weise werden Sie Ihr Ziel niemals erreichen.

2. *Loben Sie stets die Ihnen unterstehenden Führungskräfte.*
   Stellen Sie sich im Beisein der Angestellten immer vor den „Boss". Kritisieren Sie niemals eine Führungskraft in aller Öffentlichkeit. Wenn Sie das tun, verlieren deren Mitarbeiter völlig den Respekt. Sie werden ihrem Urteil nicht mehr vertrauen und verlieren die Achtung vor dieser Person. Wenn der Vorgesetzte ersetzt werden muss, leiten Sie die notwendigen Schritte dazu ein. Möchten Sie ihn allerdings in dieser Position behalten, dann müssen Sie ihm auch den Rücken stärken.

3. *Üben Sie Ihre Kritik unter vier Augen.*
   Wenn die Dinge in der Abteilung nicht Ihren Vorstellungen entsprechen, nehmen Sie den leitenden Angestellten zur Seite und besprechen Sie die aufgetretenen Mängel unter vier Augen. Aber auch dann sollten Sie mit Ihrer Kritik vorsichtig sein. Versichern Sie sich zuerst, dass Ihre Kritikpunkte auch gerechtfertigt und konstruktiv sind. Mit destruktiven Äußerungen kommen Sie nicht weiter. Und vergessen

Sie nicht, den Mitarbeiter zuerst zu loben; das nimmt der nachfolgenden Rüge ein wenig die Schärfe.

4. *Sprechen Sie nicht in Allgemeinplätzen – werden Sie präzise.*
Wenn der Vorgesetzte Fehler gemacht hat, sagen Sie ihm das. Erklären Sie ihm aber ganz genau, wo die Mängel liegen. Tadeln Sie ihn nicht für etwas, das ein anderer Mitarbeiter falsch gemacht hat. Im Gegenzug verurteilen Sie nicht eine ganze Abteilung für den Fehler eines Einzelnen.

5. *Geben Sie den Leuten die Gelegenheit, ihre Sicht der Dinge zu erläutern.*
Halten Sie sich mit Ihrer Kritik solange zurück, bis Sie die Beweggründe der jeweiligen Führungskraft für ihr Handeln kennen. Sie könnte einleuchtende Gründe für ihre Vorgehensweise haben. Besondere Situationen erfordern oftmals außergewöhnliche Maßnahmen. Machen Sie sich also zuerst ein umfassendes Bild, ehe Sie in die Luft gehen.

6. *Üben Sie Ihre Kontrollfunktion aus – gehen Sie aber niemandem auf die Nerven.*
Muss ich noch mehr zu diesem Punkt sagen?

Dies waren nun meine Richtlinien, die Ihnen dabei helfen sollen, in Ihrer Abteilung gute und effektive Kontrollen durchzuführen. Ich bin mir sicher, dass Sie meine Vorschläge noch mit eigenen Ideen ergänzen können.

Was auch immer Sie tun werden, eines sollten Sie stets im Gedächtnis behalten:

Wer nie kontrolliert, dem ist viel schon passiert!

6 Sie haben es versäumt sicherzustellen, dass Aufgaben verstanden, überprüft und ausgeführt werden

Oftmals ist unkonzentriertes Zuhören der Grund dafür, dass Anweisungen nicht richtig ausgeführt werden.

Meine Frau zum Beispiel ist unschlagbar darin, einer Wegbeschreibung nicht richtig und bis zum Ende zuzuhören. Sie verliert schon nach kürzester Zeit die Geduld, winkt unbekümmert ab, setzt sich ins Auto und fährt einfach drauflos. Sie biegt grundsätzlich in die falsche Richtung ab, übersieht markante Wegweiser, die man ihr als Orientierungshilfe genannt hat und verirrt sich schließlich völlig.

Es gibt allerdings auch das Gegenteil dazu: die Person, welche den Weg zu einem bestimmten Zielort erklärt, kann sich nicht richtig ausdrücken, spricht hastig und undeutlich, und gibt dem Zuhörer keinerlei Gelegenheit zum Nachfragen.

Vor nicht allzu langer Zeit wollte mein Sohn sein Motorrad verkaufen und hatte in der *Springfield Leader* ein entsprechendes Inserat aufgegeben. Durch Zufall konnte ich dem Telefonat zwischen meinem Sohn und einem Interessenten zuhören.

„Fahren Sie die Glenstone Richtung Sunshine. Dann auf der Sunshine nach Osten – etwa zwei bis drei Meilen, dann südlich ungefähr eine Meile auf der Ingram Mill, dann Richtung Westen auf der Sunset, südlich den Hügel rauf nach Hillsboro, an der Claremont links, dann an der Avalon rechts abbiegen, dann halten Sie sich westlich auf der Covington, die schließlich in die Lomita mündet – aber nur kurz, so etwa einen Block lang – das können Sie gar nicht verfehlen – ein gelber Ziegelbau mit der Nummer 31104. Auf Wiederhören."

Während des ganzen Gesprächs hatte er nicht ein einziges Mal Luft geholt, ehe er völlig unvermittelt und abrupt den Hörer einhängte. „Hast Du ihn die Wegbeschreibung wiederholen lassen?" fragte ich in der Annahme, dass er es vergessen hatte. Und richtig, mein Sohn verneinte die Frage. „Glaubst Du, dass er mitgeschrieben hat? Du hast ziemlich schnell gesprochen!" „Ich glaube nicht", antwortete mein Sprössling. „Das glaube ich auch nicht", stimmte ich ihm zu. „Du warst viel zu schnell für ihn. Wenn er dein Motorrad wirklich kaufen möchte, dann muss er noch einmal anrufen."

Zehn Minuten später klingelte das Telefon, und besagter Interessent erkundigte sich noch einmal nach dem Weg zu unserem Haus. Dieses Mal sprach mein Sohn langsam und deutlich und versicherte sich, dass sein Zuhörer alles verstanden hatte, ehe er wieder auflegte. (Übrigens hat dieser Interessent die Honda auch gekauft.)

Oft verhalten sich Manager und Führungskräfte nicht viel anders als mein 16-jähriger Sohn. Sie gehen davon aus, dass man ihre Anweisungen grundsätzlich genau versteht. Ich bin mir jedoch sicher, dass auch Sie schon das eine oder andere Mal die Klage gehört haben: „Es hat mir niemand gesagt, dass ..."; „Das haben Sie aber vorher nicht gesagt ...;" „Ich wusste nicht, dass Sie ... so wollten."

Wenn Sie Probleme damit haben, Ihren Standpunkt zu vermitteln, wenn Sie das Gefühl haben, dass Ihre Anweisungen nicht in Ihrem Sinne verstanden, kontrolliert und ausgeführt werden, dann ist dieses Kapitel für Sie besonders interessant.

Was Sie gewinnen, wenn Sie sich bemühen, dieses Problem zu beseitigen

Ihre Mitarbeiter werden Ihre Anweisungen prompt erledigen

Anweisungen, die eindeutig, klar, präzise und einfach formuliert sind, werden leichter verstanden. Komplizierte und mit vielen Einzelheiten überladene Instruktionen sind meistens nur verwirrend.

Lassen Sie Ihre Mitarbeiter sich selbst ein paar Gedanken machen. Auf diese Art und Weise legen Sie den Schwerpunkt auf das Ergebnis und nicht auf die Methode – Ihnen ist das Lösen einer Aufgabe wichtiger als das Einhalten von Regeln.

Gleichgültig in welcher Branche Sie tätig sind, Sie erzielen wesentlich bessere Ergebnisse, wenn Sie Ihren Mitarbeitern einen Teil der Denkarbeit selbst überlassen und ihnen die Möglichkeit geben, ihre eigene Fantasie und Kreativität zum Einsatz zu bringen.

Diesen Aspekt sollen Sie nicht unterschätzen.

Ihre Leute werden ihr Bestes für Sie geben

Durch eine präzise Arbeitsplatzbeschreibung und eine genaue Aufgabendefinition sind Ihre Mitarbeiter in der Lage, ihren Job bestmöglich auszuüben.

Oftmals scheitern die Menschen daran, eine ihnen gestellte Aufgabe zufriedenstellend auszuführen, weil sie nicht genau verstanden haben, was sie eigentlich in welcher Reihenfolge machen sollen. Gründe für Ungehorsam, Versagen und Sich-nicht-fügen-Wollen vonseiten der Angestellten sind häufig die Mehrdeutigkeit, Unvollständigkeit, Unklarheit der Anordnungen ihrer Vorgesetzten und deren Unschlüssigkeit, ihre Vorstellungen in die Tat umzusetzen.

Es liegt an Ihnen als Führungskraft, Ihren Mitarbeitern Ihre Wünsche und Vorstellungen verständlich zu machen, Ihre Erwartungen an sie zu formulieren und schließlich die ordnungsgemäße Ausführung Ihrer Anweisungen zu überwachen.

Wenn Sie sich richtig verhalten, werden auch Ihre Mitarbeiter ihr Bestes für Sie geben.

Sie werden mehr Zeit für Ihre eigenen Arbeiten zur Verfügung haben

Eine gängige Ausrede vieler Geschäftsleute, Manager und Führungskräfte, anfallende Tätigkeiten nicht oder verspätet zu erledigen, ist, *nicht genügend Zeit für diese zu haben*. Wenn Sie sich versichern, dass die gestellte Aufgabe von Anfang an richtig verstanden wird, verhindern Sie, dass wertvolle Zeit und teures Geld mit aufwändigen und kostspieligen Fehlerkorrekturen verschwendet wird. Wenn Sie diesen Grundsatz beherzigen, können Sie gleichzeitig sicherstellen, dass der Job gleich beim ersten Anlauf fehlerfrei bis zum Ende ausgeführt werden kann.

Der Vorteil für Sie als Führungskraft und Kontrollorgan lieg auf der Hand: Sie haben mehr Zeit für das Erledigen Ihrer eigenen Aufgaben.

Methoden, um diese Ziele zu erreichen

Vergewissern Sie sich, dass eine Anweisung notwendig ist

> *„Sie müssen keine Anweisungen und Befehle erteilen, nur um zu beweisen, dass Sie der Boss sind. Ihre Leute wissen bereits, dass Sie der Leiter der Abteilung oder des Fachbereichs sind. Sie müssen Ihre Position nicht zusätzlich betonen, indem Sie überflüssige Anordnungen treffen.*
> *Eines der wichtigsten Dinge, die wir unseren neuen Führungskräften eindringlich ans Herz legen, ist, dass sie sich über die Notwendigkeit einer Instruktion oder eines Befehls vergewissern. Die Effizienz und Fähigkeit eines guten Abteilungs- oder Bereichsleiters zeigt sich darin, dass er seinen Mitarbeitern möglichst wenig sagen muss, und nicht, wie gut er im Anschaffen und Befehlen ist. Wichtig ist sein Organisationstalent und seine Fähigkeit, Verantwortungsbereiche zu delegieren."*

So Clifford Dawson, Assistant Manager bei J. C. Penneys in Des Moines, Iowa.

Ich kann Mr. Dawson nur 100-prozentig zustimmen, jedoch würde ich seiner Aussage gern noch ein paar Punkte hinzufügen.

Erteilen Sie die richtigen Anweisungen

Vor ein paar Monaten wurde ich als externer Berater in ein Unternehmen gebeten, um dem örtlichen Betriebsleiter dabei zu helfen herauszufinden, warum sich die Arbeitsmoral der Angestellten in letzter Zeit so rapide verschlechtert hat. Es gab eine Menge Gründe, dass die Angestellten plötzlich ihre Arbeit ohne Sorgfalt und mit einer negativen Einstellung verrichteten. Manager und Führungskräfte aller Ebenen des Unternehmens erteilten überflüssige, ungenaue und widersprüchliche Anweisungen. An eine Anordnung kann ich mich besonders gut erinnern, da sie von allen Mitarbeitern kritisiert wurde.

Der Betrieb ist in zwei Komplexe unterteilt – den Arbeitsbereich und den Erholungsbereich mit einer Cafeteria –, die durch einen langen Gang verbunden sind. Parallel zu diesem Gang gibt es noch einen überdachten Weg im Freien, der ebenfalls benutzt werden konnte. Die meisten Arbeitnehmer nutzten diese Gelegenheit, um in ihrer Arbeitspause ein wenig frische Luft zu schnappen, da die Temperatur an den Arbeitsplätzen oftmals unangenehm hoch war.

Von einem Tag auf den anderen untersagte die Betriebsleitung die Benutzung dieses Weges im Freien und alle Mitarbeiter (mit Ausnahme der Führungskräfte) sahen sich gezwungen, nunmehr den engen, dunklen und heißen Gang zur Cafeteria zu benutzen.

Diese Entscheidung stieß bei den Angestellten auf Unverständnis und Ablehnung.

Ich fragte die Betriebsleitung nach ihren Gründen für diese Entscheidung und sie antwortete mir: „Weil jeder seine Zigarettenkippen und Bonbonpapiere einfach auf den Boden geworfen hat. Sie haben sich benommen wie eine Horde von Schweinen."

„Wenn das der einzige Grund für Ihre Reaktion ist", hakte ich weiter nach, „warum haben Sie keine Aschenbecher und Papierkörbe entlang des Weges und an den Eingängen zur Cafeteria und zum Arbeitsbereich aufstellen lassen? Statt ein Verbot auszusprechen hätten Sie auch Ihre Angestellten auffordern können, diese Behälter für ihre Abfälle zu benützen und sie nicht weiter auf den Boden zu werfen. Ich bin mir sicher, dass man Ihrer Aufforderung gern nachgekommen wäre, wenn sie bedeutet hätte, dass man weiterhin den Weg im Freien benutzen kann."

Die Betriebsleitung folgte meinem Vorschlag und das gespannte Verhältnis zwischen Arbeitgeber und Arbeitnehmern entschärfte sich langsam.

Sie sehen also, eine richtige und einfühlsame Anweisung wird kommentarlos akzeptiert und befolgt; aber jeder von uns würde sich gegen eine unfaire und ungerechte Behandlung zu Wehr setzten.

Erteilen Sie niemals eine Anweisung, die Sie nicht durchsetzen können

Der beste Weg als leitender Angestellter die Oberhand zu behalten ist, niemals eine Anweisung zu erteilen, die man nicht durchsetzen kann. Es gibt nicht Schlimmeres als mit einem Untergebenen konfrontiert zu werden, der eine Anordnung nicht ausführt und man selbst ist gleichzeitig nicht in der Lage, das Geforderte zu bewerkstelligen.

Halten Sie sich stets vor Augen, dass einer Ihrer Mitarbeiter Ihre Arbeitsanweisung einfach nicht versteht und diese aus diesem Grunde nicht befolgt.

Arthur Ingram, heute President von *Ingram Industries* in Dallas, Texas, einem Computerhersteller, erzählt von einem Zwischenfall, der ihm persönlich unterlaufen ist:

„Es ist ganz wichtig, dass Sie niemals eine Peson mit Ihren Anweisungen und Vorstellungen überfordern. Ich erinnere mich noch an eine besonders unangenehme Begebenheit aus meinen frühen Tagen als Abteilungsleiter. Ein junger Man war eingestellt worden, um die Abläufe in meinem Bereich zu überprüfen. Wir waren ziemlich unter Zeitdruck und weit hinter unseren Sollvorgaben zurück, als er sich bei mir meldete. Ich drückte ihm ein Mikrometer in die Hand und schickte ihn sofort an die Arbeit. ‚Überprüfen Sie die Stärke dieser Discs', wies ich ihn an. ‚Wenn sie dicker sind als vier Tausendstel, werfen Sie sie weg. Und beeilen Sie sich damit. Die gesamte Montagestraße wartet schon darauf. Ich sehe in Kürze wieder nach Ihnen, wie Sie so zurechtkommen.'

Eine halbe Stunde später kam ich wieder zu ihm und musste feststellen, dass er mit der Arbeit noch gar nicht angefangen hatte. Mit rotem Gesicht und zu Tode verlegen stand er mit dem Mikrometer in der Hand an seinem Arbeitsplatz.
‚*Was zum Teufel ist los mit Ihnen!' schrie ich ihn an. ‚Warum haben Sie noch nicht einmal angefangen?'*
Er stammelte: ‚Weil ich nicht weiß, wie man diese Art von Mikrometer anwendet. So eines habe ich noch nie vorher gesehen."

Wenn Sie so eine peinliche Situation vermeiden möchten, würde ich Ihnen vorschlagen, nach meiner Methode vorzugehen.

Ich erkundige mich immer zuerst bei der jeweiligen Person, ob sie weiß, wie die anstehende Arbeit zu erledigen ist. Wenn sie dieses bejaht, frage ich, ob sie es sich auch zutraut, die Aufgabe selbstständig und ohne Hilfe auszuführen. Wenn sie sich hier unschlüssig oder unsicher zeigt, frage ich nach, was sie denn allein tun kann, und teile ihr dann eine Aufgabe gemäß ihren Kenntnisse zu. Auf diese Art und Weise kann nichts mehr schief gehen.

Formulieren Sie Ihre Anordnungen als Vorschläge oder Bitten

Wenn Ihre Mitarbeiter gern selbstständig arbeiten, ist es effektiver, seine Anordnungen als Bitten oder als Vorschlag zu gestalten. Somit erzielen Sie bessere Ergebnisse, als wenn Sie Ihre Wünsche und Vorstellungen diktatorisch anordnen.

Der einzige Ort, wo Anordnungen und Befehle kommentarlos hingenommen und ausgeführt werden, ist in der Armee. Aber auch hier verändert sich einiges in den letzten Jahren.

Wenn Sie es gewohnt sind, Ihre Anweisungen wie ein Feldwebel *hinauszubellen:* „Machen Sie dies ...!" „Tun Sie jenes ...!", dann versuchen Sie es doch mal mit einem freundlichen „Würden Sie bitte ...?" „Ich hätte gern, dass Sie ..." „Könnten Sie bitte ..." Diese Methode bewirkt mit Sicherheit Wunder; auf alle Fälle bei Ihrem Magengeschwür!

Überlegen Sie sich genau, was Sie wollen, ehe Sie eine Anordnung treffen

Es ist von großer Wichtigkeit, dass Sie sich über Ihre Absichten im Klaren sind, ehe Sie jemanden mit einer Aufgabe betrauen. Wenn Sie die erwünschten Ergebnisse noch nicht genau kennen, dann sollten Sie auch noch keine diesbezügliche Anweisung erteilen.

Um Ihnen dabei zu helfen, Ihre Ziele festzulegen, verinnerlichen Sie sich folgende Richtlinien. So gewöhnen Sie sich nach und nach die richtige Vorgehensweise an.

Sechs Punkte für die richtige Vorgehensweise (Die sechs W-Fragen)

1. *Was* genau soll erledigt werden?
2. *Wer* soll diese Aufgabe ausführen?
3. *Wann* muss diese Aufgabe erledigt sein?
4. *Warum* muss sie gemacht werden?
5. *Wo* ist der beste Ort, um sie auszuführen?
6. *Wie* soll die Aufgabe erledigt werden?

Wenn Sie sich selbst prüfen, indem Sie sich diese sechs relevanten Fragen stellen, gewinnen Sie völlige Klarheit über die Aufgabe. Sie werden damit automatisch Ihre Fähigkeiten steigern, eine Anweisung verständlich, überprüfbar und ausführbar zu erteilen.

Verwenden Sie eine klare, präzise und einfache Ausdrucksweise

Ich persönlich hatte immer schon Probleme mit Leuten, die sich geschwollen ausdrücken und mit vielen Worten eigentlich keine konkrete Aussage treffen.

Meiner Meinung nach sollte man sich nicht nur so ausdrücken, dass man von jedermann verstanden werden kann, sondern auch so, dass Missverständnisse von vornherein ausgeschlossen sind.

Es gibt folgende vier Möglichkeiten:

1. *Fassen Sie sich kurz.*
   Sagen Sie nur so viel wie nötig – nicht mehr. Sparen Sie sich überflüssiges Geplauder für die Kaffeepausen auf. Wenn Sie den Sachverhalt in zwei Sätzen wiedergeben können, dann erzählen Sie keinen ganzen Roman. Machen Sie sich keine Gedanken über die leeren Zeilen auf Ihrem Blatt Papier – wenn Sie diese als so störend empfinden, dann schneiden Sie sie einfach ab!

2. *Verwenden Sie kurze Wörter und kurze Sätze.*
   Dadurch wird die Verständlichkeit des Gesagten gefördert. Keine Sorge, Sie hören sich nicht wie ein Erstklässler an! Ich verwende immer einfache Wörter, formuliere grundsätzlich nur kurze Sätze, und niemand hat mir je vorgeworfen, ich würde Bücher auf Grundschulniveau schreiben.

3. *Fangen Sie bei jedem neuen Gedanken einen neuen Satz an.*
   Ziehen Sie Ihre Sätze nicht künstlich endlos in die Länge. Beginnen Sie bei jedem neuen Gedanken einen neuen Satz. So einfach ist diese Regel!

4. *Bleiben Sie genau und präzise.*
   Sprechen Sie nicht in Allgemeinplätzen, wenn Sie spezifisch sein können. Sagen Sie nicht: „Sie meinen ..." „Sie sagen ...", wenn Sie über eine bestimmte Sache oder Person sprechen. Nennen Sie *Namen*, geben Sie *Zahlen*beispiele, zitieren Sie *Fakten*.

Lassen Sie sich mündliche Anordnungen bestätigen

Stanley Adams, Besitzer eines Geschäfts für Eisenwaren in Tacoma, Washington, meint Folgendes:

> *„Wenn Sie diese einfache Regel beherzigen, haben Sie zwei Vorteile: erstens, Sie gehen sicher, dass Ihr Gegenüber Sie richtig verstanden hat, und zweitens haben Sie nochmals die Gelegenheit zu überprüfen, ob Sie wirklich das wollen, was Sie gerade angeordnet haben."*

Ehrlich gesagt gibt es meiner Meinung nach bei dieser Regel kein Wenn und Aber. Sobald Sie diese Regel brechen, werden die Dinge unausweichlich aus dem Ruder laufen. Wenn die Leute Sie erst einmal missverstanden haben, gibt es keine Möglichkeit mehr sicherzustellen, dass die Aufgabe richtig verstanden, ausgeführt und kontrolliert wurde.

Nutzen Sie das etablierte hierarchische System, um Ihre Anweisungen zu erteilen

Gleichgültig wie groß oder klein das Unternehmen ist, es gibt immer eine unumgängliche, feststehende Betriebshierarchie, mittels derer Anordnungen und Instruktionen erteilt und weitergeleitet werden.

Wenn Sie nicht genau sicher sind, *wer für wen* arbeitet und *wer von wem* Anordnungen anzunehmen hat, dann informieren Sie sich mittels des Betriebsorganigramms. Das sollte alle Unklarheiten beseitigen.

Es ist absolut notwendig, dass Sie sich bei der Erteilung von Anweisungen an diese hierarchischen Strukturen halten. Den Vorarbeiter oder Abteilungsleiter einfach zu übergehen, ist nicht nur eine Verletzung des Dienstweges und ein Verstoß gegen die Unternehmensstruktur, sondern ist zugleich verwirrend für die Mitarbeiter, wenn die Anordnungen im Widerspruch mit den Anweisungen des direkten Vorgesetzten stehen.

Niemand kann zwei Herren gleichzeitig dienen! Dieser Satz hat heute noch die gleiche Gültigkeit wie damals, als Jesus Christus sie zum ersten Mal aussprach.

Ermutigen Sie Ihre Mitarbeiter, Fragen zu stellen

Immer wenn Sie eine Anweisung erteilen – sei es nun schriftlich oder mündlich –, ermutigen Sie Ihre Umgebung, Fragen dazu zu stellen.

Ich weiß, einige Leute trauen sich nicht, bei Unklarheiten nachzufragen, da sie Angst haben, als dumm und unwissend dazustehen. Persönlich habe ich mir darüber eigentlich nie Gedanken gemacht. Dr. Flanders, mein Geschichtsprofessor am College, hat mir bereits beizeiten diese Angst genommen, indem er sagte:

„Zögern Sie nicht, Ihre Fragen zu stellen. Wenn ich den einen oder anderen Punkt auch nur für einen Einzigen von Ihnen nicht gut genug erklärt habe, dann besteht die berechtigte Möglichkeit, dass ihn mehrere Studenten nicht verstanden haben. Also fragen Sie! Wenn jemand lacht – keine Sorge: Er lacht nicht über Sie, weil Sie nachfragen. Er lacht wahrscheinlich über mich, weil ich nicht in der Lage war, den Sachverhalt von Anfang an richtig und verständlich zu schildern."

Stellen Sie Ihren Mitarbeitern ebenfalls Fragen

Wenn Ihre Mitarbeiter an Sie keinerlei Fragen haben, dann stellen Sie selbst ein paar.

Zum Beispiel: Wenn Sie Ihre Anweisungen mündlich erteilen, und diese mehr als drei Punkte beinhalten, dann sollten Sie Ihre Zuhörer auffordern, sich schriftliche Stichpunkte zu machen. Somit haben Sie die Möglichkeit nachzufragen, „Herr Meier, sagte ich jetzt vier oder fünf Kartons Papier?", ohne jemandem dabei auf die Füße zu treten. Und die Antwort kennen Sie natürlich bereits.

Kontrolle – Kontrolle – Kontrolle

Denken Sie immer daran: Eine Anweisung ohne spätere Kontrolle ist so gut wie überflüssig.

Sie müssen als Manager oder Führungskraft natürlich nicht alle Schritte persönlich überwachen. Das ist unmöglich. Delegieren Sie einige dieser Funktionen. Setzen Sie Ihre Vorarbeiter, Bereichs- oder Abteilungsleiter für diese Aufgaben ein. Diese Personen unterstehen dann Ihrer Kontrolle. Lassen Sie sich von den Fortschritten und Ereignissen in Ihrem Bereich berichten.

Den einen oder anderen Aspekt sollten Sie natürlich schon selbst überwachen. Wenn Sie das tun, dann folgen Sie den Richtlinien, die ich Ihnen im letzten Kapitel an die Hand gegeben habe.

Sich zu versichern, dass die zu erledigenden Aufgaben verstanden, ausgeführt und kontrolliert werden, ist eine der arbeitsintensivsten und größten Aufgaben als Manager. Wenden Sie dabei die Methoden an, die ich Ihnen in diesem Kapitel erläutert habe, und Sie werden alle dabei eventuell auftretenden Probleme mit Leichtigkeit meistern.

7 Sie verschwenden Ihre Zeit mit Details und den Aufgaben anderer

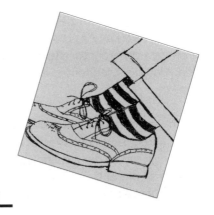

Ein gewisser Herr, den ich kenne, ist seit nunmehr 30 Jahren Präsident einer Bank im Mittleren Westen. In den dreißiger Jahren hat er persönlich meinen ersten Kredit – ein Studiendarlehen in Höhe von 200 US-Dollar – bewilligt. Umso erstaunlicher ist es, dass er ebenfalls über mein aktuelles Darlehen persönlich entschieden hat, als ich mir letzten Sommer ein Ferienhaus am Lake Ozarks kaufen wollte. (Sollte er jemals dieses Kapitel lesen, war das zweifellos auch der letzte Kreditantrag, den er in meinem Sinne positiv entschieden hat!)

Im Laufe der Jahre ist das Kreditinstitut um mehr als das Doppelte gewachsen, sowohl an Auftragsvolumen wie auch in der Bilanzsumme. Dennoch hält er an seiner täglichen Morgenroutine fest und öffnet, sortiert und verteilt den gesamten Posteingang persönlich an seine Angestellten.

Halten Sie das für ungewöhnlich und weit hergeholt? Das ist es nicht. Ein Präsident einer anderen Bank verlangt zum Beispiel von seinen Direktionsmitgliedern, dass sie über alle Kredite ab 100 US-Dollar in den wöchentlichen Direktionsmeetings entscheiden. Ihnen fehlt jedoch die stichhaltige Grundlage für diese Entscheidungen, da sie die einzelnen Kunden ja nicht persönlich betreuen. In der Regel verlassen sie sich auf die Empfehlungen der jeweiligen Bankangestellten, die den einzelnen Kreditantragsteller kennen und dessen finanzielle Situation beurteilen können. Ich bin mir sicher, dass auch Sie der Ansicht sind, die Zeit des Präsidenten und seiner Direktionsmitglieder könnte effektiver für wichtigere Aufgaben verwendet werden. Und die Kreditentscheidungen sollten an anderer Stelle getroffen werden.

Doch zurück zu meinem ersten Beispiel. Er hätte wenigstens einen seiner Mitarbeiter dazu autorisieren können, die eingehende Post zu öffnen und entsprechend an die zuständigen Sachbearbeiter zu verteilen. Des Weiteren könnte er die Entscheidung über Kredite bis zu einer bestimmten Betragshöhe einem seiner Stellvertreter übertragen.

Wenn er das machen würde, hätte er viel mehr Zeit, sich mit der Analyse neuer Geschäftsmöglichkeiten für sein Kreditinstitut zu beschäftigen. Er könnte die Kontenbewegungen seiner Großkunden studieren und seine unschätzbare Erfahrung der letzten 30 Jahre den jüngeren Führungskräften zur Verfügung stellen, um ihnen dabei zu helfen, die anstehenden Probleme und Schwierigkeiten zu lösen. Sein Verhältnis zu den Eigentümern und Topmanagern der größeren Unternehmen hätte sich auf einer freundschaftlichen Basis einpendeln können, und somit wäre eine gute Gelegenheit geschaffen worden, potenzielle Neukunden ohne große Anstrengung für sein Kreditinstitut zu akquirieren.

Was Sie gewinnen, wenn Sie sich auf Ihren eigenen Aufgabenbereich konzentrieren

Ihre Angestellten werden Sie respektieren

Wenn Sie Ihren Angestellten so weit vertrauen, dass Sie ihnen zugestehen, ihre Aufgaben selbstständig von Anfang bis Ende zu erledigen, gewinnen Sie ihren Respekt und ihr Vertrauen. Solange Sie den Fähigkeiten eines Mitarbeiters Vertrauen schenken und an ihn glauben, müssen Sie ihn nicht ständig beaufsichtigen. Dadurch motivieren Sie ihn, sein Bestes für Sie zu geben – gleichgültig ob Sie ein wachsames Auge auf ihn haben oder nicht. Er wird Sie nicht im Stich lassen.

Sie werden die Eigeninitiative und den Einfallsreichtum Ihrer Mitarbeiter fördern

Geben Sie dem Angestellten die Möglichkeit, seine Arbeit zu erledigen, ohne dass Sie sich als Vorgesetzter einmischen, und er wird im Gegenzug beweisen, dass Ihr Vertrauen in ihn gerechtfertigt ist. Er wird seine Initiative und seinen Ideenreichtum dafür einsetzen, um die ihm übertragenen Aufgaben zu Ihrer vollsten Zufriedenheit zu erledigen. Dafür wird er all seine Kräfte und Fähigkeiten mobilisieren. Das ehrliche und aufrichtige Bemühen Ihres Mitarbeiters trägt auch zu Ihrem eigenen Erfolg als Führungskraft wesentlich bei.

Sie werden nicht von Jasagern umgeben sein

Möchten Sie die Jasager in Ihrer näheren Umgebung loswerden? Dann versuchen Sie nicht, Ihre Mitarbeiter zu dominieren. Verschwenden Sie nicht Ihre Zeit damit, die einzelnen Aufgaben Ihrer Angestellten zu erledigen. Der Vorteil für Sie liegt auf der Hand. Ein tyrannischer und übermäßig energischer Vorgesetzter vertreibt seine fähigsten und selbstständig arbeitenden Mitarbeiter.

Wenn Sie darauf bestehen, alles selbst zu machen, werden Ihnen die besten Leute davonlaufen und die unfähigen Mitarbeiter bleiben an Ihnen hängen wie die Kletten.

Denken Sie immer daran: Ihre Angestellten arbeiten effektiver *mit Ihnen* und nicht *für Sie* – behandeln Sie diese also auch entsprechend.

Methoden, um diese Ziele zu erreichen

Konzentrieren Sie sich auf Ihren primären Verantwortungs- und Aufgabenbereich als Führungskraft

Es ist natürlich nicht einfach, sich auf seine eigenen Aufgaben und Verantwortungsbereiche zu konzentrieren, wenn diese nicht klar und eindeutig definiert sind.

Ich kann Ihnen allerdings nicht sagen, welche spezifischen Aufgaben zum Beispiel ein Abteilungsleiter der *ABC Rubber Company* zu erfüllen hat. In diesem Kapitel werde ich Ihnen jedoch dabei helfen, Ihre Führungsverantwortung zu erkennen, sodass Sie in der Lage sein werden, Ihre eigenen innerbetrieblichen Pflichten besser durchführen zu können.

Lassen Sie mich zu Anfang feststellen, dass der Bereich Management ein Prozess ist, durch welchen die potenziellen Ressourcen Angestellte, Geld, Material, Zeit und technische Hilfsmittel eingesetzt werden, um das oberste Ziel des Unternehmens zu erfüllen. Dies und nichts anderes bedeutet „Management".

Die einzelnen Bereiche im Management beinhalten Planung, Organisation, Koordination und Controlling dieser Ressourcen auf eine Art und Weise, welche das Unternehmensziel möglichst nutzbringend und effektiv in die Tat umsetzt. Diese Aufgabenbereiche sollten Ihnen vertraut sein.

Im Einzelnen sollte der tägliche Pflichtenkatalog eines Managers folgende Aspekte umfassen: die Definition von Zielen, das Motivieren der Mitarbeiter, diese Ziele anzustreben, das Treffen und Kommunizieren von Entscheidungen, das Vorstellen neuer Ideen und Konzepte, die Förderung der Zusammenarbeit unter den Kollegen und das Motivieren der Angestellten, mehr Verantwortung zu übernehmen.

Wenn sich das alles für Sie neu und sonderbar anhört oder sich diese detaillierten Pflichten einer Führungskraft nicht mit Ihrer Stellenbeschreibung decken, dann lesen Sie bitte unbedingt weiter. Es könnte sein, dass Sie Ihr Talent und Ihre Zeit als Vorgesetzter damit verschwenden, Arbeiten zu erledigen, die in den Zuständigkeitsbereich eines anderen fallen.

Der Manager muss die Durchführung der Aufgaben dezentralisieren

Paul DeWitt, Büroleiter der *Armco Metal Building Company* in Memphis, Tennessee, sagt zu diesem Thema Folgendes:

> „Eine Führungskraft muss die Durchführung der zu erledigenden Aufgaben und Arbeiten dezentralisieren, oder er versteht seinen eigenen Job nicht richtig. Da eine Person in leitender Position stets Vorarbeiter und Aufseher, Abteilungsleiter und Sektionschefs, Sekretärinnen und Büroangestellte zur Seite stehen hat, die ihn bei seiner Arbeit unterstützen, folgt daraus, dass er (a) nicht alle Arbeiten allein durchführen kann und dass dies (b) auch gar

nicht von ihm erwartet wird. Wenn er das könnte, wären viele Angestellten einfach überflüssig und arbeitslos.

Ein Manager hat seinen eigenen Aufgaben- und Verantwortungsbereich. Er muss planen, Entscheidungen treffen, diese öffentlich darstellen, er muss Anweisungen erteilen und die Durchführung derselben überwachen. Um all diese Aufgaben bewerkstelligen zu können, muss er gewisse Bereiche an kompetente Mitarbeiter delegieren. Dabei sollte er so viel Freiheit lassen, um die übertragenen Arbeiten selbstständig und nach eigenem Gutdünken und Ermessen durchzuführen. Jeder Einzelne seiner Mitarbeiter sollte das Gefühl haben, innerhalb vorgegebener Richtlinien frei entscheiden zu können."

Nicht alle Führungskräfte sind in der Lage, sich auf diese Weise zu verhalten. Manche neigen dazu, alle Aufgaben an sich zu reißen und zu wenig Arbeit und Verantwortung an die Mitarbeiter abzugeben. Die Möglichkeiten zur Entfaltung von Eigeninitiative durch die Angestellten sind somit stark eingeschränkt. Dieses Verhalten führt zu geringen Leistungen.

Ihr Erfolg als Manager hängt davon ab, dass jeder Mitarbeiter einen bestimmten Aufgabenbereich zu bewältigen hat und die Verantwortung dafür selbstständig trägt. Nur dann wird dieser sein Bestes für Sie geben.

Es gibt aber auch den Vorgesetzten, der dazu neigt, lediglich Entscheidungen zu treffen, Pläne zu erstellen und Anweisungen zu erteilen – sich jedoch anschließend gelassen in seinem Schreibtischstuhl zurücklehnt und darauf wartet, dass seine Mitarbeiter den Rest für ihn erledigen.

Wenn Sie Ihre Aufsichtspflicht derart sträflich vernachlässigen, müssen Sie sich nicht über den mangelnden Erfolg wundern.

Eine gute Führungskraft überwacht die Umsetzung ihrer Anweisungen und Pläne sowie die geleistete Arbeit ihrer Angestellten. Wenn nötig greift sie koordinierend, berichtigend oder kontrollierend in die Arbeitsabläufe ein. Im Großen und Ganzen versteht sie es jedoch, ihre Mitarbeiter die Arbeiten selbstständig und ohne Einmischung durchführen zu lassen.

Wie gewährt man Freiraum und behält gleichzeitig die Kontrolle?

„Angst ist die Ursache für viele Manager, an jeder Kleinigkeit ihres Aufgabengebiets festzuhalten, auch wenn sie diese mit Leichtigkeit an ihre Mitarbeiter delegieren könnten. Sie befürchten, dass – wenn sie Entscheidungsvollmacht und Verantwortungsbereiche aus der Hand geben – etwas passiert, das ihre Stellung möglicherweise ernsthaft in Gefahr bringen könnte. Sie denken unablässig an die verschiedensten Probleme und Schwierigkeiten, die auftreten könnten, sobald sie auch nur den geringsten Teil ihrer Pflichten an einen Mitarbeiter abtreten."

So spricht Gene Garrison, zuständiger Produktionsleiter für Haushaltsseife und Waschmittel im Unternehmen *Colgate-Palmolive* in Jersey-City, New Jersey.

Diese Art von Vorgesetzten, wie Gene Garrison sie beschreibt, ist leider nicht selten.

Wenn wir ehrlich sind, dann sind wir alle doch im Grunde unseres Herzens davon überzeugt, dass nur wir selbst die anstehenden Aufgaben richtig ausführen können, oder zumindest besser als alle anderen. Die meisten von uns empfinden das Delegieren von Arbeiten und Verantwortung als einen Verlust an Kontrolle und Einflussnahme. So muss es aber nicht zwangsläufig sein.

Ein kluger Manager überträgt die Verantwortung und die Handlungsvollmacht für eine Arbeit erst dann, wenn er für die entsprechenden Kontrolleinrichtungen gesorgt hat, die es ihm erlauben, jederzeit korrigierend einzugreifen.

Diese Kontrolleinrichtungen sind:

1. Der Angestellte muss zunächst gründlich in das Thema eingearbeitet werden; er sollte für die Aufgabe qualifiziert und ihr gewachsen sein.
2. Die Verantwortung sollte ihm nicht auf einmal, sondern Schritt für Schritt übertragen werden.
3. Sie sollten seine Fehler korrigieren und seine Erfolge und Fortschritte würdigen.

4. Bei den entscheidenden Punkten sollten Sie Ihre Kontrollfunktion so ausüben, dass Sie jederzeit eingreifen und die Durchführung des Projekts übernehmen können, sobald der Erfolg der Aktion ernsthaft gefährdet ist oder Konsequenzen für Ihre oder die Position Ihres Mitarbeiter drohen.

Wenn Sie diese Punkte beim Delegieren von Verantwortung und in Ihrer Führungsrolle generell beherzigen, wird die übertragene Aufgabe das Selbstbewusstsein Ihres Mitarbeiters stärken. Er wird das Gefühl haben, dass Sie vollstes Vertauen in ihn und seine Fähigkeiten haben. Sie geben ihm somit die Möglichkeit, sich individuell zu entfalten, Neues zu lernen – und er hat die Gelegenheit, seinen eigenen Beitrag zu leisten. Sie unterstützen ihn darin, über sich selbst hinauswachsen zu können. Und dadurch wird er für Sie zum effektiveren und besseren Angestellten.

Das Delegieren von Verantwortung ist ein Zeichen guten Führungsstils

Diese Aussage stammt von Price Jennings, Leiter der Versandabteilung bei der *Amway Corporation* in Ada, Michigan.

> *„Ebenso wenig wie Sie ein Pianist sind, ohne Klavier spielen zu können, oder ein Automechaniker, wenn Sie keine Ahnung von Motoren haben, genauso wenig sind Sie ein guter Manager, wenn Sie bestimmte Aufgabengebiete und Verantwortungsbereiche nicht an andere abgeben können.*
> *Wenn Sie darauf bestehen, in alle Vorgänge Ihrer Abteilung involviert zu sein, entmutigen Sie Ihre Mitarbeiter, da diese sich einem ständigen Wettstreit mit Ihrem Vorgesetzten ausgesetzt sehen. In letzter Konsequenz werden sich Ihre kompetenten Mitarbeiter nach einer neuen Stelle umsehen und die mit schwacher Arbeitsleistung werden weiterhin ein ruhiges Dasein führen und es Ihnen selbst überlassen, die Arbeit zu erledigen. Ihnen bleibt dadurch keine Zeit, sich Ihren eigentlichen Pflichten als Führungskraft zu widmen, dem Durchdenken, Planen, Organisieren und Kontrollieren."*

Lassen Sie mich zusammenfassend feststellen: Ein Manager, der nicht delegiert, gefährdet seine eigene Position weit mehr als einer, der Verantwortung und Aufgabenbereiche an Mitarbeiter weitergeben kann.

Wenn Sie erst einmal alles allein machen, wird Ihnen auch niemand mehr helfen. Oder wie ein Vorstandsvorsitzender so treffend zu seinem Personalchef sagte: „Suchen Sie den Mitarbeiter, auf den wir am wenigsten verzichten können, und feuern Sie ihn! Es macht mir eine Heidenangst, wenn jemand unentbehrlich ist. Was machen wir, wenn dieser Mitarbeiter plötzlich sterben sollte?"

Verwenden Sie zielorientierte Anweisungen

Die meiner Meinung nach beste Methode, sich nicht in die Angelegenheiten Ihrer Mitarbeiter einzumischen und Arbeiten zu übernehmen, die diese eigentlich erledigen sollten, ist, zielorientierte Arbeitsanweisungen zu erteilen. Auf diese Weise motivieren Sie außerdem Ihre Angestellten, Eigeninitiative zu entwickeln.

Was ist eine zielorientierte Anweisung?

Nun, das ist in wenigen Worten erklärt: *Eine zielorientierte Anweisung sagt aus, was Sie erledigt haben möchten, gibt aber keinerlei Hinweise auf das Wie!* Das bleibt dem jeweiligen Mitarbeiter überlassen.

Mit dieser Art Anordnung erläutern Sie lediglich das erwünschte Ziel. Sie überlassen es aber den Ausführenden, die Mittel selbst zu wählen, um das Ziel zu erreichen. Als Vorgesetzter verlassen Sie sich somit auf das Können Ihrer Mitarbeiter und nicht auf die Einhaltung von Regeln.

Durch die Anwendung dieser Methode ermöglichen Sie es Ihren Angestellten, Eigeninitiative zu ergreifen und ihren ganzen Einfallsreichtum und ihre Genialität einzusetzen, um an das erwünschte Ziel zu gelangen. Sollten Sie noch nie zuvor zielorientierte Anweisungen eingesetzt haben, werden Sie von dem Ergebnis angenehm überrascht sein. Denn Sie erreichen damit in Ihrem Unternehmen eine nie geahnte Flexibilität. Das wird besonders offensichtlich, wenn Sie es eigentlich gewohnt sind, als Ein-Mann-Unternehmen zu arbeiten und es bisher nicht geschafft haben, gewisse Bereiche an Ihre Untergebenen zu delegieren. Sie werden feststellen, dass Ihre Mitarbeiter besser sind, als Sie gedacht hätten.

Struktur einer zielorientierten Anweisung

Sie setzt sich aus drei verschiedenen Elementen zusammen: (1) dem auszuführenden Auftrag oder dem zu lösenden Problem, (2) den auferlegten Einschränkungen und (3) den zur Verfügung stehenden Möglichkeiten.

1. *Der auszuführende Auftrag oder das zu lösende Problem* muss in Ihrer Anweisung klar und deutlich zu erkennen sein. Sie sollten präzise ausdrücken können, was Sie eigentlich wünschen.
2. *Die auferlegten Einschränkungen* sollten in Ihrer Anordnung nachdrücklich betont werden. In anderen Worten, Ihr Mitarbeiter muss genau erkennen können, wie weit er in der Wahl seiner Arbeitsmittel gehen kann, um die Aufgabe zu bewältigen oder das ihm übertragene Problem zu lösen. Welche Einschränkungen gibt es, oder geben Sie ihm völlig freie Hand?
Wenn Sie sich hier auf völlig neuem Terrain befinden, gilt folgende Faustregel: *Es gilt immer, das Wohlergehen der Mitarbeiter gegenüber der Durchführung einer Aufgabe abzuwägen.* Wenn Sie diesen Grundsatz beherzigen, lösen sich die meisten Ihrer Fragen ganz von selbst.
3. *Die zur Verfügung stehenden Mittel* müssen in Ihrer Anweisung genau benannt werden. Ihr Mitarbeiter muss genau wissen, was er zur Lösung des Problems oder der Aufgabe einsetzen kann und was nicht.
Wenn Sie sich daran erinnern, wir sprachen bereits über das Sich-Konzentrieren auf die eigentlichen Hauptaufgaben eines Managers. Und die einer Führungskraft zur Verfügung stehenden Mittel sind eben *Arbeitskräfte, Geld, Material, Zeit* und *technische Hilfsmittel*.

Sie müssen also die tatsächlichen Mittel exakt benennen, damit Ihr Mitarbeiter weiß, auf welche Art und Weise er bei der Bewältigung des Problems vorgehen kann.

Wenn Sie zum Beispiel wünschen, dass eine bestimmte Arbeit in zwei Tagen erledigt wird, die normalerweise drei Tage und mehr benötigt, dann müssen Sie der ausführenden Person zugestehen, Überstunden zu machen. Das erfordert den Einsatz folgender Ressourcen: *Arbeitskraft, Geld, Zeit* und *technische Hilfsmittel* – also vier Ihnen als Manager zur Verfügung stehenden Mittel.

Welche Vorteile bringen Ihnen zielorientierte Anweisungen?

Sie sind natürlich kein Allheilmittel für jegliche Art von Problemen. Eines können diese Art Anweisungen nicht für Sie tun: *Sie geben Ihren Mitarbeitern keinen Hinweis darauf, wie sie eine Aufgabe bewältigen sollen.* Das Wie bleibt dem Mitarbeiter überlassen. Sollten Sie ihm dennoch eine genaue Vorgehensweise nahe bringen, haben Sie Ihr Ziel verfehlt. Sie erteilen somit gerade keine zielorientierte Anweisung. Sie nehmen Ihrem Mitarbeiter die Flexibilität. Er kann seinen Einfallsreichtum und seine Eigeninitiative nicht einsetzen. Im Übrigen stellen Sie sein Urteilsvermögen infrage. Nicht gerade motivierend, oder?

Um die Wahrheit zu sagen, wenn Sie diese Art Anweisungen zu erteilen nicht beherrschen, dann sind Sie auch kein erfolgreicher Manager. Eigentlich brauchen Sie dann auch keine Mitarbeiter; Ihnen reichen auch Roboter oder Maschinen.

Abschließende Analyse

Henry Schroeder, stellvertretender Manager im Bereich Forschung und Entwicklung bei der *Midwest Electric Corporation* in St. Paul, Minnesota, sagt:

> *„Eines ist sicher: Durch den Einsatz von prägnant formulierten Anweisungen trennt sich ganz schnell die Spreu vom Weizen. Reine Mitläufer, die keinen eigenen Arbeitseinsatz bringen, werden rasch ausgesondert. Gerade in unserem Bereich werden die Leute dafür bezahlt, kreativ und einfallsreich zu sein. Ihre besten Leute werden schon bald lernen, ihren Kopf einzusetzen, selbstständig Entscheidungen zu treffen und die Grenzen ihres Handlungsspielraums auszureizen.*
> *Inkompetente und ineffiziente Mitarbeiter werden Ihr Unternehmen verlassen, ehe sie allen zur Last fallen. Führungskräfte und deren Stellvertreter, die mit dieser Art Anweisungen zu erteilen nicht umgehen können, sollten Sie schnellstmöglich durch solche ersetzen, die diese Fähigkeit besitzen."*

Es ist eigentlich ganz einfach: Ein Mitarbeiter, der nicht bereit ist, sein Bestes für Sie zu geben, ist sein Gehalt nicht wert, das er von Ihrem Unternehmen bezieht. Sie sollten sich von ihm trennen.

Ich möchte dieses Kapitel folgendermaßen kurz zusammenfassen:

Vor ca. 2000 Jahren sagte der berühmte römische Dichter Horaz: „Da ich meine eigenen Angelegenheiten aus den Augen verloren habe, achte ich auf die der anderen." Wenn Sie die Richtlinien dieses Kapitels beherzigen, werden Sie sich niemals in einem vergleichbaren Dilemma befinden.

8 Sie können Ihre eigenen Leistungen nicht realistisch einschätzen

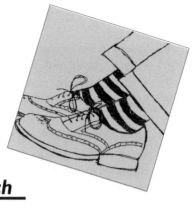

Ich war eigentlich nie in der Lage, meine eigenen Leistungen ehrlich und realistisch einzuschätzen, wenn ich mich dabei auf die gängigen Bewertungssysteme stützen musste.

Es ist schon schwierig genug, die Effizienz meiner Mitarbeiter mithilfe von Fragebogen einzustufen, besonders dann, wenn man zwischen den folgenden Bewertungskategorien entscheiden soll: *vorbildlich, überragend, vortrefflich* und *anspruchsvoll*. Mir ist es nicht möglich, meine eigene Person nach diesen Kriterien mit gutem Gewissen zu beurteilen. Ich kann meine eigene Leistung einfach nicht nach objektiven Kriterien einschätzen. Um die Wahrheit zu sagen, ich bin mir selbst gegenüber voreingenommen und befangen.

So sah ich mich in der Vergangenheit dazu gezwungen, einen eigenen Fragenkatalog zu entwickeln, der meiner Meinung nach bei der Beurteilung der eigenen Leistung wesentlich praktikabler ist. Fast jede Frage kann mit Ja oder Nein beantwortet werden und man findet sehr schnell heraus, ob man den Job auch wirklich macht, für den man bezahlt wird.

Acht Fragen zur Beurteilung der eigenen Leistung

1. Wenden Sie sich an Ihren Vorgesetzten mit Problemen oder mit Lösungsvorschlägen?
2. Sind Sie bemüht, zunächst alle Fakten zu sammeln?
3. Setzen Sie alle zur Verfügung stehenden Mittel ein, um die Arbeiten zu erledigen?
4. Versuchen Sie, sich auf das Wesentliche zu konzentrieren?
5. Geraten Sie leicht in Panik?
6. Basieren Ihre Berichte auf aktuellen Ergebnissen?
7. Halten Sie sich an vorgegebene Termine?
8. Beenden Sie jede der Ihnen übertragenen Aufgaben?

Was Sie gewinnen, wenn Sie Ihre eigene Leistung ehrlich und realistisch einschätzen

Sie werden lernen, ehrlich mit sich selbst zu sein

Wenn Sie Ihre eigenen Leistungen realistisch beurteilen wollen, ist es von größter Wichtigkeit, absolut ehrlich mit sich selbst zu sein. Wenn Sie sich verbessern möchten, müssen Sie der Wahrheit ins Auge sehen. Unaufrichtigkeit sich selbst gegenüber wird an Ihrer momentanen Situation nichts ändern.

William Shakespeare hat es sehr treffend formuliert:

> *Dies über alles: Sei dir selber treu!*
> *Und daraus folgt so wie die Nacht dem Tage,*
> *du kannst nicht falsch sein gegen irgendwen.*

Besser kann man es eigentlich nicht ausdrücken.

Sie werden Ihre Stärken festigen und Ihre Schwächen auslöschen

Seine Stärken und Schwächen kennen zu lernen ist ein Grund, die eigene Person einmal etwas genauer unter die Lupe zu nehmen. Sie werden mit

Sicherheit kein erfolgreicher Manager, wenn Sie nicht Ihr Leistungsvermögen und auch Ihre Grenzen genau kennen.

Wenn Sie erst einmal eine ehrliche Bestandsaufnahme Ihrer Vor- und Nachteile gemacht haben, ist der erste Schritt dazu getan, Ihre Stärken und Schwächen besser in den Griff zu bekommen und sich selbst realistisch und selbstkritisch zu betrachten.

Auf diese Weise sind Sie auf eine eventuell bevorstehende Beförderung wesentlich besser vorbereitet als Ihre Mitbewerber.

Sie können sich selbst von den größten Ängsten einer Führungskraft befreien

Die Angst zu versagen hängt wie ein Damoklesschwert über den meisten Führungskräften und Managern. Viele sind jedoch nicht bereit, ihre Ängste offen und ehrlich zuzugeben, denn in ihren Augen wäre das ein Zeichen von Schwäche und Unvermögen.

Ein kluger Manager kann seine Ängste ehrlich einschätzen und diese wirksam bekämpfen. Die Grundvoraussetzung dafür ist jedoch eine offene, ehrliche und realistische Einschätzung der eigenen Person und der eigenen Leistungen.

Methoden, um diese Ziele zu erreichen

Stellen Sie sich folgende Fragen, um Ihre Leistungsfähigkeit realistisch einschätzen zu können:

Wenden Sie sich an Ihren Vorgesetzten mit Ihren Problemen oder mit Ihren Lösungsvorschlägen?

Eigentlich sind Sie mit Ihren eigenen Problemen und Aufgaben mehr als ausgelastet, auch ohne die Ihrer Mitarbeiter zusätzlich bewältigen zu müssen. Ihrem Vorgesetzten geht es da nicht anders. Das soll nicht heißen, dass Sie sich nicht an ihn wenden können, wenn Sie seine Hilfe und Unterstützung brauchen. Sie sollten jedoch nicht nur mit Ihrem Problem zu ihm kommen, sondern gleichzeitig wenigstens einen Lösungsvorschlag parat haben – besser wären natürlich ein paar mehr, aus welchen Ihr Chef dann die beste Lösung auswählen kann.

Alfred Stone, stellvertretender CEO der Burlington Industries in Chicago, Illinois, meint dazu Folgendes:

„Ich habe immer ein Auge auf den Mitarbeiter, der nicht nur mit seinen Problemen zu mir kommt, sondern auch ein bis zwei Lösungsvorschläge in der Tasche hat. Denn es besteht die Möglichkeit, dass er ein Macher und ein Denker ist.
Viele Leute kommen mitten in einem Projekt zu mir und berichten über das eine oder andere aufgetretene Problem. Unglücklicherweise bieten sie mir aber keine Lösungen an – noch nicht einmal einen Lösungsansatz. Es hat den Anschein, als ob das pure Nachdenken über das eigentliche Problem ihre gesamte Zeit in Anspruch genommen hat. Bewusst oder unbewusst, sie gehen mit ihrer Schilderung davon aus, dass ich meine Zeit dafür verschwende, ihre Probleme zu lösen. Sie wollen, dass ich für sie denke – und dafür fehlt mir nun wirklich die Zeit.
Ich merke mir die Mitarbeiter für eine eventuelle Beförderung vor, die nicht nur mit aufgetretenen Schwierigkeiten, sondern auch mit ein paar Ideen zu deren Beseitigung bei mir vorstellig werden. Normalerweise ist immer etwas Brauchbares dabei."

Das nächste Mal, wenn Sie mit einer Frage zu Ihrem Vorgesetzten gehen, bringen Sie auch ein paar Ideen und Antworten mit. Das ist die beste Art, ihm zu beweisen, dass Sie ein *Denker* und ein *Macher* sind.

Sind Sie bemüht, zunächst alle Fakten zu sammeln?

„Manchmal ist es falsch, immer sofort eine Antwort parat zu haben. Denn Sie müssen sichergehen, dass es auch die richtige Antwort ist. Schnelligkeit ist kein Ersatz für Genauigkeit. Oftmals ist eher das Gegenteil der Fall, besonders auf dem Gebiet der Forschung.
Junge und unerfahrene Wissenschaftler sind natürlich immer sehr darum bemüht, den Vorgesetzten durch Schnelligkeit zu beeindrucken. Und selbstverständlich können wir es uns nicht leisten, Zeit sinnlos zu verschwenden – Arbeit haben wir mehr als genug. Aber ich präge meinen Leuten stets mit allem Nachdruck ein, dass nur ein fehlerfreies Gutachten auch zu gebrauchen ist. Alles andere ist überflüssig und sogar gefährlich. Schließlich hängt

von der Genauigkeit unserer Arbeit unter Umständen das Leben eines Patienten ab."

So weit John Newman, Leiter des medizinischen Labors am *Cox Medical Center* in San Diego, Kalifornien.

Ohne Zweifel ist der wohl am wenigsten attraktive Teil jeder Arbeit die minutiöse, sich scheinbar endlos hinziehende und zu Tode langweilige Beschäftigung mit den Einzelheiten und Details. Bevor Sie jedoch mit Ihren Antworten zu Ihrem Vorgesetzten gehen, sollten Sie sich vergewissern, dass Sie über alle Einzelheiten bestens informiert sind. Nur dann können Sie sicher sein, dass Sie auch die richtigen Antworten geben.

Zu diesem Zwecke sollten Sie auf keinen Fall Ihre „Hausaufgaben" vernachlässigen; stützen Sie Ihre Empfehlungen stets auf Fakten.

Ein altes Bibelwort bringt es auf den Punkt: Die Ersten werden die Letzten sein!

Setzen Sie alle zur Verfügung stehenden Mittel ein, um die Arbeiten zu erledigen?

Eine andere Art, Ihren Chef zu beeindrucken, ist, jedes mögliche Mittel einzusetzen, um die übertragene Aufgabe selbstständig zu bewältigen.

Laufen Sie nicht wieder zu Ihrem Vorgesetzten zurück, um Unterstützung zu erhalten, die Sie genauso gut auch an anderer Stelle bekommen können. Wenn Sie nur zu Ihrem Boss gehen, sobald Sie mit Ihrer Arbeit in eine Sackgasse geraten sind und nicht mehr weiter wissen, werden Sie lediglich Antworten wie diese zu hören bekommen: „Die Antwort zu Ihrer Frage finden Sie in dem Ordner zum Thema ..." oder „Sehen Sie sich bitte Ihre Aufzeichnungen vom gestrigen Meeting durch. Dieses Thema wurde dort bereits ausführlich besprochen." oder „Ich habe gestern ein Memo an alle Abteilungen verschickt, das diese Punkte eingehend erläutert." Ist Ihnen die Situation bekannt, dann scheint es, als ob Sie nicht alle zur Verfügung stehenden Mittel zur Lösung der gestellten Aufgabe einsetzen.

Besser ist es, sich so selten wie möglich mit Fragen an seinen Vorgesetzten zu wenden, sich vor Beginn der Arbeit über die gestellte Aufgabe umfassend zu informieren und sicherzustellen, dass man sowohl die Denkweise als auch den Standpunkt seines Chefs genau kennt. So verhalten Sie sich auf alle Fälle richtig – und das wird man an Ihnen schätzen.

Drücken Sie sich vor den unangenehmen Details?

Es gibt einen großen Unterschied zwischen dem Delegieren von Verantwortung und Aufgabenbereichen und dem Abwälzen von unangenehmen Arbeiten auf andere.

Wenn Sie sich erinnern, habe ich Ihnen im letzten Kapitel einige Richtlinien an die Hand gegeben, wie Sie es vermeiden, Ihre Zeit damit zu verschwenden, die Arbeiten Ihrer Mitarbeiter zu erledigen. Diese Richtlinien gelten natürlich nicht als willkommene Ausrede dafür, sich ungeliebter und unangenehmer Aufgaben geschickt zu entledigen.

Wenn Sie wirklich sicherstellen möchten, dass eine bestimmte Aufgabe in Ihrem Sinne erledigt wird – wenn Sie selbst ein *Macher* sind, und *nicht nur kluge Reden* schwingen –, dann laufen Sie nicht vor Ihren Pflichten davon. Aber sollten Sie dieser Typ Mensch sein, der sich lieber nur die Rosinen aus dem Kuchen pickt und es den anderen überlässt, die zeitaufwändigen und Nerven aufreibenden Einzelheiten einer Aufgabe zu erledigen, dann missbrauchen Sie eindeutig Ihre Position als Führungskraft.

Nach einer meiner Lesungen entwickelte sich mit einem Zuhörer und „Möchtegern-Schriftsteller" folgendes Gespräch: „Sagen Sie, Sie müssen beim Schreiben doch kein allzu großes Augenmerk auf die Interpunktion und die Rechtschreibung legen? Ich meine, wenn man wirklich etwas mitzuteilen hat, dann drückt der Lektor schon mal ein Auge zu, oder?" Meine Antwort darauf war ziemlich direkt. „Das macht er mit Sicherheit nicht."

Wenn Sie als Schriftsteller bei der Interpunktion, Rechtschreibung, Wortwahl und Grammatik nicht sorgfältig arbeiten, hat jeder Lektor berechtigte Zweifel an der Richtigkeit Ihrer Fakten. Abgesehen davon ist es nicht seine, sondern Ihre Aufgabe, keine gravierenden Fehler zu machen.

Mein erstes Buch *How to Use the Dynamics of Motivation*[2] schrieb ich mit 45 Jahren. Ehe ich damit begann, musste ich mich eingehend mit den gültigen Rechtschreib- und Grammatikregeln auseinander setzen und mich mit der

---

[2] James K. Van Fleet, *How to Use the Dynamics of Motivation*, West Nyack, New York: Parker Publishing Company, 1967

Interpunktion mühsam wieder vertraut machen. Ich hatte sie zwar in der Schule gelernt, aber das lag bereits Jahrzehnte zurück. Im Laufe der Jahre hatte ich vieles davon schon wieder vergessen.

Natürlich mache ich trotzdem noch Fehler – ich bin mit Sicherheit nicht perfekt. Aber wer ist das schon? Wie auch immer, über den folgenden Brief eines meiner Leser habe ich mich sehr gefreut:

> „... Sie müssen wissen, ich habe Ihr Buch How to Put Yourself Across with People[3] sehr genossen. Ansonsten würde ich Ihnen nicht persönlich schreiben ... Vielen Dank, dass Sie in einer so leicht verständlichen Sprache schreiben ... Es ist das erste Buch, dass ich auf Anhieb vom Anfang bis zum Ende verstanden habe ..."

Dieser Brief machte die mühevollen Stunden wieder wett, die ich mit dem Bemühen um eine ordnungsgemäße Orthographie und Grammatik verbringen musste.

Geraten Sie leicht in Panik?

Es nicht schwer, eine übertragene Aufgabe zu erledigen, wenn alles reibungslos läuft und es keinerlei Probleme gibt. Das kann jeder. Erst wenn die ersten Schwierigkeiten auftreten, zeigt sich, wer sein Metier beherrscht und die Ruhe und den Überblick bewahren kann.

George V. Osborne, stellvertretender Leiter der Abteilung für Überseemarketing bei der *Cal-Tex Oil Company*, erklärt:

> *„Einen ruhigen Kopf zu bewahren, auch dann, wenn es bereits überall brennt, ist eine der wichtigsten Eigenschaften, die ein Manager besitzen muss.*
> *Vor nicht allzu langer Zeit suchten wir nach einem fähigen Mitarbeiter, der eine wichtige Aufgabe in Übersee übernehmen sollte. Von unseren jüngeren Führungskräften kamen viele in die nähere Auswahl. Alle verfügten über die notwendigen schulischen Voraussetzungen und das entsprechende technische Wissen. Die endgültige Entscheidung über den richtigen Kandidaten sollte ich treffen.*

---

[3] James K. Van Fleet, *How to Put Yourself Across with People*, West Nyack, New York: Parker Publishing Company, 1971

Sie können Ihre eigenen Leistungen nicht realistisch einschätzen

> *Wie gesagt, eigentlich waren alle für diesen Job gut geeignet. Letztendlich entschied ich mich für einen Mitarbeiter, der auch in einer völlig überraschenden Situation einen kühlen Kopf behielt und sich durch nichts aus der Ruhe bringen ließ."*

Wenn Sie in einer Situation die Ruhe bewahren können, die einen anderen schon längst aus dem Gleichgewicht gebracht hätte, wenn Sie die Beherrschung nicht verlieren, dann sind Sie auch bestens dafür geeignet, zusätzliche Aufgaben und Verantwortungsbereiche zu übernehmen. Wenn Sie über diese Eigenschaften verfügen, dann werden Sie immer noch den Überblick behalten, während alle anderen bereits die Flucht ergreifen.

Basieren Ihre Berichte auf aktuellen Ergebnissen?

Produktions-, Verkaufs-, Konstruktionsberichte und dergleichen sollen Auskunft darüber geben, was Sie bei Ihrer Arbeit bis jetzt erreicht haben und welche Ergebnisse Sie erzielen konnten. Die Probleme, mit welchen Sie bei der Bewältigung der gestellten Aufgabe konfrontiert waren, interessieren Ihren Vorgesetzten überhaupt nicht (einzige Ausnahme: Sie verschwenden wertvolle Unternehmensressourcen). Sein Interesse gilt lediglich den Ergebnissen, und nur darüber sollten Sie auch berichten.

Also denken Sie gründlich darüber nach. Ein schriftlicher Bericht sagt eine Menge über Ihre Person aus. In Ihrem Unternehmen gibt es mit Sicherheit im Berichtswesen ganz spezifische Anforderungen, welchen Sie genügen müssen, und bestimmte Grundregeln, die einzuhalten sind. Trotzdem sind Sie gut beraten, wenn Sie in Ihrem Bericht Nebensächliches übergehen, zum Beispiel die Pläne, die Sie entworfen haben, die Taktiken, die Sie anwenden ließen, die Probleme, auf welche Sie bei Ihrer Arbeit gestoßen sind, oder die Kopfschmerzen, die Sie deswegen in der letzten Zeit auszuhalten hatten. Machen Sie aus Ihrem Fortschrittsbericht keine Fernsehserie, nur um die Sympathie Ihres Vorgesetzten zu gewinnen. Erklären Sie lediglich in wenigen Worten, welche Schritte Sie bisher unternommen haben und welche Ergebnisse Sie damit erzielen konnten.

Berichte sind natürlich im Geschäftsleben und im Management wichtig und notwendig. Halten Sie sich jedoch stets vor Augen: Ein langatmiger, komplizierter und detaillierter Bericht ist oft nicht mehr als ein Ersatz oder eine Entschuldigung für fehlendes Handeln. Jemand, der arbeitet, spricht nicht viel.

Halten Sie sich an vorgegebene Termine?

Manager, die ohne Terminkalender oder Blick auf die Uhr ihren Job beherrschen und ihre Ziele mit Leichtigkeit erreichen, sind sehr selten. Das *Wann* ist oft ebenso wichtig wie das *Was*.

„Man kann seine Wäsche nicht in der Nachmittagssonne des vergangenen Tages trocknen."

Dieser Satz trifft sowohl auf Hausfrauen als auch auf Führungskräfte und Manager gleichermaßen zu. Die perfekte Lösung von gestern ist heute unter Umständen völlig nutzlos.

Sidney Thompson, Controller und Leiter des Finanzwesens bei *Collins Radio Corporation* in Cedar Rapids, Iowa, sagt dazu Folgendes:

„Ich kann niemanden gebrauchen, der seine Arbeit nicht rechtzeitig erledigen kann. Dabei spielt es keine Rolle, wie gut und präzise er seinen Job versteht. Wenn er seine Terminvorgaben nicht einhalten kann, ist auch kein Verlass auf ihn. Solche Leute sind in meiner Abteilung fehl am Platz. Wirtschaftliches und steuerrechtliches Arbeiten erfordert Mitarbeiter, die auch unter starkem zeitlichen und psychischen Druck ihren Job im Griff haben."

Wenn Sie selbst auch unter Termindruck arbeiten müssen, dann sollten Sie niemals Ihren Blick von der gesetzten Deadline wenden. Es werden immer wieder unvorhergesehene Probleme und Hindernisse auftreten. Darüber sollten Sie Ihrem Vorgesetzten Bericht erstatten, sodass man gegebenenfalls den Fälligkeitstermin überprüfen und verschieben kann. Sie gelten jedoch nicht als Entschuldigung dafür, die Dinge schleifen zu lassen oder auf die lange Bank zu schieben.

Lassen Sie vor allen Dingen Ihren Vorgesetzten niemals ins offene Messer laufen, weil Sie es nicht geschafft haben, Ihre Arbeit bis zum festgelegten Termin fertig zu stellen.

Beenden Sie jede Ihnen übertragene Aufgabe?

Es ist wesentlich leichter, mit einem Job zu beginnen, als diesen auch fertig zu stellen.

Sie können Ihre eigenen Leistungen nicht realistisch einschätzen

Die erste Phase eines neuen Projekts, wenn man seine Ideen zu Papier bringt, Pläne schmiedet und mit Kollegen und Partnern darüber spricht, ist immer spannend und aufregend. Aber wenn sich die erste Aufregung gelegt hat, bleibt einem meistens nichts anderes übrig, als sich mit den zeitaufwändigen und langweiligen Details zu beschäftigen. Es liegt an Ihnen, Ihr Durchhaltevermögen zu testen und zu stärken.

Eine Möglichkeit ist es, eine laufende Bestandsaufnahme über Ihre Tätigkeiten und Ihren Arbeitseinsatz zu führen, bis der Job vollständig erledigt ist. So behalten Sie die Übersicht über den Beginn der Arbeit, die Fortschritte bei der Fertigstellung und verschaffen sich Gewissheit, ob Sie den vorgesehen Abgabetermin auch einhalten können.

Wenn Sie sich leicht ablenken und die Dinge gern auch mal schleifen lassen, dann könnte es sein, dass Sie zu den Menschen gehören, die Earl Kirkpatrick, President der *First National Bank* von Atlanta, Georgia, im Sinn hatte, als er einen seiner Stellvertreter beschrieb, der es anscheinend niemals schaffte, eine Arbeit zu beenden.

> *„Zu Beginn eines Projekts geht Sam ab wie eine Rakete. Aber er kommt leider nicht sehr weit mit seinem anfänglichen Arbeitseifer. Nach ein paar Wochen fügt er das neue Projekt zu der Liste derjenigen hinzu, die wohl niemals fertig gestellt werden."*

Tatsache ist: Um eine Ihnen übertragene Aufgabe auch bis zum Ende durchzuziehen und diese vollständig fertig zu stellen, brauchen Sie Durchhaltevermögen und Beharrlichkeit.

Calvin Coolidge beschreibt es wie folgt:

> *„Nichts auf der Welt kann Ausdauer und Beharrlichkeit ersetzen.*
> *Talent kann es nicht: Oft genug gibt es talentierte und doch erfolglose Menschen.*
> *Genie vermag es nicht: Die Welt ist voll von hoch begabten Pennern.*
> *Allein Beharrlichkeit und Entschlossenheit sind die allmächtigen Schlüssel zum Ziel. Der Slogan „weiter machen!" war und wird immer die Lösung für die Probleme der Menschheit sein."*

Wenn Sie diese Art Ausdauer besitzen, dann werden Sie zweifelsfrei jede Ihnen übertragene Aufgabe bestens meistern und zu Ende bringen können.

Wie schätzt man die eigene Leistung am besten ein?

Die schnellste Art und Weise ist, die folgenden Fragen offen und ehrlich zu beantworten:

1. Wenden Sie sich an Ihren Vorgesetzten mit Problemen oder mit Lösungsvorschlägen?
2. Sind Sie bemüht, zunächst alle Fakten zu sammeln?
3. Setzen Sie alle zur Verfügung stehenden Mittel ein, um die Arbeiten zu erledigen?
4. Versuchen Sie sich auf das Wesentliche zu konzentrieren?
5. Geraten Sie leicht in Panik?
6. Basieren Ihre Berichte auf aktuellen Ergebnissen?
7. Halten Sie sich an vorgegebene Termine?
8. Beenden Sie jede Ihnen übertragene Aufgabe?

Wenn Sie die erste Frage mit „Lösungen" beantworten, die dritte, sechste und achte Frage mit „Ja", und die vierte und fünfte mit „Nein", dann sind Sie eindeutig ein *Macher* und nicht nur jemand, der nur kluge Reden schwingt.

Der beste Ruf, den Sie sich erwerben können, ist, dass Sie jemand sind, der die Dinge am Laufen hält und auch zu Ende führt. Man wir über Sie als einen *Macher* sprechen, auf den stets Verlass ist und der sich durch nichts aus der Ruhe bringen lässt – ganz egal was passiert.

Industrie und Wirtschaft suchen immer nach Menschen mit Stehvermögen und Durchsetzungskraft. Diese Leute sind sehr gefragt und hoch geschätzt, da man sie nur selten antrifft.

Bewerten und beurteilen Sie Ihr eigenes Leistungsvermögen anhand der acht Fragen, die ich Ihnen in diesem Kapitel vorgestellt habe, ehrlich und realistisch, und ich bin sicher, man wird auch Sie schon sehr bald zu den *Machern* zählen können.

9 Sie geben sich mit dem Minimum zufrieden, anstatt nach dem Maximum zu streben

Es ist noch allzu nicht lange her, da erzählte mir George Orr, Manager bei der Niederlassung Springdale der *Dayton Rubber and Tyre Company*, dass er in näherer Zukunft einem langjährigen Bereichsleiter wird kündigen müssen, da dieser einfach nicht mehr bereit ist, bessere Leistungen zu zeigen.

„Hanks Arbeitseinstellung passt besser zu einem Job im öffentlichen Dienst. Er ist der Ansicht, dass der ausschlaggebende Grund für eine Beförderung in der langjährigen Betriebszugehörigkeit und nicht in der erbrachen Leistung zu suchen ist. So kam es, dass zwei Jungmanager an ihm vorbei die Karriereleiter noch oben kletterten, er jedoch bei einer Beförderung nicht berücksichtigt wurde. Hank beschwerte sich natürlich darüber, denn seiner Meinung nach wäre er aufgrund seiner langen Betriebszugehörigkeit zuerst an der Reihe gewesen. Aber diese Tatsache hätte die Betriebsleitung ja gar nicht weiter berücksichtigt.

Abgesehen davon ist Hank ein so genannter ‚Privilegienzähler'. Nicht dass er Vergünstigungen verlangte, die ihm nicht zustünden – aber er legt stets großen Wert darauf, dass er dabei nicht übergangen wird.

Hank arbeitet jeden Tag exakt seine acht Stunden. Nach ihm kann man die Uhr stellen. Morgens erscheint er immer pünktlichst zur Arbeit – niemals zu spät, aber auch nie bei Bedarf mal etwas früher – und abends verlässt er

Schlag fünf Uhr das Büro. Er kommt jede Woche genau auf seine 40 Stunden Arbeitszeit – keine Minute weniger, und auch keine Sekunde mehr.

Zugegeben, seine Schreibarbeiten erledigt er zur vollsten Zufriedenheit. Seine Berichte sind fehlerfrei, ordentlich und liegen immer zur rechten Zeit auf meinem Tisch. Hank ist der festen Überzeugung, dass, wenn er sich an die ‚Buchstaben des Gesetzes' hält, ihm nichts passieren kann. Allerdings bringt er als Abteilungsleiter einfach nichts zustande, er setzt nichts in Bewegung. Er ist nicht in der Lage, seine Position richtig auszunützen; er hat keine neuen Ideen oder Vorschläge, wie man die Produktion seines Bereichs verbessern oder steigern könnte.

Gut, er erfüllt immer sein Wochensoll, aber das ist auch schon alles. Ich glaube, seine Abteilung würde ohne ihn ebenso gut oder schlecht funktionieren.

Ansonsten haben Hanks Bereichsstandards den absoluten Tiefstand erreicht. Bei ihm gibt es zum Beispiel die meisten maschinellen Ausfallzeiten, da er nicht imstande ist, eine defekte Maschine schnellstmöglich reparieren und wieder in Betrieb nehmen zu lassen. Anstatt seiner Belegschaft in diesen Stillstandszeiten etwas Produktives zu tun zu geben, lässt er sie die Fenster putzen und die Böden schrubben.

Bei ihm ist die Ausschussrate höher, es gibt in seiner Abteilung häufiger kleinere Unfälle, sein Bereich ist in puncto Betriebsratsbeschwerden firmenführend. Hanks betriebliche Leistung liegt 14 Prozent unter dem Firmenschnitt.

Wir können hier in Springdale nicht auf einem derart niedrigen Effizienzniveau operieren. Unser Ziel ist es, der größte Betrieb in unserer Branche zu werden. Und wenn wir das erreichen wollen, dann muss jeder dazu bereit sein, sein Bestes zu geben. Wir brauchen Manager und Führungskräfte, Bereichs- und Abteilungsleiter, die begeisterungsfähig und positiv eingestellt sind: Menschen, die unser Unternehmen an die Spitze bringen möchten.

Wenn ich jemanden anderen für diesen Job finde, werde ich Hank kündigen. Mit seiner Einstellung ist er meiner Meinung nach besser im öffentlichen Dienst aufgehoben, und das habe ich ihm auch schon gesagt.

So weit ich informiert bin, hat er sich meine Worte zu Herzen genommen und jetzt eine Stelle als Briefträger bei der Post in Aussicht. Ich denke, das ist für ihn das Richtige: Er bekommt alle paar Jahre seine ihm zustehende Gehaltserhöhung und muss seine Arbeitsweise nicht wesentlich verändern. Er hat lediglich die Post zu verteilen und ansonsten keine Dummheiten zu machen."

Wie George Orrs Beispiel belegt, können mache Menschen einfach nicht dazu bewegt werden, mehr als eine minimale Leistung zu bringen. So weit ich jedoch weiß, akzeptieren viele Führungskräfte dieses Verhalten, da sie selbst nicht wissen, wie man richtig inspiriert und motiviert, damit diese Leute an ihre Grenzen gehen und ihr Bestes geben.

Nach meiner Unterhaltung mit George Orr fuhr ich auf dem schnellsten Wege nach Hause, um meine Gedanken zu Papier zu bringen. Auf der Fahrt überlegte ich mir ein paar Techniken, wie man seine Angestellten am besten dazu motivieren kann, Höchstleistungen zu zeigen, und wie man als Vorgesetzter die maximale Resonanz auf seine Arbeitszuweisung erhält. Diese Methode ist mit Sicherheit nicht auf jede Person zutreffend und übertragbar. Sie werden bei Ihrer Vorgehensweise selektieren und die einzelnen Techniken auf die jeweiligen Mitarbeiter zuschneiden müssen.

Was Sie gewinnen, wenn Sie nach dem Maximum streben

1. Sie müssen sich nicht mit dem Minimum zufrieden geben.
2. Ihre Angestellten werden für Sie Maximales leisten.
3. Die Produktion und/oder die Verkaufszahlen werden steigen.
4. Kosten und Ausgaben werden sinken.
5. Das bedeutet für Sie steigenden Profit, wachsendes Ansehen und beruflichen Aufstieg.

Methoden, um diese Ziele zu erreichen

Setzen Sie für Ihre Organisation hohe Leistungsstandards fest

Was auch immer Sie tun und sagen – Ihr persönliches Verhalten hat einen wesentlichen Einfluss darauf, ob Ihre Angestellten eine maximale Einsatz- und Leistungsbereitschaft zeigen oder nicht. Wenn Sie selbst nur wenig leisten und zu keinen zusätzlichen Anstrengungen bereit sind, dann können Sie auch von Ihren Untergebenen keine Höchstleistungen erwarten.

Wenn Sie selbst morgens gern mal zu spät kommen, dafür aber regelmäßig früher nach Hause gehen, wenn Sie sich nicht sorgfältig um die Qualität der geleisteten Arbeiten kümmern, wenn Sie sich nicht für die Quantität und die Qualität der produzierten Ware einsetzen und sich nicht für die Verluste zuständig fühlen, wenn Sie sich mit Ihren eigenen Aufgabenbereichen zu Tode langweilen, dann werden Ihre Leute zweifellos das gleiche Arbeitsverhalten an den Tag legen.

Gehen Sie selbst jedoch mit guten Beispiel voran, indem Sie Höchstleistungen erbringen, denn werden sich Ihre Angestellten daran orientieren und es Ihnen gleichtun. Begeisterung ist ansteckend. Ihre positive Grundeinstellung, Ihr Enthusiasmus und Ihr Interesse an der übernommenen Aufgabe wird sich über kurz oder lang auf Ihre Mitarbeiter übertragen.

William A. Doane, Sicherheitsdirektor bei der Phillips Petroleum Company, sagt dazu Folgendes:

„Ich habe noch niemals einen erfolgreichen Manager erlebt, der seine Untergebenen nicht entsprechend motivieren konnte. Die beste Motivation ist immer noch, als Führungskraft mit gutem Beispiel und mit hohem Engagement voranzugehen. Die Mitarbeiter messen sich gern an der erbrachten Leistung Ihrer Vorgesetzten. Besonders dann, wenn erkennbar ist, dass durch die hohe Leistungsbereitschaft der Erfolg der gesamten Abteilung messbar wird."

Nehmen Sie das bestehende System nicht als absolute Wahrheit hin

Viele Menschen werden zum Opfer ihres eigenen „Status-quo-Denkens". Nur weil ein bestimmter Job in der Vergangenheit immer auf eine ganz bestimmte Art und Weise ausgeübt wurde, gehen sie davon aus, dass dies der einzig mögliche Weg ist, diese Arbeit zu verrichten. Sie sträuben sich gegen jede Veränderung. Allein der Gedanke, ihr Verhalten oder ihre Denkmuster revidieren zu müssen, jagt ihnen Entsetzensschauer über den Rücken.

Fast jeder Prozess kann durch ein paar Überlegungen und ein wenig Anstrengung verbessert werden. Veränderungen sind für den Fortschritt unerlässlich – und ohne Weiterentwicklung bleibt alles beim Alten.

Veränderungen beginnen immer mit dem Entwickeln einer besonderen Idee. Chris Ireland, Direktor der Spezialabteilung von Dow Chemicals, kennt einige gute Methoden, um den Status quo zu verändern und das bestehende System dahingehend umzuarbeiten, dass man die maximale Leistung des Unternehmens und dessen Angestellten erreichen kann.

Vier Schritte zum veränderten Status quo

1. *Überprüfen Sie Ihre Denkweise.* Vergessen Sie alte Ideen und Lösungen. Lassen Sie die eingefahrenen Methoden beiseite und suchen Sie nach neuen Wegen. Prüfen Sie neue Ideen mit der ungezügelten Neugier eines Kindes. Betrachten Sie die Dinge, als ob Sie diese zum ersten Mal sähen.
2. *Versuchen Sie es einmal mit Brainstorming.* Sammeln Sie die Ideen und Vorschläge in Ihrer Umgebung und sortieren Sie diese. Stellen Sie Fragen, um Ihre Mitarbeiter zum Denken anzuregen. Verschieben Sie Ihre Kritik auf später: Hier geht es zunächst einmal um konstruktive Vorschläge. Schreiben Sie alle Ideen und Vorschläge auf, gleichgültig wie verrückt sie auch zunächst klingen mögen. Schaffen Sie eine lockere Atmosphäre – nur so entsteht Kreativität.
3. *Lassen Sie Ihrer Fantasie Tag und Nacht freien Lauf.* Schalten Sie nicht Ihren Kopf aus, wenn Sie abends nach Hause gehen. Neue Ideen kommen oft blitzartig in den ungewöhnlichsten Situationen – während einer Unterhaltung mit Freunden, beim Zeitunglesen, beim Laufen, Rasieren, Duschen oder beim Essen. Halten Sie stets einen Notizblock bereit – man weiß nie, was kommt.
4. *Stehen Sie neuen Ideen offen gegenüber.* Gründe, warum eine Sache nicht funktionieren wird, findet man leicht und schnell. Einen Vorschlag abzulehnen ist einfach. Wenn Sie möchten, dass sich Ihre Leute mit neuen Ideen an Sie wenden, dann müssen Sie für diese auch ein offenes Ohr haben. Jeder verdient eine faire Chance.

Schieben Sie neue Ideen und Vorschläge Ihrer Mitarbeiter niemals achtlos und willkürlich zur Seite – das wäre ein weiterer Schritt zum Untergang Ihres Unternehmens. Auf diese Art und Weise motivieren Sie Ihre Angestellten bestimmt nicht dazu, ihr Bestes zu geben.

Jedes Unternehmen, das sich Neuerungen und Veränderungen gegenüber verschließt, wird nicht weiter wachsen – nicht einmal sein Wachstum beibehalten. Ein solcher Betrieb wird sehr schnell untergehen.

Sie geben sich mit dem Minimum zufrieden, anstatt nach dem Maximum zu streben

Ermutigen Sie Ihre Mitarbeiter zu Verbesserungsvorschlägen

„In den meisten Betrieben und Unternehmen gibt es heutzutage ein so genanntes Prämiensystem, um die Mitarbeiter dazu anzuregen, sich für ihre Arbeitsbereiche Verbesserungsvorschläge zu überlegen", erzählt Richard Ellis, Produktionsleiter bei der American Smelting and Refining Company in Wallace, Idaho.

„Zunächst werden Produktionsziele und Leistungsstandards vorgegeben und anschließend ermuntert man die Angestellten dazu, diese Vorgaben durch das Entwickeln neuer Ideen und Methoden zu verbessern. Bei Umsetzung des Vorschlags kann der jeweilige Mitarbeiter mit einer Prämienzahlung rechnen.

Die Aufforderung, das bestehende System zu übertreffen, motiviert viele Angestellte zu Höchstleistungen. Als Vorgesetzter können Sie die Begeisterungsfähigkeit und den Einfallsreichtum Ihrer Untergebenen auf die Probe stellen. Natürlich müssen Sie dann auch Ihren Teil der Abmachung einhalten und dafür sorgen, dass die versprochene Belohnung auch kommt – sei es nun Bargeld, Lob oder eine Beförderung."

Viele Manager und Führungskräfte setzen diese Methode in den Bereichen Produktion und Verkauf erfolgreich ein. In den nicht produktiven Abteilungen, wie zum Beispiel bei den Verwaltungs-, Sekretariats- und Büroarbeiten, in der Buchhaltung, der Wirtschaftsprüfung, Lagerverwaltung und dergleichen, gelingt es leider nur in wenigen Betrieben. Die Angestellten in diesen Abteilungen haben normalerweise nicht die Gelegenheit, das bestehende System zu übertreffen; sie können es höchstens verbessern.

Nehmen wir folgendes Beispiel:

Ihr Ablagesystem ist in keiner Weise zufriedenstellend. Das Wiederfinden von Berichten und anderen Dokumenten nimmt zu viel Zeit in Anspruch. Versuchen Sie als Vorgesetzter nicht selbst, die Situation zu verändern. Überlassen Sie es Ihren Sekretärinnen und Büroangestellten, die entsprechenden Ideen zu entwickeln und die Verbesserungsvorschläge zu unterbreiten. Belohnen Sie diese Mitarbeiter auf die gleiche Weise wie ihre Kollegen in den Abteilungen Produktion und Verkauf: mit Lob, Geld und Beförderung.

Denken Sie auch an die anderen Bereiche in Ihrem Unternehmen. So könnte beispielsweise Ihr Lagerverwalter zu Ihnen kommen und vorschlagen, die Waren auf eine andere Art und Weise einzulagern, um Lagerkapazitäten einzusparen und den Warenverderb drastisch zu senken. Oder der Leiter der Versandabteilung hat einen Weg gefunden, die Lieferfahrzeuge schneller zu be- und entladen und somit die Stillstandszeiten wesentlich zu verkürzen. Oder ein Vorarbeiter macht einen Vorschlag, wie der Maschinenpark gewartet werden könnte, ohne dabei die Fließbänder verlangsamen oder gar stoppen zu müssen.

Haben sich diese Leute nicht etwas verdient? Wenn Sie Ihre Prämien und Belohnungen verteilen, beschränken Sie sich nicht nur auf die herstellenden und verkaufenden Abteilungen Ihrer Firma – denken Sie auch an die Mitarbeiter in den anderen Bereichen. Dort werden ebenfalls Höchstleistungen erbracht. Und auch hier wird man in der Zukunft dafür sorgen, Ihr Betriebssystem zu verbessern.

Helfen Sie Ihren Leuten dabei, sich selbst neue Ziele zu setzen

Viele Leute erwecken den Anschein, im Niemandsland zu leben. Sie haben nur eine ganz vage Vorstellung davon, was sie im Leben erreichen wollen, und scheinen keine konkreten und spezifischen Pläne für ihre Zukunft zu haben.

In seinem Buch *How I Raised Myself from Failure to Success in Selling*[4] erklärt Frank Bettger, dass das größte Geheimnis erfolgreichen Verkaufens darin liegt, die Wünsche der Kunden herauszufinden und ihnen dabei zu helfen, diese zu erfüllen.

Mr. Bettgers Statement bezüglich der Verkaufstechniken ist auf den Bereich Management durchaus übertragbar. Der effektivste Weg, einen Mitarbeiter zu Höchstleistungen zu motivieren ist, *ihm bei der Festlegung seiner eigenen Wünsche und Ziele im Leben behilflich zu sein und ihn dabei zu unterstützen, diese Ziele auch zu realisieren.*

---

[4] Frank Bettger, *How I Raised Myself from Failure to Success in Selling*, Englewood Cliffs, New Jersey: Prentice-Hall, 1949

Folgende sechs Techniken helfen dabei, einen Angestellten zielorientiert und leistungsfähig zu machen:

Zielorientiertheit und Leistungsfähigkeit in sechs Schritten

1. *Fassen Sie seine Ziele in Worte.* Um einen Mitarbeiter aus seiner Traumwelt zu holen, fordern Sie ihn dazu auf, seine Vorstellungen und Wünsche exakt in Worte zu fassen.
Was erwartet er sich von Ihnen als Vorgesetzten? Ein höheres Gehalt und finanzielle Sicherheit? Interessiert er sich für einen anderen, besseren Job? Erwartet er eine Beförderung? Hat er ein Auge auf eine bestimmte Position in Ihrem Unternehmen geworfen?
Unterstützen Sie ihn auf jede erdenkliche Weise dabei, seine Träume in die Tat umzusetzen.

2. *Entwickeln Sie mit Ihrem Mitarbeiter zusammen einen Plan, diese Ziele zu erreichen.* Erklären Sie ihm, welche Schritte notwendig sind, um seine Wünsche zu realisieren. Wenn er sich weiterbilden muss, erläutern Sie ihm genau, wie er dabei vorzugehen hat. Fordern Sie ihn auf, seine Ziele schriftlich zu formulieren; das wird ihm dabei helfen sich bewusst zu werden, ob er die zusätzlichen Belastungen einer Weiterbildung wirklich auf sich nehmen möchte.

3. *Lassen Sie seinen Traum interessant und erstrebenswert erscheinen.* Führen Sie ihm die Vorteile vor Augen, die das Erreichen seiner Vorstellungen mit sich bringen werden. Machen Sie ihn gierig nach Erfolg, indem Sie ihm die materiellen und psychischen Gegenleistungen seiner Bemühungen aufzählen. Vergessen Sie nicht: Ein sehnlicher Wunsch rechtfertigt den größten Gewinn. Man muss den Erfolg erst wirklich wollen, ehe man in seinen Genuss kommt.

4. *Stärken Sie seinen Wettbewerbswillen.* Seinen eigenen Ansprüchen nicht zu genügen, ist meistens leichter zu ertragen, als im Wettbewerb mit anderen zu versagen. Mögliche „Gegner" sind zum Beispiel eine Quote oder ein Rekord, den es zu schlagen gilt, ein bestimmter Standard, den man verbessern, oder eine neue Zeitvorgabe, die man etablieren könnte – jedes sachliche und nicht personenbezogene Ziel ist eine Alternative.

5. *Machen Sie sein Ziel für ihn erreichbar.* Gehen Sie sicher, dass seine Vorstellungen auch realisierbar sind. Es wäre ziemlich unklug, einen Mann mit mittlerer Reife nach einer Position streben zu lassen, die einen Hochschulabschluss erfordert. Viele Menschen setzen sich selbst oft unerreichbare und unrealistische Ziele und geben diese dann nach vielen vergeblichen Versuchen völlig auf.

6. *Belohnen Sie ihn, wenn er erfolgreich ist.* Versprechen Sie jedoch nichts, was Sie nicht einhalten können. Oder wie Elmer Wheeler sagen würde: „Verkaufen Sie einem Mann keine leere Schachtel."[5]

Geben Sie den Leuten die Möglichkeit, stolz auf ihre Arbeit zu sein

Es spielt keine Rolle, welche Art von Arbeit man verrichtet, jeder Mensch möchte stolz sein auf das, was er macht. Das Streben nach Anerkennung, Lob und Aufmerksamkeit ist wohl der größte Antrieb, der die Menschen bewegt.

„Ich bin stolz auf Sie" ist wohl der wirksamste Satz, den man einsetzen kann, um einen Mitarbeiter dazu zu bewegen, sein Bestes für Sie zu geben. Also sprechen Sie diesen Satz bitte schön auch aus!

Und vergessen Sie dabei nicht: Wenn ein Mitarbeiter nicht stolz sein kann auf sich selbst, seine Arbeit und seinen Arbeitgeber, ist es unwahrscheinlich, dass er Höchstleistungen erbringen wird.

Hierzu folgendes Beispiel:

Eine der schmutzigsten und unwürdigsten Arbeiten, die ich je gesehen habe, ist die eines Arbeiters in den Schiffswerften an der Westküste der USA zur Zeit des Zweiten Weltkrieges, der manuell die riesigen Stahlplatten, die für die Schiffskonstruktion vorgefertigt wurden, von Rost befreien muss. Diese Arbeiter liegen in einem engen Zwischenboden, der ihnen kaum den nötigen Raum zum Verrichten ihrer schmutzigen Arbeit lässt. Der Lärm ihrer Werkzeuge ist ohrenbetäubend; rote Staubwolken erfüllen die Luft und machen das Atmen fast unmöglich. Und die Sonne, die über ihnen auf

---
[5] Elmer Wheeler, *How to Sell Yourself to Others*, Englewood Cliffs, New Jersey: Prentice-Hall, 1947

die Stahlbleche brennt, lässt die Temperatur in diesen Zwischenräumen über 40 °C steigen.

Die Arbeiter beschwerten sich bitterlich über ihre Arbeitsbedingungen und die geringe Bezahlung – ihr Job wurde als reine Hilfsarbeitertätigkeit eingestuft –, aber die Werftleitung weigerte sich standhaft, ihren Klagen Gehör zu schenken. Die Leute begannen mit keinem wirklichen Streik, aber sie verlangsamten ihre Tätigkeiten derart, dass die gesamte Werft schon bald ihren Produktionsplan nicht mehr einhalten konnte.

In dieser Situation beförderte das Werftmanagement einen der Arbeiter zum Vorarbeiter und übertrug dem jungen Mann die Verantwortung für einige Hundert seiner Kollegen. Er sollte die missliche Situation wieder ins Reine bringen und Normalität einkehren lassen. Man sollte hier erwähnen, dass erfahrene Vorarbeiter diese Aufgabe zuvor bereits dankend abgelehnt hatten. Der junge Vorarbeiter begann sofort damit, seine Kollegen persönlich aufzusuchen und mit jedem Einzelnen von ihnen zu sprechen. Er hörte sich geduldig ihre Klagen und Beschwerden an und stimmte ihnen darin zu, dass sie mit ihrer schmutzigen Arbeit wohl diejenigen auf der Werft sind, die ihre Gesundheit am meisten gefährden und am schlechtesten bezahlt würden.

„Aber irgendjemand muss auch diese Arbeit machen", erklärte er seinen Untergebenen. „Ohne euren Job könnte nicht ein einziges Schiff fertig gestellt werden. Der Rost muss entfernt werden, und es gibt nun einmal keinen anderen Weg, diese Arbeit zu verrichten. Aber vergesst nicht: Wo auch immer ihr in der Werft hingeht, die anderen Angestellten wissen genau, welche schwere Arbeit ihr alle leistet. Und keiner von ihnen könnte euren Job übernehmen – ihnen fehlt einfach der Mumm dazu. *Ihr könnt stolz auf eure Arbeit sein!*"

Mit neuem Mut und Zuversicht erfüllt gaben die Arbeiter ihren Bummelstreik auf und kehrten zur gewohnten Arbeitsroutine zurück. Aber von da an trugen sie ihre Köpfe etwas höher und den Rücken gerader. Und all das nur, weil ein junger Arbeiter erkannt hatte, dass jede Arbeit ihre eigene Bedeutung hat und dass jeder Arbeiter stolz auf seinen Job sein kann. *In dem Moment, als er ihnen ihren Stolz zurückgab, waren sie im Gegenzug dazu breit, ihr Bestes für ihn zu geben.*

Es gibt natürlich noch andere Methoden, um seine Angestellten zu Höchstleistungen zu motivieren, anstatt lediglich ein Minimum ihrer Leistungsbereitschaft hinzunehmen.

Initiieren Sie zum Beispiel einen innerbetrieblichen Wettbewerb; geben Sie Ihren Leuten einen guten Grund dafür, in ihrer Leistung an die Grenzen und noch weiter zu gehen. Spornen Sie Ihre Leute an, indem Sie ihnen eine Position anvertrauen, die ihre momentanen Fähigkeiten vielleicht etwas überschreiten. Fordern Sie Ihre Untergebenen dazu auf, sich weiterzubilden.

Ich bin sicher, Ihnen fallen noch viele andere Möglichkeiten dazu ein!

Achten Sie auf die Alarmzeichen für minimale Leistungsbereitschaft

Ich möchte dieses Kapitel abschließen, indem ich Ihnen noch einmal die wesentlichen Merkmale und Kennzeichen zusammenfasse, die untrügliche Zeichen für zu geringe Leistungsbereitschaft in Ihrem Unternehmen sind:

1. Die Unternehmensführung ist zu keinen Experimenten mehr bereit; sie geht keine Risiken mehr ein und nimmt keine Chancen mehr wahr. Sie verschließt sich vor neuen Methoden oder Ideen.
2. Das Unternehmen sucht nicht länger nach neuen Märkten. Es werden keine neuen Kunden mehr akquiriert. Man ist offensichtlich mit dem zufrieden, was man bisher erreicht hat, und steckt sich keine neuen Ziele.
3. Der Betrieb verlangt absolute Konformität von seinen Angestellten. In der gesamten Belegschaft gibt es nur noch passive und unselbstständig arbeitende „Untergebene".
4. Beförderungen werden von der Dauer der Betriebszugehörigkeit und nicht von der tatsächlichen Leistung abhängig gemacht.
5. Das Management ist mit der aktuellen Situation zufrieden und selbstgefällig. Es gibt keine Programme und Schulungsmöglichkeiten zur Weiterbildung der Angestellten.
6. Es macht keinen Spaß mehr, in diesem Unternehmen zu arbeiten. Langeweile hat Einzug gehalten. Die Arbeitsplätze sind anspruchslos, ohne Leben und bieten keinen weiteren Anreiz mehr.

10 Sie missbrauchen Ihre Führungsposition für persönliche Zwecke

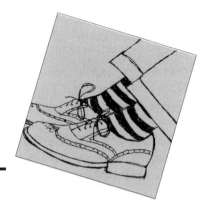

Frank McGee, der bekannte Nachrichtensprecher von NBC, der Hugh Downs als Gastgeber bei der Today Show ablöste, sagte einmal: „Wenn auch alle anderen menschlichen Motive versagen, auf die Habgier ist immer Verlass!"

Fast jeden Tag kann man in der Presse über Menschen lesen, die in außergewöhnlich hohen Positionen stehen und diese zu ihrem eigenen Vorteil nutzen: Bürgermeister von Großstädten, Gewerkschaftsführer, Geschäftsleute, Industrielle, Senatoren, Kongressabgeordnete, Offiziere der Armee, sogar Minister. Die Gier steht vielen dieser Personen förmlich ins Gesicht geschrieben.

Wenn ich so darüber nachdenke, fällt mir dazu die Geschichte einer Person ein, deren Position besonders hohe moralische Ansprüche und Integrität forderte: Ich spreche von Carl Turner, damaliger Generalmajor und Provost Marshal der Armee der Vereinigten Staaten.

Generalmajor Turner war der Leiter der Polizeieinheit der US-Armee. Seine Position war der des obersten Befehlshabers des FBI vergleichbar. Er trug die Verantwortung für die konsequente Einhaltung und Aufrechterhal-

Sie missbrauchen Ihre Führungsposition für persönliche Zwecke

tung der Gesetze, Befehle und der Disziplin innerhalb der gesamten US-Armee – innerhalb der USA, wie auch in Übersee.

Generalmajor Turner war jedoch kein besonders gutes Beispiel für seine Offiziere und Soldaten. Er benutzte seine hochrangige Vertrauensposition für persönliche Zwecke und nicht, um seinem Land zu dienen.

Ans Licht kam sein Fehlverhalten, als er vor dem Untersuchungsausschuss des Senates bezeugte, dass ihm von den Polizeichefs von Chicago und Kansas City eine größere Anzahl beschlagnahmter Waffen übergeben worden waren.

„Erst nachdem ich den beiden Polizeichefs ausdrücklich versichert hatte, dass die Waffen für meinen persönlichen Gebrauch bestimmt waren, habe ich diese in meinen Besitz genommen", erklärte Generalmajor Turner.

Der Untersuchungsausschuss des Senates hatte jedoch an der Aussage des Generals berechtigte Zweifel. Die Geschichte erschien dem Untersuchungsleiter, einem Anwalt namens La Verne Duffy, nicht gerade glaubwürdig. Und so telefonierte er mit beiden Polizeichefs, um deren Version der Geschichte ebenfalls zu hören.

„Generalmajor Turner versicherte uns glaubhaft, dass die Waffen Übungs- und Ausstellungszwecken in der Armee dienen sollten", erzählten beide übereinstimmend. „Er erwähnte nicht mit einem einzigen Wort, dass sie für seinen privaten Gebrauch bestimmt waren. In diesem Falle hätten wir ihm die Waffen niemals überlassen."

Am folgenden Morgen erschienen sowohl General Turner als auch die beiden Polizeichefs im Zeugenstand des Untersuchungsausschusses, um ihre Aussage eidesstattlich zu bezeugen. Keiner wich von seiner ursprünglichen Aussage ab. Somit war es mehr als offensichtlich, dass einer nicht die Wahrheit gesagt und vor dem Ausschuss des Senates einen Meineid geleistet hatte. Dies war ein Bundesvergehen. Die Mitschrift der Anhörung wurde der Staatsanwaltschaft zur weiteren Untersuchung und gegebenenfalls notwendigen Strafverfolgung übergeben. Schon kurze Zeit später gestand Generalmajor Turner ein, dass die beiden Polizeichefs die Wahrheit gesagt hatten und er wurde ohne weiteres Gerichtsverfahren für schuldig befunden.

Der General hatte seine hohe Vertrauensposition für seine eigenen Zwecke missbraucht, *indem er die Waffen unter falschen Voraussetzungen übernommen und zur persönlichen Bereicherung für Tausende von US-Dollar verkauft hatte.* Ihm wurde sein militärischer Rang aberkannt und er ging wegen Steuerhinterziehung und einer Vielzahl anderer Vergehen für mehrere Jahre hinter Gitter.

Ich könnte Ihnen noch mehrere Beispiele dieser Art von Menschen aufzählen, die ihre Führungspositionen missbraucht haben, um sich persönlich zu bereichern, aber das ist nicht das eigentliche Thema dieses Kapitels. Ich möchte Ihnen vielmehr einige Techniken an die Hand geben, damit Ihnen dieser Fehler nicht passieren kann.

Was Sie gewinnen, wenn Sie Ihre Führungsposition nicht ausnutzen

Sie können sich selbst im Spiegel ansehen

„Nicht dass ich ein Ausbund an Tugend bin", erklärt Robert L. Edwards, Nationaler Verkaufsdirektor bei der *Monsanto Chemical Company*. „Aber ich kann ehrlich behaupten, dass ich noch niemals meine Position als leitender Angestellter für meine persönlichen Zwecke ausgenutzt habe. Ich musste mir noch niemals Sorgen machen, wenn der Firmenrevisor meine Berichte oder meine Barmittel überprüfte oder der Sicherheitsbeauftragte meine Aktenmappe oder den Kofferraum meines Wagens durchsuchte. Ich kann nachts sehr gut schlafen – auch ohne Schlaftabletten und Beruhigungspillen."

Ihre Angestellten werden Ihnen vertrauen

Wenn Ihre Mitarbeiter sicher sein können, dass Sie sich nicht durch Ihre Führungsposition auf ihre Kosten persönlich bereichern, dann werden sie Ihnen ihr volles Vertrauen schenken.

Sie gewinnen auf diese Weise ihre Loyalität und ihre Unterstützung.

> „Ein Mangel an Glaubwürdigkeit ist heutzutage nicht nur in der Politik eine häufig auftretende Erscheinung. Sie hat auch in der Wirtschaft und Industrie längst ihren Einzug gehalten", erklärt Jay Dalton, Chefeinkäufer bei der *Bendix Firmengruppe* in Kansas City. „Jemand, der mutig genug ist, kein

> Blatt vor den Mund zu nehmen, für den die Konsequenzen seiner Offenheit keine Rolle spielen, jemand, der nicht versucht, ständig mehr Privilegien und Vorteile aus seiner Position herauszupressen wie den Saft aus einer Zitrone – vor allen Dingen nicht auf Kosten seiner Untergebenen –, wird mit Sicherheit große Achtung genießen."

Mit nur wenig Einsatz von Ihrer Seite könnten Sie mit Leichtigkeit selbst dieser „Jemand" sein!

Sie verdienen sich den Respekt und die Bewunderung Ihrer Angestellten

Sobald Ihre Angestellten erkennen, dass Sie nicht die Privilegien Ihrer Führungsposition für persönliche Zwecke missbrauchen, gewinnen Sie deren Respekt und Bewunderung. Wenn sie dann auch noch feststellen, dass Ihnen ihr Wohlergehen im Job wichtiger ist als Ihre eigene Position, dann wird sich das Verhalten Ihrer Mitarbeiter Ihnen gegenüber zum Positiven wenden. Das Vertrauen und die volle Unterstützung Ihrer Angestellten wird Ihnen sicher sein.

Spielen Sie mit offenen Karten und in Ihrer Abteilung wird ein frischer Wind einziehen. Sie werden nicht nur respektiert und bewundert werden, man wird Sie tatsächlich mögen.

Sie heben Ihre Mitarbeiter auf Ihr eigenes Niveau

Angestellte neigen dazu, ihre Vorgesetzten nachzuahmen und ihr Verhalten zu imitieren. Sie tendieren dahin, den Ansichten ihres Chefs kommentarlos zuzustimmen und seinem Beispiel zu folgen.

Wenn Sie Ihre Führungsposition nicht für persönliche Zwecke ausnutzen, wird man auch Ihnen mit Sicherheit nacheifern. Als Konsequenz daraus wird die Ehrlichkeit unter Ihnen und Ihren Mitarbeitern steigen; Bagatelldiebstähle werden zurückgehen. Ihre Integrität als Vorgesetzter wird ein positives Beispiel setzen, dem es zu folgen gilt. Allein schon durch Ihr eigenes Handeln können Sie Ihre Leute dahingehend motivieren und inspirieren, sich selbst stets nach oben zu orientieren und höhere Ziele anzustreben.

Methoden, um diese Ziele zu erreichen

Nutzen Sie Ihre Position als Vorgesetzter, um die Interessen Ihrer Mitarbeiter zu wahrzunehmen

Wie Sie sich erinnern werden, habe ich in Kapitel 7 dieses Buches über die fünf einem Manager zur Verfügung stehenden Ressourcen gesprochen, die er einsetzen kann, um eine Aufgabe zu bewältigen. Diese bereits genannten Ressourcen sind die Arbeitskraft der Angestellten, Geld, Arbeitsmaterial, Zeit und technische Hilfsmittel.

Wenn Sie auch nur eine einzige dieser Ressourcen entgegen ihrer eigentlichen Bestimmung verwenden, missbrauchen Sie Ihre Position für persönliche Zwecke. Lassen Sie mich dies anhand eines kleinen Beispiels näher erläutern.

Nehmen wir an, Sie diktieren Ihrer vom Unternehmen bezahlten Sekretärin einen privaten Brief, welche diesen auf Firmenpapier mithilfe einer firmeneigenen Schreibmaschine tippt, ihn in ein von dem Unternehmen bezahltes Kuvert steckt und ihn über die Hauspost verschicken lässt.

Mit diesem simplen Vorgang haben Sie gleich alle fünf Führungsressourcen und Ihre Privilegien als Vorgesetzter missbraucht:

1. *Arbeitskraft.* Sie haben Ihre Sekretärin benutzt, die von der Firma bezahlt wird, um Ihnen einen privaten Dienst zu erweisen. Und auch Sie dürfen nicht während Ihrer Arbeitszeit private Dinge erledigen.
2. *Geld.* Sie und Ihre Sekretärin werden dafür bezahlt, während der Arbeitszeit nur Firmenangelegenheiten zu erledigen. Sie jedoch haben dieses Geld dafür verwendet, Ihre private Korrespondenz zu erledigen.
3. *Arbeitsmaterial.* Ihr Brief wurde auf Firmenbriefpapier geschrieben, in einem Kuvert, das ebenfalls Eigentum des Unternehmens ist, verschickt und mit einer von Ihrem Arbeitgeber bezahlten Briefmarke versehen.
4. *Zeit.* Während der Arbeitszeit gehört Ihre und die Zeit Ihrer Sekretärin Ihrem Unternehmen. Sie jedoch haben sie für private Arbeiten missbraucht.

5. *Technische Hilfsmittel.* Ihr persönlicher Brief wurde auf einer Schreibmaschine des Unternehmens geschrieben, die auf einem Firmenschreibtisch steht. Des Weiteren wurden Stühle, Elektrizität, Heizung etc. Ihres Arbeitgebers genutzt.

Dies ist nur ein ganz einfaches Beispiel dafür, wie Führungsressourcen zweckentfremdet und missbraucht werden können. Sie denken vielleicht, dass es sich hierbei um eine Lappalie handelt. Aber vergessen Sie nicht: Es ist vielleicht nur ein winziges Leck im Damm, aber wenn das Wasser steigt, kann man es nicht mehr aufhalten.

Praktizieren Sie die altmodische Tugend der Ehrlichkeit

In dem Moment, in dem Sie sich eines unehrlichen Verhaltens schuldig machen – ganz gleich wie unbedeutend es Ihnen erscheinen mag –, immer dann, wenn Sie Firmenressourcen für Ihre eigenen Zwecke einsetzen, ohne dafür auch nur einen Pfennig zu bezahlen, haben Sie die moralische Autorität gegenüber Ihren Mitarbeitern verloren. Ihre Angestellten werden Sie kritisieren, verspotten und verachten. Sie werden niemals wieder in der Lage sein, ihren vollen Respekt zurückzugewinnen.

Sie sollten es sich zur Gewohnheit machen, niemals materielle Gefälligkeiten von Ihren Untergebenen anzunehmen. Und diese Versuchung besteht immer, wenn Sie Vorgesetzter oder auch in einer vergleichbaren Position sind. Die Angebote reichen von T-Shirts und Hosen, Fleisch und Käse bis zu Werkzeug und Büroartikel. Das hängt ganz davon ab, welche Art Produkte Ihr Unternehmen herstellt und an welche Waren Ihre Angestellten am leichtesten herankommen.

Wenn Sie meinen gut gemeinten Rat wollen – lassen Sie die Hände von jeglichen Geschenken und materiellen Gunstbezeugungen. Nehmen Sie generell nichts an!

Merle Nichols, Direktor der Abteilung für Sicherheit und Verhütung von Materialverlust bei der *Puget Sound Naval* Schiffswerft in Bremerton, Washington, erzählt von folgendem Zwischenfall:

„Oftmals nimmt man Gefälligkeiten an, ohne groß darüber nachzudenken. Den Preis dafür zahlt man später. So kam zum Beispiel am zweiten Morgen nach meinem Arbeitsbeginn in der Werft der Cheflagerverwalter zu mir und fragte mich nach meiner Schuhgröße. Als ich nach der Mittagspause in mein Büro zurückkehrte, stand ein Paar teure, nagelneue Sicherheitsschuhe auf meinem Schreibtisch. Da ich damit beschäftigt war, meinen neuen Aufgabenbereich kennen zu lernen, stellte ich sie einfach in einem Schrank und verschwendete keinen weiteren Gedanken daran.

Ungefähr eine Woche später streckte meine Sekretärin ihren Kopf zu meinem Büro herein und erklärte, dass Mr. Hobbs, der Cheflagerverwalter, mich zu sprechen wünschte.

Er kam herein, setzte sich unaufgefordert und steckte sich gemächlich, mit einem breiten Grinsen im Gesicht eine Zigarette an. ‚Na, wie passen denn die neuen Schuhe? Ist die Größe richtig? Brauchen Sie vielleicht noch etwas anderes?'

Als ich Mr. Hobbs anblickte, schienen sich in seinem Gesicht die Charaktereigenschaften des alten, diebischen Versorgungsunteroffiziers der Army widerzuspiegeln, der mich, als ich noch ein unerfahrener, junger Leutnant war, völlig in der Hand hatte. Als ich das Kommando über meine erste Ausbildungskompanie in Fort Ord gerade übernommen hatte, stapelte er auf meinem Schreibtisch allerhand teuere, aber auch notwendige Utensilien, die ein junger Leutnant gut gebrauchen konnte: Uniformen, Kampfstiefel, eine Feldjacke, Wolldecken und Bettlaken.

Wie ein Narr nahm ich alles an, was er mir angeboten hatte. Die nächsten sechs Monate war ich ihm einfach ausgeliefert. Er hatte mich genau dort, wo er mich haben wollte. Ich hatte den Fehler gemach davon auszugehen, dass alle Offiziere derartige Extravergünstigungen annehmen würden. Aber da saß ich einem gewaltigen Irrtum auf.

An diese schlechte Erfahrung erinnert fragte ich Mr. Hobbs: ‚Wie viel haben diese Sicherheitsschuhe denn gekostet?' ‚Für Sie, gar nichts!', war die Antwort. ‚Betrachten Sie sie als Geschenk.' ‚Aber wer hat dann für die Schuhe bezahlt?' ‚Die Firma,' entgegneter er, ‚Aber das ist ganz in Ordnung. Ich verfüge über ein gewisses Abschreibungsbudget für solche Dinge.' Ich fragte weiter, ‚Müssen andere Angestellte der Werft für die Sicherheitsschuhe bezahlen?' ‚Ja, natürlich', entgegnete er. ‚Regulär kosten sie 38,75 US-Dollar das Paar. Aber Sie sind ja der Direktor der Sicherheitsabteilung und brauchen natürlich nicht dafür aufzukommen.' ‚Aber ich muss diese Schuhe tragen?' ‚Selbstverständlich! Jedes Mal wenn Sie die Büros verlassen und über die Werft gehen', war seine Antwort. ‚Dann machen Sie mir bitte eine Rechnung oder nehmen Sie die Schuhe wieder mit. Ich werde mir selbst in einem Fachgeschäft ein Paar andere Sicherheitsschuhe besorgen. Auf keinen Fall nehme ich diese Schuhe als Geschenk an.'"

Genau wie Mr. Nicols sollten Sie derartige Geschenke und Gefälligkeiten generell ablehnen. Es sind zu viele Fäden daran geknüpft und Sie wollen doch sicher nicht die Marionette sein, die an diesen Schnüren hängt.

Auch Sie müssen sich an die Regeln halten

Manchmal neigen Führungskräfte dazu zu vergessen, dass die Regeln auch für sie selbst gelten. Besonders häufig kommt es dabei zu einem Verstoß gegen die Sicherheitsbestimmungen. Ein Vorfall, der jeden Arbeiter wütend macht, ist, wenn er mit ansehen muss, wie seine Vorgesetzten sich in der Nichtraucherzone eine Zigarette anstecken.

Wenn wir gerade über das Rauchen sprechen, fällt mir ein Zwischenfall ein, von dem mir ein Freund kürzlich erzählt hat.

> *„Ich habe in der Tasche meines Sohnes Marihuana gefunden", so berichtete mir Jack. „Also hielt ich ihm eine Standpauke darüber, wie gefährlich doch das Rauchen von derartigen Rauschmitteln sei, weil man gar nicht weiß, welche Langzeitwirkungen sie auf den menschlichen Organismus hätten. Abgesehen davon könnte man nach einem solchen Schritt sehr leicht in die harte Drogenszene abrutschen. Um meinen Worten Nachdruck zu verleihen, erklärte ich abschließend noch, dass das Rauchen von Marihuana gegen das Gesetz verstoßen würde.*
> *Mein Sohn Doug jedoch nahm mir allen Wind aus den Segeln, als er entgegnete, dass meine kleine Mogelei bei der letzten Einkommensteuererklärung wohl ebenfalls nicht rechtmäßig gewesen sei."*

Sie sehen also, Regeln müssen für jedermann Gültigkeit haben und gleichermaßen eingehalten werden. Es reicht nicht aus, die Leute auf bestehende Vorschriften hinzuweisen, wenn man sie nicht selbst einhält. Wenn Ihre Worte nicht mit Ihren Handlungen übereinstimmen, wird man Ihnen über kurz oder lang nicht mehr zuhören. Jeder wird machen, was ihm gerade einfällt.

Rechnen Sie Ihren Mitarbeitern Ihren Arbeitseinsatz hoch an

Wenn Sie sich mit fremden Lorbeeren schmücken, unterminieren Sie die Einsatzbereitschaft Ihrer Mitarbeiter. Diese werden nicht länger gewillt sein, Verantwortung zu übernehmen und sind somit langfristig von keinem großen Nutzen für Sie.

Wenn Sie andererseits die erbrachte Leistung fair anerkennen, bringt das für alle Beteiligten nur Vorteile: Der Mitarbeiter wird für eine gute Arbeit gelobt und Sie haben die Unterstützung eines loyalen Angestellten, der sowohl für Sie als auch für das Unternehmen immer sein Bestes geben wird.

Zum Beispiel bitten Sie einen Ihrer Assistenten darum, abends länger im Büro zu bleiben, um eine Arbeit noch vor deren eigentlichen Fälligkeitstermin fertig zu stellen, damit Sie als Abteilungsleiter in einem besseren Licht erscheinen. Stecken Sie nicht die ganze Anerkennung für sich allein ein; teilen Sie Ihren Platz im Rampenlicht mit demjenigen, der die eigentliche Arbeit gemacht hat.

Samuel Horowitz, leitender Vice President von Feinberg und Lowenstein, einer New Yorker Bekleidungsfirma, erklärt:

> *„Bei Berichten und Schriftwechseln, die mit einem ‚Wir haben dies und das erreicht oder fertig gestellt' beginnen, bin ich immer sehr argwöhnisch. Wenn man da ein wenig an der Oberfläche kratzt, findet man sehr schnell heraus, dass der Schreiber dieses Schriftstücks mit der eigentlichen Arbeit nicht allzu viel zu tun hatte – meistens sogar überhaupt nichts. Es ist lediglich eine ganz krumme Art und Weise, in den Genuss des Ruhmes für eine Arbeit zu kommen, die jemand anderer geleistet hat. Ich lasse mich von derartigen Führungskräften schon lange nicht mehr zum Narren halten. Für solche Schmarotzer habe ich im Laufe der Zeit eine feine Nase entwickelt."*

Gehen Sie also sicher, dass der betreffende Mitarbeiter die ihm zustehende Anerkennung auch erhält. Wenn Ihre Abteilung für eine herausragende Leistung, einen lang ersehnten Erfolg gelobt wird, dann geben Sie dieses an Ihre Mitarbeiter weiter, die diesen Erfolg erst ermöglicht haben. Ihr Vorteil daraus sind Mitarbeiter, die sich mit all ihren Fähigkeiten und Möglichkeiten für Sie einsetzen und hart für Ihren Vorgesetzten arbeiten.

Wie entwickelt man die Charaktereigenschaft, selbstlos zu sein?

Ein selbstsüchtiger Manager sorgt sich nur um seine persönlichen Annehmlichkeiten und seine eigenen Vorteile, *auch auf Kosten seiner Mitarbeiter*.

Als selbstloser Vorgesetzter müssen Sie lernen, das Wohlergehen und die Zufriedenheit Ihrer Mitarbeiter über Ihr eigenes Wohlbefinden zu stellen. Setzen Sie den Grundsatz *Harte Arbeit kommt vor dem Ruhm* in die Tat um.

Hier ein paar hilfreiche Schritte für Sie:

1. *Kümmern Sie sich um die Arbeitsbedingungen Ihrer Angestellten.* Lloyd Harrisson, Herausgeber des *Cleveland Daily Tribune*, sagt dazu Folgendes:

   „Wenn Sie sich um die Arbeitsbedingungen Ihrer Mitarbeiter keinerlei Gedanken machen, wenn Sie deren Gesundheit und Wohlergehen nicht berücksichtigen, werden Sie das auf Dauer teuer bezahlen. Auf lange Sicht kommen auch Ihnen gute Arbeitsbedingungen für Ihre Angestellten zugute, indem Sie sicher gehen können, dass jeder einzelne Mitarbeiter für Sie sein Bestes geben wird."

   Denken Sie immer daran: Ein qualifizierter Arbeiter, der aufgrund schlechter Arbeitsverhältnisse krank wird und zu Hause bleiben muss, kostet Sie Zeit, Geld und Qualitätseinbußen bei der Produktion. Mal ganz abgesehen von dem Überstundenzuschlag, den Sie demjenigen Kollegen zahlen müssen, der die Arbeit des Erkrankten zusätzlich übernehmen muss.

2. *Missbrauchen Sie auf keinen Fall Ihre Privilegien.* Keiner Ihrer Mitarbeiter wird Ihnen Ihre Sonderrechte jemals vorhalten, solange Sie Ihre Position dafür einsetzen, seine Interessen zu vertreten. Man wird Ihnen jedoch energisch entgegentreten, wenn Sie Privilegien in Anspruch nehmen, die Ihnen nicht zustehen.
   Beispiele gibt es genügend: ein Offizier, der die Transportmittel der Regierung benützt, um von zu Hause in die Arbeit gebracht zu werden, oder der in der Kantine isst, ohne dafür zu bezahlen, oder der einen Wehrpflichtigen als seinen persönlichen Bediensteten behandelt. Das Gleiche gilt für den Außendienstmitarbeiter, der sein Spesenbudget über die Maßen ausdehnt, und auch für den Fabrikmanager, der auf Kosten der Firma private Dinge erledigt.
   Missbrauchen Sie Ihre Sonderrechte nicht auf diese Art und Weise; halten gerade Sie als Führungsperson sich an die geltenden Vorschriften. Ihre Untergebenen erwarten von Ihnen zu Recht ein tadelloses Verhalten. Solange Sie sich um ihre Belange kümmern und

sich für ihre Rechte und Interessen einsetzen, kümmern sich Ihre Untergebenen nicht um Ihre Privilegien, Vorrechte und Ihre Position.

Lassen Sie mich dieses Kapitel folgendermaßen zusammenfassen:

Davon auszugehen, dass Ihre leitende Position Ihnen nur Vorrechte und Vergünstigungen beschert, ist völlig falsch. Führungspositionen wurden dazu geschaffen, um dem Unternehmen und dessen Mitarbeitern zu dienen, und nicht als besondere Belohnung für diejenige Person, die diese Stellung gerade innehat.

Natürlich bringen leitende Positionen auch bestimmte Vorrechte und Vergünstigungen mit sich, aber ebenso die Aufgabe, dem Unternehmen verantwortungsvoll zu dienen. *Die Dienstleistung ist weit wichtiger als das Statusdenken.*

Wenn Sie sich an diese Richtlinien halten, können Sie eigentlich gar nichts falsch machen.

11 Sie sagen nicht die Wahrheit und halten nicht immer Wort

Vor ein paar Tagen las ich einen Artikel mit der Überschrift *Die Zehn Gebote für Führungskräfte und Manager*. In diesem Artikel wurde behauptet, dass ein guter Vorgesetzter den Respekt seiner Mitarbeiter gewinnt, wenn er ...ein guter Zuhörer ist, ...die Angestellten dabei unterstützt, ihre Probleme zu lösen, ...sich an die „Goldenen Regeln" hält, ...sein Temperament unter Kontrolle hat, ...weiß, wie man seine Mitarbeiter zu besseren Leistungen motiviert, ...bereit ist, zusätzliche Aufgaben zu übernehmen, ...seine Mitarbeiter persönlich kennt ...und vergeben und vergessen kann.

Jedoch finde ich keinen Hinweis darüber, dass man als Führungskraft immer Wort halten sollte. Dieser Gedanke wurde in dem gesamten Artikel nicht einmal ansatzweise erwähnt.

Wenig später fiel mir ein anderer Zeitungsausschnitt in die Hände mit dem Titel: *25 Wege den perfekten Vorgesetzten zu erkennen*. Nur wenige der hier angeführten Punkte erwähnten, dass ein Manager seine Mitarbeiter motivieren, Prioritäten festlegen, positive Aspekte betonen, den Dingen auf den Grund gehen, seine Mitarbeiter fördern, Dominanz vermeiden und neuen Ideen offen gegenüber stehen sollte.

Aber auch hier wurde nicht mit einem Wort erwähnt, dass man als perfekter Vorgesetzter stets die Wahrheit sagen und zu seinen Worten stehen muss.

Nun war jedoch meine Neugierde geweckt: Ich las die verschiedensten Artikel zu diesem Thema, studierte die einschlägige Literatur über Führungsstil, Management, den Werdegang von Führungskräften und Aufgabenüberwachung. Aber keiner der Autoren legte offensichtlich Wert auf die Aspekte *die Wahrheit zu sagen* und *Wort zu halten*. Nicht einer von ihnen hat diese Idee auch nur gestreift.

Ich dachte: *Bin ich vielleicht altmodisch oder sind meine Vorstellungen und Ansichten bereits völlig veraltet?* Ich war immer schon davon überzeugt, dass die Wahrheit zu sagen und Wort zu halten einen absolut fundamentalen Grundsatz in zwischenmenschlichen Beziehungen darstellt. Gut erinnere ich mich noch an ein Gespräch mit meinen Vater zu diesem Thema:

> „*Die wichtigste Eigenschaft eines Mannes ist sein ehrlicher Charakter, mein Sohn. Ohne diesen Wesenszug und ohne Persönlichkeit bist du als Mann nichts Wert. Ein Mann von Ehre kann Recht von Unrecht unterscheiden und besitzt den Mut, für seine Überzeugung einzustehen. Ihm kann man vertrauen ... er ist ein Mann des Wortes. Niemals lügt, stiehlt oder betrügt er. Sein guter Ruf eilt ihm stets voraus. Niemand kann über seinen Charakter hinauswachsen. Vergiss das nie.*"

Offensichtlich haben die Autoren der besagten Bücher schlicht und einfach vorausgesetzt, dass jedermann offen, ehrlich und vertrauenswürdig ist, sodass sie keinerlei Notwendigkeit sahen, ein besonderes Augenmerk auf die Entwicklung dieser Charaktereigenschaft zu legen.

Wenn das wirklich stimmt, dann frage ich mich, warum es überall ein Defizit an Glaubwürdigkeit gibt, zum Beispiel zwischen Regierungen und Bürgern! Warum betrachten wir den feierlichen Schwur eines Politikers lediglich als „Wahlkampfversprechen" oder, noch negativer, als „unverblümte Lüge"? Warum besteht gegenüber Regierungsvertretern, Körperschaften, Produzenten, Garantien und Gewährleistungen, Verpackungsmaterial und Werbeversprechen ein so tiefgehendes Misstrauen? Warum müssen wir als Endverbraucher geschützt werden?

Meine Schlussfolgerung ist diese: Wort zu halten und die Wahrheit zu sagen ist nicht immer populär, aber trotzdem von größter Wichtigkeit.

Wenn ich auch das Risiko eingehe, altmodisch zu sein, so möchte ich doch dieses besondere Kapitel in mein Buch mit aufnehmen. Wenn Sie der Meinung sind, dass Sie es nicht zu lesen brauchen – fein! Blättern Sie einfach zum nächsten Kapitel weiter. Wenn Sie es aber doch lesen sollten, dann erfahren Sie ...

Was Sie gewinnen, wenn Sie stets die Wahrheit sagen und zu Ihrem Wort stehen

Man wird Ihren Worten Glauben schenken

Wenn Sie den Ruf haben, die Wahrheit zu sagen und immer Ihr Wort zu halten, werden Ihnen Ihre Mitarbeiter glauben und Ihren Anordnungen ohne Fragen Folge leisten.

Wenn Sie jedoch als Lügner entlarvt worden sind, wird man sich nicht länger auf Sie verlassen. Es spielt dabei keine Rolle, ob Sie auf Ihrem Fachgebiet ein Genie sind, als Führungskraft und Manager sind Sie wertlos geworden. Solange Sie sich nicht mit der Wahrheit anfreunden können, machen Sie sich besser keine allzu großen Hoffnungen auf eine Führungsposition. Sie werden weder mit Ihrem Vorgesetzten noch mit Ihren Untergebenen zurecht kommen.

Sie verdienen sich den Ruf, zuverlässig zu sein

Wenn man sich auf Sie verlassen kann – wenn Ihr Vorgesetzter mit absoluter Sicherheit auf Ihr Pflichtbewusstsein bauen kann –, wird er Ihnen mehr und mehr wichtige Arbeiten überlassen. Er weiß, dass er Ihnen Vertrauen schenken kann.

Sie können den Ruf, zuverlässig zu sein, natürlich auch noch steigern, indem Sie den Plänen und Wünschen Ihres Vorgesetzten willig folgen. Das heißt nicht, dass Sie blinden Gehorsam leisten sollen! Sie sind lediglich jederzeit dazu bereit, Ihren Chef tatkräftig und vollständig zu unterstützen.

Sie verdienen sich den Respekt eines jeden Mitarbeiters

Ein Mann, der die Wahrheit sagt, sein Wort hält und niemals seine Versprechen bricht, wird von allen respektiert werden. Solange Ihre Angestellten wissen, dass man Ihnen vertrauen und sich auf Sie verlassen kann, wird man Ihnen eine Menge anderer kleiner Fehler und Schwächen gern nachsehen. Es ist fast unmöglich, jemanden zu kritisieren oder, ihm böse zu sein, der seine Fehler selbst zugibt und die Schuld kommentarlos auf sich nimmt. So jemanden wird man immer respektieren. Wenn Sie also stets bei der Wahrheit bleiben und Ihre Versprechen einlösen, können Sie dieser Jemand werden.

Sie müssen sich nicht merken, was Sie zu wem gesagt haben

Auf den ersten Blick scheint das vielleicht kein allzu großer Vorteil zu sein. Man sollte diesen Aspekt jedoch nicht unterschätzen. Menschen, die nicht bei der Wahrheit bleiben, sind in dem ständigen Dilemma, sich daran erinnern zu müssen, was sie zu wem gesagt haben.

Sagen Sie die Wahrheit und dieses Problem wird sich Ihnen gar nicht erst stellen. Sie haben viel mehr Zeit, um sich um die wirklich wichtigen Dinge in Ihrem Job zu kümmern.

Methoden, um diese Ziele zu erreichen

Entwickeln Sie Zivilcourage

„Tapferkeit beginnt im Kopf – nicht in den Armen! Mut ist in erster Linie eine geistige Leistung – eine Einstellungssache – eine Gesinnung. Ein mutiger Mann ist sich seiner Ängste vor Gefahr, Kritik etc. stets bewusst; er hat diese jedoch unter Kontrolle.
Mutig zu sein bedeutet nicht, keine Angst zu haben, wie vielleicht viele Menschen annehmen. Mut ist, die Angst zu beherrschen. Wenn ein Mann in der Lage ist, seine Ängste zu beherrschen, hat er auch sich selbst und seine Handlungen unter Kontrolle. Selbstbeherrschung ermöglicht es ihm, Verantwortung zu übernehmen und sich richtig zu verhalten – auch in Kampfhandlungen. Seine Zivilcourage ist für die militärische Führung unerlässlich."

So spricht Oberst Robert L. Green, ein hochdekorierter Infanterieveteran mit Kampferfahrung aus drei Kriegen.

Auch abseits des Schlachtfelds, im zivilen Leben, braucht man eine gewisse Courage. Zum Beispiel ist sie bei der Ausübung einer Führungsposition von dringender Notwendigkeit. Wenn Sie Zivilcourage haben, stehen Sie für Ihre Überzeugung ein. Die Konsequenzen spielen dabei lediglich eine untergeordnete Rolle. Haben Sie einen Fehler begangen, dann nehmen Sie den Tadel hin.

Ihre Mitarbeiter werden Sie aufgrund Ihres Mutes und Ihrer Standhaftigkeit respektieren – diesen Aspekt sollten Sie nicht außer Acht lassen.

Geben Sie niemals ein Versprechen, das Sie nicht halten können

Wenn Sie ein erstklassiger Manager werden wollen, dann müssen Ihre Taten Ihren Worten gerecht werden. Ein gegebenes Wort muss Ihnen eine Verpflichtung sein. Machen Sie keine Zusagen, die Sie nicht einhalten können, und kündigen Sie keine Konsequenzen an, die niemals eintreffen werden. Leere Versprechungen und nutzlose Drohungen verschlimmern in den meisten Fällen eine bereits verfahrene Situation nur.

Dallas Collins, Direktor der Abteilung für Arbeitgeber-Arbeitnehmer-Beziehungen bei *Midland Steel* in Gary, Indiana, sagt dazu Folgendes:

„Es kommt häufig vor, dass ein Vorgesetzter Versprechungen macht, um ein bestimmtes Ziel zu erreichen. Dabei ist ihm völlig bewusst, dass er diese Zusagen nicht einhalten kann. Meine Aufgabe ist es, zwischen Gewerkschaft und Management zu vermitteln. Meine Tür ist stets für jeden offen, der sich beschweren möchte oder sich unfair behandelt fühlt.
Bei einem Großteil der Klagen geht es um Geld. Zum Beispiel kam letzte Woche ein Mann zu mir und erklärte: ‚Mein letzter Vorgesetzter versprach mir für meine gute Arbeit ab Januar dieses Jahres eine Beförderung und mehr Gehalt. Nun hat er gekündigt, es ist bereits Februar und ich bin weder befördert worden noch habe ich mehr Geld gesehen.'
Das Beste, was ich in diesem Falle tun konnte, war, mich zu entschuldigen und in seinem Beisein dem neuen Vorgesetzten die Sachlage zu schildern. Ich bat diesen, ein besonderes Auge auf die Leistung des Angestellten zu haben. Wenn eine Beförderung gerechtfertigt wäre, würde ich mich persönlich darum kümmern.
Ich ermahne unser Führungspersonal immer wieder, keine Zusagen zu treffen, die außerhalb ihres Entscheidungsspielraums liegen. Anderes Ver-

halten ruft nur Misstrauen und illoyales Verhalten hervor. Leider hören sie nicht immer auf mich."

Ich selbst – und ich glaube auch Sie – habe diese Erfahrung schon am eigenen Leibe gemacht. Ich habe schon Manager aller Ebenen ihren Mitarbeitern gegenüber die größten Versprechungen machen hören: mehr Geld, eine Beförderung, zusätzliche Freizeit. Wenn der Job jedoch erledigt ist, wollen Sie von Ihren Zusagen nichts mehr wissen.

Auf diese Weise erhalten Sie niemals die erwünschten Ergebnisse. Dieser Vertrauensbruch hat vielleicht ein- oder zweimal keine Nachwirkungen, dann wird er jedoch Folgen für Sie haben. Auch der loyalste Mitarbeiter wird Ihr Spiel einmal durchschauen. Ein drittes Mal wird er Ihnen mit Sicherheit nicht mehr glauben.

Also versuchen Sie es erst gar nicht. Geben Sie keine Versprechen, die Sie nicht halten können, und brechen Sie nicht absichtlich Ihr Wort. Wenn Sie Ihre Zusagen nicht einzuhalten gedenken – machen Sie keine!

Halten Sie an angekündigten Konsequenzen fest

Ähnliches gilt auch für das Androhen von Folgen. Wenn Sie einem Mitarbeiter erklären, welche Konsequenzen sein Verhalten mit sich bringen wird, und diese dann im Falle eines Falles nicht realisieren, können Sie Ihre Drohung von vornherein unausgesprochen lassen. Auf diese Weise werden Sie niemals ein Manager der höheren Führungsebene werden.

Es ist wie mit der Kindererziehung: Wenn Sie Ihrem Sohn erklären, dass Sie ihm sein Taschengeld streichen werden, wenn er noch einmal nach zwei Uhr nachts nach Hause kommt, und sich dann nicht entsprechend konsequent verhalten, sind nicht länger Sie der Boss, sondern er ist es.

Bei Ihren Angestellten ist das nicht anders: Auch sie probieren aus, wie weit sie bei Ihnen gehen können. Wenn Sie lediglich leere Drohungen aussprechen, übernehmen schon bald Ihre Untergebenen das Kommando. Sie haben zwar theoretisch die leitende Position, tatsächlich überlassen Sie die Führung jedoch anderen.

Wie man den Ruf erwirbt, zuverlässig zu sein

Wenn Sie stets die Wahrheit sagen und immer Ihr Wort halten, wenn Sie beständig Ihr Bestes daran setzen, den höchsten Leistungsstandards zu genügen, dann wird man von Ihnen als einem zuverlässigen Menschen sprechen, auf den man sich jederzeit verlassen kann.

Um Ihren Kollegen und Untergebenen diese Verlässlichkeit deutlich zu machen, sollten Sie die folgenden Punkte beachten.

1. *Sie sollten jeden Job so gut wie möglich ausführen.* Es spielt keine Rolle, ob es sich um eine größere oder kleinere Aufgabe handelt, ob sie interessant oder langweilig ist, Ihnen wichtig oder überflüssig erscheint. Geben Sie stets Ihr Bestes.
   Letzten Sommer habe ich das John F. Kennedy Space Center besucht und dabei die NASA-Tour mitgemacht. Eines der Gebäude, die wir dabei besichtigten, war eine Blockhütte, die man als Kontrollzentrum bei der ersten bemannten Weltallmission verwendet hatte. Alles stand noch wie damals an seinem Platz: Die Tische und Stühle, Computer und Monitore, das ganze hochkomplizierte technische Equipment, das für den Start benötigt worden war. Wenn ich an die viele Arbeit dachte, die damals in der Bewältigung dieser Aufgabe gesteckt haben muss, habe ich heute noch größten Respekt.
   Was ich mit diesem Beispiel sagen möchte, ist Folgendes: Arbeiten Sie immer gründlich, besonders bei den kleinen Details, die man so gern übersieht. Jede Aufgabe nimmt man Schritt für Schritt in Angriff und bewältigt sie schließlich nach und nach. Wenn man sich bereits bei kleinen Dingen auf Sie verlassen kann, wird Ihr Chef nicht lange zögern und Ihnen auch größere Arbeiten übertragen.

2. *Die „Goldenen Regeln" gelten auch für Sie als Vorgesetzten.* Wenn Sie von Ihren Leuten erwarten, dass sie pünktlich zur Arbeit erscheinen, dürfen Sie selbst sich ebenfalls nicht verspäten. Sie können nur dann Überstunden von Ihren Mitarbeitern verlangen, wenn Sie selbst morgens als Erster kommen und abends als Letzter den Arbeitsplatz verlassen. Messen Sie nicht mit zweierlei Maßstab: Den Einsatz, den Sie von Ihren Angestellten fordern, müssen Sie auch selbst erbringen. Es gelten für alle die gleichen Regeln.

3. *Der Funke muss überspringen.* Wenn Sie Ihre Arbeiten nur widerwillig und ungern erledigen, haben Ihre Angestellten mit Sicherheit auch keine bessere Arbeitseinstellung. Wenn Sie selbst mit einer Anweisung Ihres Chefs nicht einverstanden sind, bitten Sie um ein klärendes Gespräch unter vier Augen. Wenn alle Dissonanzen beseitigt sind, gibt es keinen Grund, weiter unzufrieden zu sein und sich dementsprechend zu verhalten. Akzeptieren Sie den Standpunkt Ihres Bosses mit Höflichkeit und freundlicher Miene. Seien Sie guter Dinge und optimistisch. Oder bildlich gesprochen: Pfeifen Sie ein freundliches Liedchen, während Sie den Job erledigen.

Wie man den Charakterzug entwickelt, integer zu sein

Wenn Sie stets die Wahrheit sagen und Ihr Wort halten, entwickeln Sie automatisch die Charaktereigenschaft der Rechtschaffenheit und Integrität. Anstand, Aufrichtigkeit und einwandfreie moralische Prinzipien, Wahrheitsliebe und Ehrlichkeit sind unerlässliche Charaktereigenschaften eines Managers, einer Führungskraft, sprich eines jeden Menschen in leitender Position.

Besitzen Sie diese Wesenszüge nicht, kann man sich auch nicht auf Sie verlassen. In diesem Punkt gibt es keine Kompromisse. Erlauben Sie sich nicht die kleinste Abweichung vom Pfad der Tugenden.

Persönliche Rechtschaffenheit und Integrität entwickeln Sie, wenn Sie ...

1. *... jederzeit und in allen Situationen absolut ehrlich und aufrichtig sind.* Gestatten Sie sich auf keinen Fall den „Luxus" der kleinsten, auch noch so unbedeutenden Notlüge. Hier gibt es keinerlei Ausnahmen. Das heißt natürlich nicht, dass Sie Ihr Gegenüber beleidigen oder gar mit Ihren Worten verletzen sollen. Wenn Sie über jemanden nichts Positives zu sagen haben, sagen Sie lieber gar nichts;

2. *... in Ihren Äußerungen präzise und wahrheitsgetreu sind.* Das betrifft gleichermaßen schriftliche und mündliche Statements – offizielle und nicht offizielle. Ihre Unterschrift auf einem Dokument bestätigt, dass der Inhalt des Schreibens richtig und die darin gegebenen Informationen wahrhaftig sind.

Wenn Sie zum Beispiel privat einen Scheck ausstellen, bezeugt Ihre Unterschrift auf dem Zahlungspapier, dass Ihr Konto mit wenigstens dem genannten Betrag gedeckt ist. Im Geschäftsleben muss Ihre Unterschrift auf jedem Schriftstück, das Sie unterzeichnen, die gleiche Bedeutung haben.

Donald Ryan, Personalchef bei der *General Dynamics Corporation* in Houston, Texas, erklärt:

> „Meiner Erfahrung nach haben die meisten Vorgesetzten Probleme damit, Ihren Namen unter eine Mitarbeiterbeurteilung zu setzen, wenn diese für den Mitarbeiter ungünstige Bemerkungen enthält. Sie zögern, mit diesem Angestellten ein Gespräch unter vier Augen zu führen. Es fällt ihnen sehr schwer, über schwer wiegende Verstöße gegen die Firmenleitlinien und mangelhafte Pflichterfüllung zu berichten. So habe ich mir zum Beispiel lange Zeit mit angesehen, wie ein Arbeiter, der Alkoholiker war, immer wieder gedeckt wurde. Ich glaube, es war den jeweiligen Vorgesetzten nicht bewusst, dass ihre Entscheidung, für diesen Menschen zu lügen, nicht nur gegenüber dem Unternehmen und dem Arbeiter falsch und unfair war, sondern auch gegenüber sich selbst."

Zweifellos haben Sie selbst bereits ähnliche Erfahrungen gemacht. Wie Sie damit umgehen, hängt von Ihrer persönlichen Integrität und Rechtschaffenheit ab;

3. ... für Ihre Überzeugungen und Ansichten einstehen.
   Erlauben Sie sich eine eigene Meinung. Halten Sie an Ihren hohen moralischen Standards fest. Weichen Sie nicht von Ihren Prinzipien ab. Gar nicht so selten kann das mutige Auftreten eines Einzelnen für viele andere die rettende Lösung sein. Der Mut und die Integrität eines Einzelnen in einer Situation, die eine konsequente Entscheidung erfordert, kann richtungsweisend für eine ganze Gruppe von Menschen werden.
   Vor einiger Zeit erfuhr ich von der Pensionierung einer hohen Führungspersönlichkeit bei der *Banker's Life Company* in Des Moines, Iowa. Der Vorstandsvorsitzende des Unternehmens hielt die Laudatio:

> „Viele Jahre lang war Jack Teil unseres Unternehmens. In all der Zeit habe ich niemals erlebt, dass er nicht für seine Überzeugungen ein-

getreten wäre. Wann immer eine Entscheidung getroffen werden musste, die Integrität und Courage erforderte, hat sich Jack niemals um eine faire Lösung des Problems gedrückt. Dabei spielte es für ihn keine Rolle, ob seine Entscheidung unangenehm oder unpopulär war. Er war immer davon überzeugt, das Richtige zu tun, und er gab uns anderen damit den Mut, die notwendigen Schritte zu unternehmen."

4. ... bei Fehlern die Schuld auf sich nehmen.
Für diesen Punkt brauchen Sie wirklich einen festen Charakter. Nicht nur, dass man gern mal den schwarzen Peter jemand anderem in die Schuhe schiebt, oftmals greifen die meisten Menschen zu Notlügen, um einer unangenehmen Situation zu entkommen. Aber lügen macht alles nur noch schlimmer. Eine Lüge führt zu der nächsten und schon bald haben Sie sich in einem Netz von Unwahrheiten verstrickt. Das Beste ist, die Schuld für einen Fehler auf sich zu nehmen. Wenn Sie etwas vermasselt haben, geben Sie es einfach offen zu. Versuchen Sie nicht, Fehler unter den Tisch zu kehren, nach einem passenden Sündenbock Ausschau zu halten oder sich schmollend in eine Ecke zurückzuziehen.
Mein Hauptkritikpunkt an der Institution der Armee ist, dass man dort nicht in der Lage ist, *zu leben und leben zu lassen*. Besonders nicht in den unteren Dienstgraden. Man muss immer einen Schuldigen finden – das ist die Order des Tages – und gibt nicht auf, ehe der Täter ausfindig gemacht wurde. Wenn man nur bei wirklich wichtigen und bedeutenden Angelegenheiten ebenso bewundernswert hartnäckig wäre.

Niemand erwartet von Ihnen Unfehlbarkeit. Geben Sie es einfach zu, wenn Sie falsch liegen. Die Leute werden aufgrund Ihrer Ehrlichkeit und Aufrichtigkeit großen Respekt vor Ihnen haben.

Lassen Sie mich zusammenfassend Folgendes sagen: Jeder muss in seinem Leben gewisse Kompromisse eingehen und von seinen Vorstellungen abweichen, aber machen Sie das niemals auf Kosten Ihres Ehrgefühls, Pflichtbewusstseins oder Ihrer moralischen Prinzipien. Wenn Sie diesen Rat befolgen, können Sie eigentlich nichts falsch machen.

12 Sie haben für Ihre Leute keine Vorbildfunktion

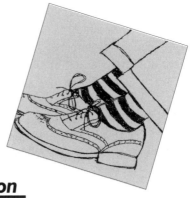

Ein Schriftsteller zu sein bringt eine Reihe eigenartiger positiver Nebenerscheinungen mit sich, in deren Genuss ich normalerweise nicht kommen würde. So werde ich zum Beispiel des Öfteren von den Vorstandsvorsitzenden und Generaldirektoren der verschiedensten Unternehmen immer wieder eingeladen, um einen Blick hinter die Kulissen zu werfen.

Auf diese Art und Weise habe ich das Glück, die innerbetrieblichen Abläufe großer Kaufhäuser, riesiger Fabriken, Montagebetriebe der Automobilkonzerne, Flughäfen, Schiffswerften, Fernseh- und Radiosender sowie Redaktionen von Zeitungen und Magazinen aus nächster Nähe kennen zu lernen. Diese vertraulichen Besuche haben sowohl etwas Faszinierendes als auch Profitables für mich, da sie mir eine wahre Fülle von Material für meine Bücher bieten. Und hin und wieder kann ich den Betrieben sogar ein wenig helfen.

Vor einigen Monaten führte mich George Orr, Niederlassungsleiter der *Dayton Rubber and Tire Company* in Springdale, durch seinen Betrieb. Er wollte, dass ich mir einige neue Projekte und ein paar Betriebsanlagen etwas näher ansehe, die er seit meinem letzten Besuch hatte installieren lassen. Als wir auf unserem Weg durch die verschiedensten Abteilungen waren, fielen mir einige Punkte auf, auf die George nicht hingewiesen hatte.

Ich sah einen jungen Vorarbeiter über die Absperrung zu einem im Betrieb befindlichen Förderband springen, obwohl es genügend Warnhinweise gab, dass dieses Verhalten verboten sei. Ein junger Chemiker – stellvertretender Leiter der Forschungsabteilung, wie mir George erklärte – überwachte die Versuche an einem Mischwerk, ohne sich durch eine Gesichtsmaske vor dem kohleschwarzen Staub in der Luft zu schützen. Abgesehen davon trug er noch nicht einmal die strengstens vorgeschriebenen Sicherheitsschuhe und außerdem eine Krawatte, die ihn bei der Arbeit am Mischwerk unter Umständen das Leben kosten könnte. Ein großes Plakat mit den Sicherheitsvorschriften wies auf diese Gefahrenquellen ausdrücklich hin und schrieb entsprechende Maßnahmen zwingend vor! Aber offensichtlich fand es keinerlei Beachtung.

Ich sah einen Rechnungsprüfer, der auf die Klingen eines elektrischen Gabelstaplers aufsprang, um sich ein Stück mitnehmen zu lassen – ebenfalls strengstens verboten. Ein Bereichsleiter betrat ohne Schutzhelm die Konstruktionsbereiche seiner Abteilung, obwohl er ein paar Schritte zuvor an einem Tisch vorbeigegangen war, der für diesen Fall Schutzhelme in allen Größen bereithielt. Ein Schild rief dazu auf: *Das gesamte Personal ist dazu verpflichtet, vor dem Betreten des Konstruktionsbereichs einen Schutzhelm aufzusetzen!*

Als wir wieder in Georges Büro saßen, fragte er mich: „Na, was halten Sie von unserem Betrieb?" Ich antwortete ihm: „Ich glaube, Sie haben eine hohe Unfallrate." George runzelte die Stirn und meinte, „Das stimmt. Aber woher wissen Sie das?" Ich erzählte ihm, was ich auf unserem Rundgang beobachtet hatte, und da wir uns schon eine Weile lang kannten, ging ich noch einen Schritt weiter, indem ich erklärte: „Ich möchte wetten, Sie haben Probleme mit der Produktion – sowohl in der Qualität als auch in der Quantität. Wahrscheinlich gibt es auch eine hohe Rücklaufrate durch die Qualitätskontrolle des Hauses. Und ich denke, die Kundenbeschwerden haben ebenfalls zugenommen." George meinte erstaunt: „Das ist richtig. Die Zentrale in Chicago sitzt mir deswegen schon lange im Rücken. Was würden Sie mir empfehlen?"

„Eine umfassende Analyse kann ich natürlich nicht sofort aus dem Ärmel schütteln", entgegnete ich, „aber das, was ich heute gesehen hatte, sagt mir, dass Ihre Vorgesetzten kein rechtes Vorbild für die übrigen Angestellten abgeben. Offensichtlich gelten die Vorschriften hier nicht für alle Mitarbeiter gleichermaßen. Den ganzen Morgen über wurden die Sicherheitsvorschriften von den Führungskräften auf das Gröbste verletzt. Wenn sie schon so sorglos damit umgehen, wie können sie dann von den übrigen Angestellten erwarten, dass diese sich danach richten. Und die mangelnde Sorgfalt beschränkt sich mit Sicherheit nicht nur auf das Einhalten dieser Vorschriften. Bringen Sie Ihr Führungspersonal dazu, den Angestellten mit gutem Beispiel voranzugehen. Dann müssten sich die Dinge eigentlich von allein verbessern."

Letzte Woche erhielt ich einen Anruf von George, der meine These bestätigte. „Sie hatten Recht", sagte er. „Die Dinge haben sich zum Besseren gewandelt. Die Produktion ist gestiegen, die Unfallrate gesunken, und die Kundenbeschwerden sind drastisch zurückgegangen. Sie sollten dem Thema ‚Vorbildfunktion von Führungskräften' auf alle Fälle ein Kapitel in Ihrem neuen Buch widmen." Diesen Rat habe ich gern befolgt und ich denke, dieses Kapitel wird auch Ihnen von großem Nutzen sein.

Was Sie gewinnen, wenn Sie Ihren Mitarbeitern als Vorbild vorangehen

Ihre Mitarbeiter werden Ihrem Standard entsprechen

Sie inspirieren und motivieren Ihre Mitarbeiter, Ihrem Vorbild zu folgen. Jeder tendiert in irgendeiner Weise dazu, dem Chef nachzueifern. Wenn Sie ein gutes Vorbild abgeben, werden sich Ihre Untergebenen Ihrem Leistungsstandard angleichen. Wie hoch Sie den Maßstab anlegen, bleibt Ihnen als Führungskraft selbst überlassen.

Sie werden das Beste aus Ihren Leuten herausholen

Um Ihre Mitarbeiter dazu zu bringen, Ihnen mit Respekt, Vertauen, Loyalität und Kooperationsbereitschaft zu begegnen, müssen Sie in diesen Punkten selbst an die Grenzen des Möglichen gehen. Befolgen Sie den Rat von Oberst Robert E. Lee, dem größten Helden der Südstaaten des vorletzten Jahrhunderts: „Erfüllen Sie stets Ihre Pflicht", sagte er, „Sie können nicht mehr und dürfen auf keinen Fall weniger tun!" Die Zeit hat dieser Aussage keinen Abbruch getan. Sie gilt heute noch wie damals und wird auch in der Zukunft ihre Gültigkeit behalten.

Methoden, um diese Ziele zu erreichen

Setzen Sie einen hohen Standard, an dem sich Ihre Mitarbeiter orientieren können

> *„Ich selbst muss die Richtlinien vorgeben, an welchen sich meine Angestellten orientieren können", erklärt Carl Vance, Leiter des größten Montgomery Ward Store, den ich je in Dallas, Texas, gesehen habe. Vertrauen in die erfolgreiche Durchführung einer schwierigen Aufgabe haben oder das Erreichen bestimmter Verkaufsziele ist wohl die beste und wirksamste Art und Weise, wie man als Manager seinen Angestellten ein gutes Vorbild sein kann. Jede Einzelne meiner Taten und jedes meiner Worte muss meine Zuversicht in die erfolgreiche Realisierung eines schwierigen Projekts verdeutlichen.*
>
> *Wenn ich nur den kleinsten Hinweis auf Zweifel erkennen lasse, werden meine Mitarbeiter ebenfalls den Erfolg des Projekts infrage stellen. Zuversicht und Vertrauen zu zeigen, ist die wohl wichtigste Aufgabe einer Führungskraft. Und ich bin sicher, dass es auch für Sie von großer Bedeutung ist."*

Dieser Grundsatz gilt für alle zwischenmenschlichen Beziehungen. Erwarten Sie zum Beispiel von Ihrem Gegenüber Respekt, Höflichkeit, Loyalität und Kooperationsbereitschaft, müssen Sie selbst im täglichen Umgang mit Ihren Leuten diese Charaktereigenschaften zeigen. Der erste Schritt liegt immer bei Ihnen.

Wenn Sie selbst in Ihrer Arbeitsweise kein gutes Vorbild abgeben, zu Verabredungen zu spät kommen, die Sicherheitsbestimmungen sorglos ignorieren, von Ihren eigenen Aufgaben ganz offensichtlich zu Tode gelangweilt sind, dann werden Ihre Mitarbeiter mit größter Wahrscheinlichkeit ähnlich negativ reagieren. Erscheinen Sie andererseits an Ihrem Arbeitsplatz und zu Ihren Verabredungen stets pünktlich, halten Sie die Sicherheitsvorschriften peinlich genau ein und zeigen Sie für Ihre Arbeit Begeisterung, dann setzt Ihr Pflichtbewusstsein automatisch einen hohen Maßstab, nach dem sich Ihre Angestellten richten können. Unter diesen Umständen ist jeder Mitarbeiter eifrig darum bemüht, den hohen Ansprüchen seines Vorgesetzten zu genügen.

Methoden, um diese Ziele zu erreichen

Denken Sie immer daran: Jedes Unternehmen spiegelt die Ansichten, die Ausdauer, das Vertrauen, die Ängste und die Fehler seiner Führungskräfte wider. Daher ist es unausweichlich, dass Sie als Vorgesetzter und Manager als Vorbild fungieren und in allen Dingen als gutes Beispiel vorangehen. Eine andere Möglichkeit gibt es nicht.

Gehen Sie mit gutem Beispiel voran: arbeiten Sie viel und hart

Tedd Hoffmann, Sicherheitsdirektor bei der Budd Company in Philadelphia, sagt dazu Folgendes:

> *„Der beste Weg, ein gutes Beispiel abzugeben, ist harte Arbeit. Nur wenige Dinge erreichen mehr Aufmerksamkeit als harte, ehrliche Arbeit. Hören Sie auf, darüber nachzudenken, welche Vorteile Ihnen Ihr Job bieten kann, und konzentrieren Sie sich lieber darauf, wie Sie ihn noch besser machen können.*
> *Wie wäre es mit ein wenig mehr Arbeitseinsatz? Streichen Sie die Kaffeepause, oder lassen Sie sich den Kaffee von Ihrer Sekretärin an Ihren Schreibtisch bringen. Kürzen Sie Ihre Mittagspause. Kommen Sie früher zur Arbeit und bleiben Sie, bis alle Angelegenheiten auf Ihrem Tisch erledigt sind. Bringen Sie einfach mehr Leistung, als man von Ihnen eigentlich erwartet. Versuchen Sie, dies einmal vier Wochen lang durchzuhalten und Sie werden sehen, Ihre Effizienz für das Unternehmen wird um ein Vielfaches zunehmen. Und lassen Sie mich noch eines sagen: Ein Mann, der jeden Tag in der Woche, jede Stunde am Tage hart arbeitet, ist selten genug, als dass er nicht auffallen würde."*

Mr. Hoffman gibt uns in seinem letzten Satz einen Hinweis darauf, was er unter *harter Arbeit* versteht:

1. *Nützen Sie jede Minute Ihrer Arbeitszeit.* Leisten Sie sich keinen Leerlauf. Machen Sie keine unnötigen Bewegungen. Lesen Sie niemals dasselbe Stück Papier ein zweites Mal. Vermeiden Sie Telefonfallen. Halten Sie sich vom Pausenraum fern. Verschwenden Sie keine kostbare Zeit mit unproduktiven Gesprächen.
   Bleiben Sie höflich, wenn Sie in Ihrer Arbeit unterbrochen werden, wenden Sie sich aber so schnell wie möglich wieder Ihren Aufgaben zu. Einer meiner Geschäftsfreunde hat ein Schild mit folgender Auf-

schrift auf seinem Schreibtisch stehen: *Wenn Sie nichts zu tun haben, dann machen Sie das nicht gerade hier!*

2. **Verbessern Sie Ihre eigene Leistung.** Die meisten Leute neigen dazu, in ihrer Arbeit schnell zur Routine überzugehen. Sie sind gelangweilt, arbeiten im Schneckentempo und bringen nur noch durchschnittliche Leistungen. Um Ihre Arbeitskraft zu verbessern, versuchen Sie doch einmal für 30 Tage ein Perfektionist zu sein – aber versticken Sie sich dabei nicht in Spitzfindigkeiten. Strengen Sie sich bei jedem einzelnen Detail Ihres Jobs besonders an.

Als Führungskraft ist es vor allem wichtig, sich selbst klar ausdrücken zu können. Sehr schnell finden Sie sich an Ihrem Schreibtisch wieder und verbringen die meiste Zeit damit, jede Menge Briefe, Memoranden und Berichte zu schreiben. Bemühen Sie sich, Ihren Schreibstil zu perfektionieren: Überarbeiten Sie jeden Brief so oft, bis Sie darin genau das ausdrücken, was Sie eigentlich sagen wollen. Wählen Sie einfache Worte und formulieren Sie kurze Sätze. Das ist das Geheimnis eines stilistisch guten Briefes.

Wenn Sie Schwierigkeiten damit haben, korrekt und verständlich zu formulieren, wenn Sie ein zweites Memorandum verfassen müssen, um das Vorangegangene zu erklären, wenn Sie telefonisch gebeten werden, den Inhalt eines Briefes zu erläutern, wenn Sie einen Tag später Ihre eigenen Berichte nicht mehr verstehen können, dann besorgen Sie sich ein Exemplar meines Buches *How to Put Yourself Across with People*[6] und lesen Sie dort das vierte Kapitel.

Hier erfahren Sie, wie Sie sich schriftlich prägnant, klar, einfach, knapp und doch ausdrucksstark mitteilen. Sie werden lernen, Ihre Briefe klar und kraftvoll auf den Punkt zu bringen.

Ich versichere Ihnen, Sie werden Ihre rethorischen Fähigkeiten in der schriftlichen und mündlichen Kommunikation verbessern können.

Zeigen Sie Begeisterung

Norman Vincent Peale hat sein Leben damit verbracht, den Menschen Begeisterungsfähigkeit und positives Denken beizubringen. Seine Bücher zei-

---

[6] James K. Van Fleet, *How to Put Yourself Across With People*, West Nyack, New York : Parker Publishing Company, 1971

gen den Lesern, wie man aus seinem Leben mehr machen kann, indem man positiv und enthusiastisch auftritt.

Viele Menschen glauben fest an die Wirkung positiven Denkens. Wie zum Beispiel auch Bert Putnem, stellvertretender Vice President der Herstellung bei den Abbott-Laboratorien:

„Enthusiasmus kennzeichnet oftmals den Unterschied zwischen Erfolg und Versagen. Eine falsche Anordnung, die mit Begeisterung und Lebensfreude ausgeführt wird, hat bessere Aussichten auf Erfolg als eine richtige, die achtlos, ohne Schwung und Engagement umgesetzt wird."

Hier sind ein paar Beispiele, wie man enthusiastisch und gleichzeitig für andere ein gutes Beispiel sein kann:

1. *Feuern Sie sich selbst an.* Wer motiviert den Motivator? Sie selbst! Jeder muss sich selbst motivieren und inspirieren können. Wenn Sie einen Chef brauchen, der Ihnen ein wenig Feuer unter dem Hintern macht, dann sind Sie wahrscheinlich nicht für einen Posten als Manager geeignet. Führungskräfte müssen sich einfach selbst in Schwung bringen können. Also los, feuern Sie sich an!
2. *Umgeben Sie sich mit begeisterungsfähigen Menschen.* Knüpfen Sie Kontakte mit Leuten, die ihre Arbeit spannend und aufregend finden und sich auf die Zukunft freuen. Ihr Enthusiasmus wird schon bald auf Sie abfärben. Wenn es Ihnen nicht in Ihrem Arbeitsumfeld gelingen sollte, versuchen Sie es einmal im privaten Bereich.
3. *Lesen Sie die einschlägige Literatur für positives Denken.* Es ist natürlich nicht leicht, eine positive Grundeinstellung zu behalten, wenn man jeden Tag in den Nachrichten und den Zeitungen mit Krieg, Verbrechen, Umweltverschmutzung, Armut und vielen anderen negativen Ereignissen konfrontiert wird. Nehmen Sie sich jedoch täglich ein paar Minuten Zeit, um in speziellen Büchern zu lesen, die Ihnen eine positive Weltanschauung und Lebenseinstellung vermitteln können. Mein Vorschlag wäre hier Davis Dunns Buch *Try Giving Yourself Away*[7]. Versuchen Sie einmal, seine Vorschläge und Ideen in die Tat umzusetzen. Ich kann nur sagen: Mir haben Sie geholfen.
4. *Freuen Sie sich über Ihre Arbeit.* Als wir unser Haus bauten, gingen meine Frau und ich so oft wie möglich zur Baustelle, um die Fort-

---

[7] David Dunn, *Try Giving Yourself Away*, Englewood Cliffs, New Jersey, Prentice-Hall, Inc., 1970

Sie haben für Ihre Leute keine Vorbildfunktion

schritte zu beobachten. Eines Tages stellte ich einem der Arbeiter eine Frage über die Konstruktion der Wände. Er jedoch antwortete nur: „Keine Ahnung. Fragen Sie lieber den Boss. Ich bin nur ein einfacher Maurer." „Aber ein sehr guter", entgegnete ich ihm. „Ich habe Sie eine ganze Weile lang beobachtet. Sie verstehen Ihr Handwerk meisterlich. Ich könnte das niemals so gut wie Sie machen." Als ich nach zwei Stunden ging, erzählte er immer noch ganz begeistert von seinem Job als Maurer.

5. *Denken Sie an die Leute, die von Ihrem Beispiel abhängig sind.* Immer wenn Ihre Begeisterungsfähigkeit nachlassen sollte, denken Sie daran: Sie sind der Motivator! Behalten Sie diesen Gedanken stets in Ihrem Kopf und es wird Ihnen leichter fallen, sich daran zu erinnern, wie sehr Ihre Leute Sie brauchen.

Ergreifen Sie die Initiative

Initiative zu ergreifen bedeutet, *etwas in Angriff zu nehmen*. Es bedeutet zu erkennen, was getan werden muss, und selbstständig die entsprechenden Maßnahmen zu ergreifen. Der karthagische Feldherr und Staatsmann Hannibal formulierte es damals wie folgt: „Ich werde einen Weg finden, oder ihn schaffen!" Wenn Sie auf neue und unerwartete Situationen schnell und entscheidungsfreudig reagieren, werden sich Ihre Mitarbeiter schon bald hinter Sie stellen.

Sie können das Ergreifen der Initiative bei Ihren Angestellten fördern, indem Sie ihnen die Arbeiten entsprechend ihren Fähigkeiten zuteilen und ihnen dann freie Hand dabei lassen, die Details auszuarbeiten und die gestellte Aufgabe zu lösen.

In engem Zusammenhang mit der Initiative steht der Einfallsreichtum, die Fähigkeit, mit einer Situation umzugehen und ein anstehendes Problem auch ohne den Einsatz der üblichen Mittel und Methoden zu lösen. Es gibt keine Rechtfertigung für Trägheit oder das passive Akzeptieren von nicht zufriedenstellenden Bedingungen, weil die üblichen Vorgehensweisen keine befriedigende Lösung für ein Problem ermöglichen.

Heutzutage haben wir in unseren Radio- und Fernsehgeräten, in unseren Hifi-Anlagen und Kassettenrekordern Transistoren anstelle der früher üblichen Vakuumröhren.

Warum? Weil irgendjemand die Initiative ergriffen und eine bessere Idee entwickelt hat.

Ein Transistor ist jetzt nur ein kleines Beispiel für den technischen Fortschritt der letzten Jahrzehnte, der nur aus dem einen Grund stattfand, weil sich jemand die Mühe gemacht und über bessere Lösungen nachgedacht hat. Jede einzelne Erfindung, vom simplen Rad bis zum komplizierten und hoch wissenschaftlichen Kontrollsystem einer bemannten Rakete zum Mond entspringt der Initiative und dem Einfallsreichtum eines Einzelnen.

Eigeninitiative in drei Schritten

1. Erkennen, was getan werden muss;
2. nachdenken über verschiedene Lösungsmöglichkeiten;
3. aktives Handeln, um die Aufgabe zu bewältigen.

Wenn Sie also als Führungskraft etwas bewegen möchten, dann gibt es drei Dinge, die Sie machen müssen: *erkennen*, *überlegen* und *handeln*.

Martin H. Lewis, Leiter der Monsanto F&E-Abteilung, sagt Folgendes:

"Eigeninitiative zu ergreifen kann man lernen und lehren. Man kann zum Beispiel einem Mitarbeiter eine schwierige (nicht jedoch unmögliche) Aufgabe stellen und ihn dazu ermutigen, eine Lösung für diese zu entwickeln. Wenn er dabei erfolgreich ist, kann man den Schwierigkeitsgrad der Aufgaben langsam steigern. Dadurch ermöglichen Sie ihm ein langsames, schrittweises Entwickeln seiner eigenen Fähigkeiten und geben ihm gleichzeitig die Gelegenheit, die Initiative zu ergreifen."

Wie kann man seine Initiative fördern und gleichzeitig seinen Mitarbeitern als gutes Beispiel vorangehen?

Neun Möglichkeiten, die eigene Initiative zu fördern:

1. Bleiben Sie körperlich und geistig wachsam und flexibel.
2. Lernen Sie, selbstständig Aufgaben zu erkennen, die erledigt werden müssen.
3. Denken Sie über neue Lösungswege nach, um ein Problem zu beheben.
4. Lernen Sie vorausschauend zu denken.

5. Machen Sie das Beste aus neuen Ideen und Plänen.
6. Bemühen Sie sich um mehr Verantwortung und akzeptieren Sie diese bereitwillig.
7. Ziehen Sie die Vorschläge und Ideen Ihrer Mitarbeiter ernsthaft in Betracht.
8. Ermutigen Sie Ihre Angestellten, neue Methoden und Ideen zu entwickeln.
9. Nutzen Sie alle Ihnen zur Verfügung stehenden Mittel zur Effizienzsteigerung.

Sie sind wahrscheinlich überrascht darüber, dass ich in diesem Kapitel nicht über persönliche Qualitäten wie Körperhaltung, Kleidung, Sprache, Moral und Ähnliches gesprochen habe, die man normalerweise als „Tugenden aus der Sonntagsschule" kennt.

Verstehen Sie mich bitte hier nicht falsch! Ich habe nichts gegen diese wichtigen Beispiel gebenden Attribute. Und ich erachte sie auch nicht als überflüssig oder unwichtig. Im Gegenteil. Ich bin jedoch vielmehr der Ansicht, dass Sie über das Stadium längst hinausgewachsen sind, als dass man Ihnen Ihr moralisches oder ethisches Verhalten vorschreiben könnte. Denn erstens steht mir das in keinster Weise zu und zweitens bin ich überzeugt, dass der einzige Mensch, um dessen moralisches Verhalten ich mir Sorgen machen sollte, ich selbst bin.

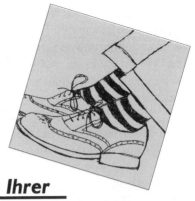

13 Sie bemühen sich lieber um die Sympathien Ihrer Mitarbeiter als um deren Respekt

Jeder hat es gern, wenn man ihn mag. Das ist ein ganz natürliches Bedürfnis. Führungskräfte und Manager sind da keine Ausnahme. Wenn Sie jedoch versuchen, Ihre Karriere auf den Sympathien Ihrer Umgebung aufzubauen, begehen Sie einen großen Fehler. Weit wichtiger ist es für Sie, von Ihren Angestellten respektiert zu werden. Dann werden Sie unter Umständen auch von Ihren Mitarbeitern geschätzt.

George wurde aus der Arbeiterschaft eines großen Möbelherstellers zum Vorgesetzten befördert. Um seine technischen Qualitäten und seine große Arbeitserfahrung bestmöglich nützen zu können, ließ ihn die Firmenleitung in seiner bisherigen Abteilung.

George wollte zwar in seiner neuen Position erfolgreich sein, hatte jedoch gleichzeitig Angst, die Freundschaften mit den ehemaligen Kollegen aufs Spiel zu setzten, wenn er auf einmal seine Verantwortung als Chef zu sehr in den Vordergrund stellen würde. Er sagte zu sich selbst: „Was ich während meiner Arbeitszeit im Betrieb mache, muss ich vor der Firmenleitung rechtfertigen. Mein Privatleben jedoch geht niemanden etwas an. Wichtig ist nur, dass ich meine Sache gut mache."

Also fuhr George fort, sich nach der Arbeit mit seinen ehemaligen Kollegen in einer nahe gelegenen Bar zu treffen, um mit ihnen das eine oder andere Bier zu trinken und ein paar Spiele und Pferdewetten zu riskieren. Wenn einer seiner Leute zu viel getrunken hatte, gab ihm George den nächsten Morgen frei, da er genau wusste, dass derjenige mit einem Kater sowieso zu nichts zu gebrauchen war.

Schon bald machte das Gerücht die Runde, dass er sich trotz seiner Beförderung nicht verändert hätte und er der „Alte" geblieben wäre.

Für George wurde es immer schwieriger, die Männer bei Fehlern und Verstößen zu rügen oder zu maßregeln, hatte er doch am Abend zuvor noch einträchtig mit ihnen gefeiert.

Immer öfter drückte er bei Fehlern beide Augen zu. Er ließ es seinen Leuten durchgehen, dass sie ihre Kaffee- und Mittagspausen immer weiter in die Länge zogen. Er sagte auch nichts, wenn sie morgens zu spät zur Arbeit kamen, und akzeptierte die abenteuerlichsten Ausreden, wenn jemand überhaupt nicht zur Arbeit erschien. Arbeitsergebnisse, für die er sich selbst vor ein paar Wochen noch geschämt hätte, nahm er sang- und klanglos hin.

In weniger als zwei Monaten, in denen George die Leitung der Abteilung übernommen hatte, herrschte dort das reinste Chaos. Die Produktion war gesunken, die Qualität der geleisteten Arbeit hatte sich drastisch verschlechtert, die Arbeitsunfälle nahmen zu, einige Hundert Meter teuren Stoffs waren ruiniert worden, die ganze Verwaltung war schlampig und nachlässig gemacht und die Sorgfalt ließ auf allen Gebieten stark zu wünschen übrig.

George wurde zur Betriebsleitung zitiert. „Ich warte jetzt schon geraume Zeit darauf, dass Sie sich auf Ihre Hinterbeine stellen und die Abteilung in den Griff bekommen", erklärte ihm sein Vorgesetzter. „Mir ist wohl bewusst, dass Sie in dieser Position neu sind und ein wenig Eingewöhnungszeit brauchen. Ich habe Ihnen genügend Gelegenheiten gegeben, die Missstände endgültig zu beheben, aber ich kann jetzt nicht mehr länger warten. Sie haben genau einen Monat Zeit, um Ihre Abteilung wieder auf Vordermann zu bringen."

Natürlich war George über diese Rüge sehr erschrocken. Er hatte versucht, seinen Job zu machen und trotzdem seinen Kollegen ein guter Kumpel zu sein. Daran war er jedoch offensichtlich gescheitert. Also entschied er sich dafür, von nun an hart durchzugreifen. Er versuchte, die Zügel straffer zu halten, aber dafür war es zu diesem Zeitpunkt bereits zu spät. Seine Leute rebellierten auf allen Gebieten: Seine Anordnungen wurden schamlos ignoriert; die Maschinen fielen reihenweise aus, da sie nicht rechtzeitig mit Wasser und Öl versehen wurden; das Wartungs- und Reparaturteam stellte fest, dass die Räder und die Getriebe der Maschinen mit Schraubenschlüssel und Schraubenzieher absichtlich beschädigt worden waren.

Das Management sah keine andere Alternative, als George zu entlassen und die Abteilung mit einem neuen Vorgesetzten – einem Firmenfremden – wieder unter Kontrolle zu bekommen.

George hatte den Fehler gemacht und wollte zwei unvereinbare Dinge unter einen Hut bekommen. Auf der einen Seite musste er in seiner neuen Position die Verantwortung übernehmen und andererseits versuchte er gleichzeitig derselbe alte, freundliche Kumpel seiner Kollegen zu bleiben. Das Ergebnis war: Versagen auf der ganzen Linie!

Es hat bei George nicht funktioniert und bei Ihnen wird es nicht anders sein.

Zugegeben, die Firmenleitung hatte ebenfalls einen Fehler gemacht. Es wäre besser gewesen, wenn man George in einer anderen Abteilung als Führungskraft eingesetzt und nicht in seinem alten Arbeitsumfeld belassen hätte. Aber man wollte eben nicht auf seine technischen Fähigkeiten und Erfahrungen verzichten.

Der eigentliche Grund für das Versagen liegt jedoch eindeutig bei George selbst. Er legte mehr Wert darauf, *von seinen Mitarbeitern geschätzt, denn als ihr Mitarbeiter akzeptiert zu werden*. In diesem Falle können Sie den Respekt Ihrer Mitarbeiter nur *fordern*. Hätte er seine Prioritäten anders gesetzt, hätte er den ihm gebührenden Respekt *anordnen* können.

Was Sie gewinnen, wenn Sie in erster Linie nach Respekt streben

1. Sie müssen sich nicht verstellen und können ganz Sie selbst sein.
2. Sie müssen niemanden schmeicheln, damit Ihre Anordnungen befolgt werden.

3. Sie müssen keinen Beliebtheitswettbewerb gewinnen – Sie müssen noch nicht einmal daran teilnehmen.
4. Sie können sich ganz normal verhalten. Sie müssen keine Spielchen treiben, um die anderen zu beeindrucken.
5. Ihre Leute werden effektiver für Sie arbeiten.
6. Ihre Mitarbeiter werden bereitwillig alle Ihre Wünsche erfüllen und Ihren Anordnungen Folge leisten.
7. Sie werden sich die Loyalität, Kooperation und den Respekt ihrer Angestellten verdienen.
8. Nicht zu vergessen – Sie werden die Sympathien Ihrer Mitarbeiter gewinnen.

Um Ihnen zu demonstrieren, wie Sie diese Vorteile erreichen können, habe ich sie in zwei Gruppen unterteilt: in negative und positive Methoden. Oder, wie der Amerikaner es formuliert: in „Do's and Don'ts".

Negative Methoden, um diese Ziele zu erreichen: was Sie nicht tun sollten

Akzeptieren Sie keinesfalls Geschenke und Gefälligkeiten von Ihren Mitarbeitern

Das ist in den verschiedensten Institutionen eine feststehende Regel – wenn sie auch hin und wieder verletzt wird. Sie gilt bei den Streitkräften der Armee, bei Regierungen ebenso wie in den meisten Unternehmen und Betrieben.

Der Punkt ist folgender: Wenn Sie einmal von irgendjemanden eine Gefälligkeit angenommen haben, sind Sie dazu verpflichtet, sich auch zu revanchieren. Gleichgültig auf welcher sozialen Ebene es geschieht – es führt zu Ineffizienz, Erpressung, Bestechung und Korruption.

Einige Leute versuchen diese Regel zu umgehen, indem sie den Ehefrauen ihrer Vorgesetzten kleine Geschenke machen. Nehmen Sie keine Präsente für Ihre Frau an und gestatten Sie ihr auch nicht, diese persönlich entgegenzunehmen.

Sie sollten nicht nur keine Geschenke und Präsente von Ihren Untergebenen annehmen; ebenso ist es zu vermeiden, Gefälligkeiten von Mitarbeitern zu akzeptieren. Damit können Sie sich sehr schnell in eine kompromittierende Situation bringen.

Der größte Fehler, den man zum Beispiel als Vorgesetzter machen kann ist, einen Angestellten darum zu bitten, einen während seiner Abwesenheit in der Arbeitszeit zu decken.

Dale Alexander, stellvertretender Leiter der Herstellung bei der *Organic Food Production Inc.* in Long Beach, Kalifornien, erzählt aus eigener Erfahrung:

„Als ich noch ein junger und unerfahrener Abteilungsleiter war, habe ich einmal einen großen Fehler begangen. Meine Frau war gerade schwanger und hatte damit große Probleme. Ich war der Nachtschicht von 23 bis 7 Uhr morgens zugeteilt. Jede Nacht verschwand ich für ein paar Stunden, um bei meiner Frau zu sein. Ich hatte einen meiner Angestellten – dem ich geglaubt hatte, vertrauen zu können – darum gebeten, mich telefonisch zu verständigen, wenn man mich brauchen sollte, ansonsten aber niemandem von meiner Abwesenheit zu erzählen.
Bereits nach einem Monat war mir bewusst, dass ich einen großen Fehler gemacht hatte. Denn die Person meines Vertrauens begann, als Gegenleistung um diverse Gefallen zu bitten: Er wollte eine Gehaltserhöhung, eine Beförderung, wollte, dass ich beide Augen zudrückte, wenn er zu spät zur Arbeit erschien, und so weiter. Als ich ihm erklärte, dass ich mich dazu nicht in der Lage sähe, erinnerte er mich freundlich, aber bestimmt an meine nächtlichen Fehlstunden.
Ich stand mit dem Rücken zur Wand und mir war klar, dass ich ein Narr gewesen war. Ich ging zu meinen Boss und erzählte ihm die Wahrheit. Eigentlich hatte ich damit gerechnet, auf der Stelle gefeuert zu werden. Aber da ich den Mut gehabt und meinen Fehler eingestanden hatte, sah man von einer Entlassung ab.
‚Sie haben Ihre Lektion gelernt', sagte mein Chef. ‚Sie wissen nun, dass Sie auf keinen Fall von Ihren Mitarbeitern Gefälligkeiten annehmen dürfen. Daher möchte ich Sie zu diesem Zeitpunkt nicht als Führungskraft verlieren. Aufgrund Ihres Fehlers werden Sie für die Firma in Zukunft von größerem Nutzen sein.'„

Sie sind gut damit beraten, wenn Sie diese Einstellung auch gegenüber den Menschen beibehalten, die mit Ihrem Unternehmen in Geschäftsbeziehungen stehen.

„Es ist generell nicht falsch, Freunde in den Unternehmen zu haben, mit denen man in geschäftlichen Beziehungen steht. Trotzdem darf die Freundschaft nicht so weit gehen, dass man sich gegenseitig Geschenke macht. In dem Moment, wo mir ein Lieferant ein Präsent überreicht, unterstellt er mir Unaufrichtigkeit und unlautere Geschäftsmethoden. Er geht davon aus, dass ich meinen Arbeitgeber betrügen würde und meine Entscheidungen nicht von dem besten Angebot abhängig mache, sondern von den Geschenken der jeweiligen Anbieter.
Präsente führen bald zu Schmiergeldern und ehe man es sich versieht, ist man bis über beide Ohren in betrügerische Vorgänge verwickelt. Der beste Weg, dies zu vermeiden, ist, sich gar nicht erst zu solchen Aktivitäten verleiten zu lassen."

So spricht Lawrence Scott, Leiter des Einkaufs bei Consolidated Industries, Inc. in Denver, Colorado.

Gewähren Sie keine Sonderbehandlungen, nur um Sympathien zu gewinnen

Das soll nicht heißen, dass Sie nicht versuchen sollten, Ihre Mitarbeiter bestmöglich zu unterstützen. Natürlich sollen Sie diesen bei ihrer Arbeit hilfreich zur Seite stehen und auch im privaten Bereich, wenn nötig und erwünscht, Ihre Hilfe anbieten. Es bedeutet aber nicht, dass Sie bei Fehlern, schlechter Arbeit, Unpünktlichkeit, Fernbleiben vom Arbeitsplatz und dergleichen beide Augen zudrücken, nur damit Ihre Angestellten Sie mögen.

Genau diese Einstellung führte zum Untergang von George. Und auch Ihnen wird es nicht erspart bleiben, wenn Sie sich nicht an diese Regel halten.

Versuchen Sie nicht, Ihre Entscheidungen davon abhängig zu machen, ob sie populär sind oder nicht

Popularität ist nur von kurzer Dauer. Sänger und Musikgruppen kommen und gehen und sind völlig abhängig von der Stimmung und den Launen ihrer Fans und dem aktuellen Geschmack ihres Publikums. Vergessen Sie nicht: *Ihr Job ist es, eine Abteilung zu leiten, und nicht einen Beliebtheitswettbewerb zu gewinnen.*

Wenn Sie Ihren Posten behalten wollen, dann streben Sie nicht nach kurzlebiger Popularität, indem Sie versuchen, Ihre Entscheidungen von dem Geschmack Ihrer Mitarbeiter abhängig zu machen. Sie liefern sich mit dieser Einstellung Ihren Angestellten völlig aus.

Sie sind es sich selbst, Ihrem Arbeitgeber und auch Ihren Mitarbeitern schuldig, die richtigen Entscheidungen zu treffen, und nicht die beliebtesten.

Auf diese Weise wird Ihre Entscheidung überdauern und befolgt werden. Und Sie sichern sich Ihren Posten.

Zeigen Sie bei der Durchsetzung von Disziplinarmaßnahmen keinerlei Nachsicht

Wenn ein Mann die Konsequenzen für ein bestimmtes Vorgehen von vornherein kennt und trotzdem nicht anders handelt, dann lassen Sie ihn nicht vom Haken, nur weil Sie Mitleid mit ihm haben und er verspricht, es nicht noch einmal zu tun. Wenn Sie nicht an Ihren Prinzipien festhalten, wird er es wieder und wieder machen, so viel ist sicher.

Bestrafen Sie mitfühlend und gerecht, aber bestrafen Sie. Wenn Sie der Meinung sind, dass eine bestimmte Maßregelung zu streng oder übertrieben ist, haben Sie die Möglichkeit, Ihre Strafe den Gegebenheiten anzupassen und sie zu modifizieren. Aber solange sie Wirkung zeigt, müssen Sie Ihre Disziplinarmaßnahme auch durchhalten.

Richter Harlem Stevens, ein berühmter Jurist an den Westküste der USA, hat es auf diese Weise formuliert:

„Wenn das Gesetz nicht gerecht ist, dann müssen Sie alle notwendigen Schritte unternehmen, um es zu ändern. Aber bis das geschehen ist –, bis die Rechtsprechung sich in den kritisierten Punkten geändert hat – haben Sie keine andere Wahl, als ihr zu entsprechen. Als Richter bleibt mir nichts anderes übrig, als die Gesetze durchzusetzen. Wenn jeder Richter des Landes das Recht nach seinem eigenen Gutdünken auslegen würde, würde unsere Gesellschaft schon bald zusammenbrechen."

Pflegen Sie mit Ihren Mitarbeitern keinen sozialen Kontakt und feiern Sie nicht mit ihnen

Ich habe nichts gegen eine gute Kameradschaft und auch ich genieße es, mit anderen Menschen zusammenzukommen, genau wie jeder andere. Aber ich habe keinen privaten Umgang mit meinen Mitarbeitern. Bis heute habe ich noch keine Führungskraft getroffen, der es erfolgreich gelungen ist, den privaten und geschäftlichen Umgang mit seinen Angestellten streng voneinander zu trennen.

Ich erwähne das hier nicht, weil ich ein gesellschaftlicher Snob bin. Ich bin bestimmt nicht besser, als jeder andere in meiner Position auch. Die Gründe für mein Verhalten sind eher praktischer und logischer Natur.

Sehen Sie, wenn Sie sich mit einem Mitarbeiter bei Ihnen zu Hause gut amüsieren und unterhalten oder wenn Sie in einer Kneipe mit einem Angestellten Schulter an Schulter ein Bier nach dem anderen trinken, dann ist es extrem schwierig, diesen Menschen am nächsten Morgen wegen eines Fehlers zurechtzuweisen oder ihn gar – wenn es die Umstände erfordern – zu entlassen.

Sicher ist es nett, wenn einen die Leute, mit denen man Tag für Tag zusammenarbeitet, mögen, aber ein zu enger sozialer Kontakt mit Ihren Mitarbeitern kollidiert mit Ihrer Verantwortung Ihrem Arbeitgeber gegenüber. Ihr Gerechtigkeitssinn wird getrübt und Sie können Ihren Aufgaben als Vorgesetzter nicht gerecht werden.

Vergessen Sie nicht: *Wenn der Boss mit seinen Angestellten privaten Umgang pflegt, ist er nicht mehr länger der Chef!*

Bringen Sie sich in keine kompromittierende Situation mit Ihren (weiblichen) Angestellten

Wenn Sie die vorhergehenden negativen Beispiele nicht befolgt haben, werden Sie sich mit größter Wahrscheinlichkeit nicht in dieser misslichen Lage befinden.

Die Probleme beginnen erst, wenn sich ein Manager dazu entscheidet, Schmiergelder und Geschenke von seinen Mitarbeitern und Geschäftspartnern anzunehmen oder wenn er mit einer weiblichen Angestellten ein Verhältnis beginnt. Es gibt genügend andere Beispiele dafür, wie man sich in eine kompromittierende Situation bringen kann. Einer kleiner Erpressungsversuch ist da nur der Anfang.

Positive Methoden, um diese Ziele zu erreichen

Es gibt eine Vielzahl positiver Möglichkeiten, den Respekt seiner Mitarbeitern zu gewinnen. Wenn Sie die Techniken beherzigen, die ich Ihnen in den vorhergehenden Kapiteln beschrieben habe, besitzen Sie bereits den Respekt Ihrer Leute.

Den Rest dieses Kapitels zu schreiben war keine leichte Aufgabe; nicht weil ich nicht genügend Material besessen hätte, sondern aufgrund des Gegenteils. Es fiel mir schwer, aus der Fülle der Möglichkeiten, sich positiv zu verhalten, die richtigen Beispiele auszuwählen.

Schließlich habe ich mich dazu entschlossen, Ihnen von einem Mann zu erzählen, den ich vor langer Zeit kennen lernen durfte – ein Gentleman, den ich über alles geschätzt und respektiert habe.

Sein Name war Charles T. McCampbell. In den dreißiger Jahren, vor dem Eintritt der USA in den Zweiten Weltkrieg, bekleidete er in der US-Armee den Posten eines Majors. Damals hatte ein Abschluss an der Militärakademie West Point noch einen Wert und ein normaler Armeeoffizier galt noch etwas. Ich möchte damit nicht sagen, dass diese Dinge heute keine Bedeutung mehr haben. Aber die Armee war damals noch um ein Vielfaches kleiner und die Standards waren so hoch, dass ihnen nur wenige Leute genügen konnten.

Major McCampbell beherrschte seinen Job und er machte ihn gut. Er war zu jeder Zeit und zu jeder Gelegenheit ein Gentleman. Niemals sah ich ihn die Beherrschung verlieren. Er war mit Sicherheit hin und wieder verärgert, aber er hatte seine Emotionen stets unter Kontrolle.

Seinen Vorgesetzten gegenüber war er absolut loyal, hatte aber keinerlei Angst vor ihnen. Er setzte sich für seine Leute ein und war sich auch ihnen gegenüber jederzeit seiner Pflicht bewusst. Er war offen und ehrlich in seinen Äußerungen; er meinte, was er sagte, und auf seine Worte konnte man sich immer verlassen. In all den Jahren, die ich ihn kannte, habe ich nie erlebt, dass er nicht die Wahrheit gesagt oder jemals sein Wort gebrochen hätte. Niemals missbrauchte er – wie viele andere – seine Privilegien als Offizier.

Der Major hatte einen ausgeprägten Sinn für Humor und machte nicht den Fehler, sich selbst allzu ernst zu nehmen. Er war freundlich, ehrbar, höflich und er respektierte die Rechte seiner Mitmenschen. Obwohl er sich der Aufgabe bewusst war, seinen Untergebenen als gutes Beispiel vorangehen zu müssen, stellte er sich nicht selbst auf ein erhöhtes Podest. Er vermied es erfolgreich, zum Langweiler zu werden, er hielt keine pathetischen Reden und moralisierte auch nicht. Er versuchte niemals, einem Gegenüber seine eigenen Vorstellungen von Gut und Böse aufzudrängen.

Alles in allem war er eine besondere Persönlichkeit, wie man sie nur selten findet. Er starb bereits vor vielen Jahren im Zweiten Weltkrieg, aber gestern, als mir meine Frau eine Geburtstagskarte überreichte, wurde ich wieder an ihn erinnert. Die Karte hatte folgende Aufschrift: „Ich wollte schnell jemandem zum Geburtstag gratulieren, der einfach wundervoll, freundlich, rücksichtsvoll, fröhlich, reizend und umgänglich ist ... es sind nicht mehr allzu viele von uns übrig geblieben."

Ich bezweifle, dass die Botschaft der Karte auf meine Person zutreffend ist (meine Frau ist da ein wenig voreingenommen), aber sie erscheint mir als eine zutreffende Charakterisierung von Major Charles T. McCampbell.

Lassen Sie uns ein paar der positiven Charaktereigenschaften des Majors ein wenig näher betrachten und daraus lernen, wie man sich den Respekt seiner Mitarbeiter verdient.

Beherrschen Sie Ihren Job

Als Führungskraft müssen Sie dazu in der Lage sein, die anfallenden Arbeiten zu planen, zu organisieren und zu koordinieren. Sie müssen Anordnungen erteilen, Arbeiten dirigieren und deren Ausführung überwachen und kontrollieren. Wenn Sie Ihren Job beherrschen, werden Ihre Mitarbeiter Vertrauen zu Ihnen haben und Sie auch respektieren. Fundierte Kenntnisse sind das A und O eines guten Führungsstils.

Ich kann mir in Ihrer Situation kein schöneres Kompliment vorstellen als zu hören, wie einer Ihrer Untergebenen sagt: „Fragen wir den alten Herrn; er weiß immer genau, was zu tun ist!"

Benehmen Sie sich stets als Gentleman

Es gibt eine Reihe von Dingen, die Sie sich nach und nach abgewöhnen müssen, wenn Sie als Gentleman angesehen werden wollen.

Ich werde diesen Vorgang für Sie ein wenig vereinfachen und beschleunigen: *Wenn Sie jeden Mann als Gentleman und jede Frau als Lady behandeln, dürfen Sie sich selbst diese Attribute zuschreiben.* Oder wie ein altes Sprichwort sagt: Wie man in den Wald hineinruft, so schallt es auch heraus.

Haben Sie Sinn für Humor

Damit möchte ich nicht sagen, dass Sie ein Witzbold werden und sich über jeden noch so blöden Scherz halb totlachen sollen. Sie haben es auch nicht nötig, sich selbst lächerlich zu machen. Wenn Sie jedoch einen gewissen Sinn für die Komik mancher Situation haben, gelingt es Ihnen gegebenenfalls, eine kritische Lage zu entschärfen. Sie heben sich selbst auf kein unantastbares Podest. Jemand, der sich über seine Mitmenschen stellt, tendiert dazu, sich selbst allzu ernst zu nehmen, eingebildet und unangenehm selbstgefällig zu sein. Geben Sie ein Beispiel, an dem man sich auch orientieren kann, und seinen Sie kein Vorbild, das bewundert werden möchte.

Zeigen Sie Loyalität gegenüber Ihren Vorgesetzten und Ihren Mitarbeitern

Sie müssen sich Ihren Vorgesetzten gegenüber loyal verhalten. Sind Sie das nicht, können Sie weder ein effektives Mitglied des Führungsteams werden noch verdienen Sie sich den Respekt und das Vertrauen Ihrer Weisungsbefugten.

Wenn Sie sich jedoch die Kritik Ihrer Vorgesetzten einhandeln, wenn Sie ständig deren Anordnungen, Verhaltensregeln und Intelligenz infrage stellen – insbesondere in Gegenwart Ihrer Untergebenen –, werden Sie für jedes Unternehmen zur Last.

Es ist völlig unmöglich, sich den Respekt seiner Mitarbeiter zu verdienen, indem man seine eigenen Vorgesetzten kritisiert. Wenn Sie sich nicht dem Mann gegenüber, der Ihr Gehalt zahlt, loyal verhalten können, dann sollten Sie sich wirklich um eine andere Stelle bemühen.

Loyalität ist eine gegenseitige Sache. Der beste Weg, sich die Loyalität seiner Angestellten zu sichern ist, als Stoßdämpfer zwischen ihnen und Ihrem Vorgesetzten zu fungieren. Das bedeutet nicht, dass Sie für Ihre Mitarbeiter lügen oder sie decken sollen. Es heißt vielmehr, dass Sie diese vor ungerechtfertigten und übertriebenen Strafmaßnahmen bewahren und unangemessene Kritik von ihnen fern halten. Das machen Sie am besten, indem Sie Ihren Vorgesetzten sagen: „Der Fehler liegt in meinem Verantwortungsbereich. Ich werde persönlich dafür Sorge tragen, dass in Zukunft sorgfältiger gearbeitet wird."

Ihren Mitarbeitern gegenüber können Sie sich loyal erweisen, indem Sie Ihnen die Möglichkeit zur Beförderung eröffnen, wenn sie diese verdient haben. Größere Leistungsbereitschaft unter Ihren Mitarbeitern sollte auch belohnt werden. Respekt gewinnt man nicht, indem man seinen Günstlingen eine bevorzugte Behandlung zuteil werden lässt.

Halten auch Sie sich an die „Goldenen Regeln"

Wenn Sie jemandem etwas Gutes tun, wird man Ihnen in gleicher Weise begegnen. Verhalten Sie sich bösartig, wird man auch Ihnen etwas Negatives antun. Die „Goldene Regel" *Was Du nicht willst, dass man Dir tu', das füg auch keinem andern zu*, lässt sich auch wie folgt formulieren: *Behandeln Sie Ihre Mitmenschen so, wie Sie auch selbst behandelt werden möchten.*

Wie lässt sich diese These im täglichen Leben anwenden?

1. Seien Sie freundlich – und man wird auch zu Ihnen freundlich sein.
2. Sind Sie gemein – wird man Sie ebenfalls gemein behandeln.
3. Sind Sie höflich – wird man Ihnen ebenfalls mit Höflichkeit begegnen.
4. Sind Sie unverschämt – wird man Ihnen in gleicher Weise entgegentreten.
5. Seien Sie nett – und man wird auch zu Ihnen nett sein.
6. Feindseliges Verhalten Ihrerseits – ruft entsprechendes Verhalten auf der Gegenseite hervor.

7. *Begegnen Sie anderen mit Respekt – und man wird auch Sie gern respektieren.*

Da es in diesem Kapitel genau um diesen Aspekt geht, hören wir bei Punkt 7 unserer Liste auf. Es besteht kein Anlass, noch weiterzugehen.

Wenn Sie die Techniken dieses Kapitels anwenden, werden Sie mit Sicherheit Ihr Stück vom Kuchen auch erhalten, das heißt: *Sie werden gleichzeitig geschätzt und respektiert.*

14 Sie kooperieren nicht mit Ihren Angestellten

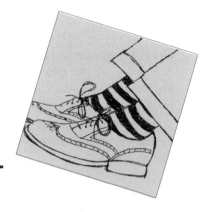

Die meisten Manager und Führungskräfte beklagen sich darüber, dass Ihre Mitarbeiter nicht mit ihnen zusammenarbeiten.

Als ich mich anfänglich mit diesem Kapitel beschäftigte, reflektierte ich in denselben Denkmustern. Die Überschrift zu diesem Kapitel sollte ursprünglich auch *Ihre Angestellten kooperieren nicht mit Ihnen* lauten. Eigenartigerweise ging es mir jedoch nicht richtig von der Hand; die richtigen Worte wollten mir einfach nicht einfallen.

Nach ein paar Tagen vergeblicher Bemühungen rief ich Joe Ewing, den Filialleiter der *Sears Roebuck* Niederlassung hier am Ort an, um ihn um Rat zu fragen.

„Du gehst an die Sache völlig falsch heran, Jim", erklärte er mir. „Du betrachtest die Angelegenheit aus dem verkehrten Blickwinkel. Aber damit stehst Du nicht allein da. Dieser Fehler unterläuft den meisten Führungskräften. Alle beschweren sich darüber, dass ihre Angestellten nicht genügend mit ihnen kooperieren. Aber warum sollten sie auch? Wo liegt das Problem? Wessen Versäumnis ist es eigentlich – das der Manager oder das der Angestellten?
Aus eigener Erfahrung kann ich Dir nur bestätigen, der Fehler liegt bei den Führungskräften. Und zwar machen sie alle einen ganz grundsätzlichen Fehler; das weiß ich deshalb so genau, weil ich vor vielen Jahren dieselben

Probleme hatte, bis ich realisierte, dass es ausschließlich an mir selbst lag, die Situation zu ändern.

Das Führungspersonal der meisten Unternehmen und Betriebe arbeitet von sich aus nicht mit seinen Mitarbeitern zusammen. Und aus diesem Grund kooperieren ihre Mitarbeiter im Gegenzug auch nicht mit ihnen. Geben steht immer vor dem Nehmen. Dann bekommt man auch ein Vielfaches seines Einsatzes von seinem Gegenüber wieder zurück. Betrachte die Sache einmal von dieser Seite und Du wirst keine Probleme mehr mit diesem Thema haben."

Ich erkannte, dass Joe Recht hatte. Nachdem ich meine Denkweise korrigiert hatte, kamen die Ideen und Worte von ganz allein und ich konnte dieses Kapitel in Angriff nehmen.

Wenn Sie als Manager und Führungskraft den *ersten Schritt machen* und *von sich aus mit Ihren Angestellten zusammenarbeiten*, wird sich die Situation in Ihrer Abteilung schon bald zum Positiven verändern.

Was Sie gewinnen, wenn Sie mit Ihren Mitarbeitern kooperieren

1. Ihre Angestellten werden auch mit Ihnen zusammenarbeiten.
2. Auch schwierige Mitarbeiter werden mit Ihnen kooperieren.
3. Ihre Mitarbeiter werden Sie respektieren und Ihnen vertrauen.
4. Sie verdienen sich deren unerschütterliche Loyalität und ernsthafte Unterstützung.
5. Ihre Angestellten werden mit Einfallsreichtum, Eigeninitiative und Begeisterung an die Arbeit gehen.
6. Sie werden als Team mit hohem geistigen Einsatz, Moral und Überzeugung einem gemeinsamen Ziel entgegenstreben.
7. Sie geben Ihren Mitarbeitern das Gefühl, am richtigen Platz zu sein.
8. Ihre Leute werden mit dem gleichen Arbeitseinsatz wie Sie selbst ihre Aufgaben erledigen.

Methoden, um diese Ziele zu erreichen

Ich möchte hier zunächst vorausschicken, dass ich Ihnen an dieser Stelle natürlich einige lang erprobte und orthodoxe Methoden erläutern könnte, um Ihnen den ersten Schritt zu einer erfolgreichen Zusammenarbeit mit Ihren Angestellten zu erleichtern. So könnte ich zum Beispiel sagen, dass Sie Ihren Teil dazu beitragen müssen, um die zwischenmenschlichen Beziehungen am Arbeitsplatz zu verbessern, indem Sie einem fähigen und leistungsbereiten Mitarbeiter eine faire Chance auf eine Gehaltserhöhung, die Sicherheit seines Arbeitsplatzes, eine lohnende und zugleich interessante Aufgabe, die Möglichkeit einer Beförderung, eine Beurteilung durch ein leistungsorientiertes System in Aussicht stellen. All dies ist mit Sicherheit sehr wichtig. Aber ich bin davon überzeugt, dass Sie diese Vorgehensweisen als versierte Führungskraft schon längst kennen und wahrscheinlich auch schon in die Tat umgesetzt haben.

In diesem Kapitel möchte ich gern ein paar Aspekte erwähnen, denen viele Manager der unteren und mittleren Führungsebene keine allzu große Aufmerksamkeit schenken – über die sie vielleicht noch niemals nachgedacht haben. Genau aus diesem Grund sind sie auch nur bestenfalls im mittleren Management. Sie selbst können diesen Status hinter sich lassen, wenn Sie die folgenden Führungstechniken in Ihr Repertoire mit aufnehmen. Wenden Sie diese Methoden an, und Sie werden ein wesentlich besseres Image als Vorgesetzter abgeben.

Geben Sie als Erster

Sie wünschen sich Kooperation und Teamwork von Ihren Angestellten – *dann machen Sie den ersten Schritt*. Topmanager aller Branchen kennen dieses Geheimnis. Sie beherrschen die Kunst, Ihre Angestellten dazu zu bringen, mit ihnen zusammenzuarbeiten, indem sie den ersten Schritt zu einer erfolgreichen Kooperation unternehmen.

Es ist ganz leicht festzustellen, ob Sie dieses Geheimnis bereits kennen und in die Tat umgesetzt haben. Ihre Mitarbeiter arbeiten flink und sind guter Dinge, erledigen übertragene Aufgaben gern und mit Enthusiasmus und sind dazu bereit, wenn nötig oder von Ihnen angeordnet, Überstunden zu leisten – dann können Sie sicher sein, dass Sie Ihren Job als Bereichs- oder Abteilungsleiter beherrschen.

Es gibt jedoch auch ein paar unverkennbare Merkmale dafür, dass Sie nicht mit Ihren Angestellten kooperieren. Zunächst einmal sind Ihre Leute ebenso wenig daran interessiert, mit Ihnen zusammenzuarbeiten, wie Sie mit ihnen. Sie kommen zu spät, leisten nur mittelmäßige Arbeit und stehen schon bei der Stechuhr, noch ehe das Signal ertönt. Wenn sich Ihre Mitarbeiter auf diese Art und Weise verhalten, machen Sie nicht den Fehler und bitten Sie um das Erledigen von zusätzlichen Aufgaben. Sie werden keinen Erfolg damit haben.

Behalten Sie diesen Hinweis im Kopf, während Sie dieses Kapitel lesen. Und auch im täglichen Umgang mit anderen Menschen – Ihren Kollegen, Vorgesetzten oder Kunden – denken Sie immer daran: *Bevor man etwas bekommt, muss man selbst etwas geben. Geht man dieses Risiko ein, ist der Ertrag um ein Vielfaches höher als der ursprüngliche Einsatz.*

Das ist eine sichere Methode, um die Zusammenarbeit zwischen Vorgesetzten und Angestellten zu garantieren.

Schaffen Sie Ihren Angestellten ein zweites Zuhause

Ein Mann verbringt im Durchschnitt 30 bis 40 Jahre seines Lebens an seinem Arbeitsplatz – acht Stunden am Tag, fünf bis sechs Tage die Woche – um das nötige Geld für den Lebensunterhalt der Familie zu verdienen. Oftmals ist er ebenso viele Stunden im Geschäft wie zu Hause. Aufgrund dieser Tatsache sind Sie als Vorgesetzter gut beraten, wenn Sie Ihren Mitarbeitern an ihrem Arbeitsplatz eine Art zweites Zuhause schaffen.

Howard L. King, eine der Führungskräfte in der Export- und Außenhandelsabteilung bei *Coca-Cola*, erzählt:

„Von den japanischen Führungskräften in den Bereichen Handel und Industrie können wir zum Thema Zusammenarbeit zwischen Arbeitgeber und Arbeitnehmer noch eine Menge lernen. Sie kennen alle psychologischen Tricks und Kniffe, um ihre Leute täglich aufs Neue zur Arbeit zu motivieren. Ich selbst habe viele Jahre in Japan gelebt und war immer schon sehr beeindruckt von der Art und Weise, wie die Unternehmen dort für ihre Leute sorgen.
So gibt es zum Beispiel eine unglaubliche Menge von zusätzlichen sozialen Leistungen – vollständig möblierte, gepflegte und komfortable Schlafräume (für Ehepaare sogar kleine, separate Häuser), eine Cafeteria, Erholungs- und Entspannungsmöglichkeiten, wie Kinos, Tennis- und Golfplätze, Bowlinghallen, verschiedene Einkaufsgelegenheiten, eine firmeneigene Kreditanstalt – eben jede erdenkliche Annehmlichkeit, um sich als Angestellter wie ein Teil einer großen Familie fühlen zu können. Dort ist man als Arbeitneh-

mer nicht nur eine Nummer auf der Gehaltsliste. Die meisten dieser Zusatzleistungen sind unentgeltlich. Sollte die eine oder andere Sache doch etwas kosten, bekommen die Mitarbeiter die Leistungen zum Selbstkostenpreis.

Japanische Unternehmen geben Ihren Mitarbeitern alles, um als Gegenleistung die größtmögliche Unterstützung und Kooperation zu erfahren. Machen Sie nicht den Fehler, dieses System mit dem in den Staaten gängigen Methoden, wie beispielsweise dem der Company Stores aus vergangenen Tagen zu vergleichen. Die Unternehmen versuchten, ihre Angestellten langfristig an den Arbeitsplatz zu binden, indem sie es ihnen ermöglichten, über die Firma Schulden zu machen.

Das ist auf keinen Fall das Ziel japanischer Arbeitgeber. Und wenn es so wäre, würde es ebenso wenig funktionieren, wie es auch in Amerika zum Scheitern verurteilt war. Kein Arbeitgeber kann auf diese Weise die Loyalität seiner Angestellten kaufen."

Ich kenne das japanische System aus eigener Erfahrung und kann die Aussage von Mr. King nur bestätigen. Die Loyalität eines japanischen Arbeitnehmers gegenüber seinem Arbeitgeber ist fast ebenso groß, wie die, welche er seinen Eltern gegenüber empfindet. Wenn das Unternehmen durch seine Schuld das Gesicht verliert, trifft ihn das ebenso hart, als wenn er seine Familie entehrt hätte. Ein Japaner spricht immer von „seinem" Unternehmen und es steht in der Wertschätzung der eigenen Familie in keiner Weise nach.

Zusammenarbeit beginnt in Japan an der Unternehmensspitze und nicht an der Basis. Die dortigen Firmen sorgen für Ihre Mitarbeiter *von der Wiege bis zur Bahre*. Wenn ein Angestellter eine Mitarbeiterin desselben Betriebs heiratet, ist das immer ein Anlass zu großer Freude. Als Arbeitgeber sieht man das Band der Loyalität durch das Band der Ehe noch gefestigt – nun teilen nicht nur eine Frau und ein Mann ihre tägliche Arbeit, sondern ein kleines, durch die Heirat gestärktes Team setzt sich zukünftig für das Wohlergehen der Firma ein.

Funktioniert dieses System? Wie ich schon sagte, ich war selbst in Japan und habe dort einige große Betriebe in Tokio und Yokohama besucht. Ich sah, wie sich die Arbeiter beim Schichtwechsel gegenseitig zujubelten, wie Baseballspieler einem Teammitglied, der gerade einen „Home Run" geschlagen hat. Haben Sie das jemals in Ihrer Abteilung erlebt? Oder sind Sie schon mal von Ihrer gesamten Belegschaft am Flughafen verabschiedet worden, als Sie zu einem wichtigen Geschäftstermin unterwegs waren? In Japan ist das keine Seltenheit.

Ich habe miterlebt, wie japanische Arbeiter ihren Arbeitstag mit dem gemeinsamen Singen des „Firmenlieds" beginnen. Singen Ihre Angestellten auch jeden Morgen?

Wenn Sie immer noch Zweifel am Erfolg ihrer Methoden haben, dann sehen Sie sich doch einmal die sehr erfolgreichen japanischen Produkte auf den Weltmärkten an: Sony-Kassettenrekorder, Panasonic-Hifi-Anlagen, Canon und Nikon-Kameras, Automarken wie Toyota und Nissan, oder Motorräder von Honda und Kawasaki. Oder werfen Sie einen Blick auf die Stellung Japans im Bereich Warenexport im Vergleich zu den großen Industrienationen!

Ich bin mir natürlich darüber im Klaren, dass Ihre Möglichkeiten als Abteilungs- oder Bereichsleiter sehr eingeschränkt sind. Aber wenn Sie ein wenig darüber nachdenken, kommen Ihnen mit Sicherheit ein paar Ideen, wie Sie die Leistungen und Bemühungen Ihrer Mitarbeiter anerkennen können.

Vielleicht geben Sie einem gewissenhaften und immer pünktlichen Angestellten ein paar Stunden frei, wenn er während der Arbeitszeit einige private Dinge erledigen muss. Oder Sie könnten die allgemeinen Vorschriften ein wenig lockern, um einen langjährigen Mitarbeiter etwas zu entlasten. Sie könnten auch den Verbesserungsvorschlag eines Ihrer Untergebenen tatkräftig unterstützen und realisieren lassen, auch wenn Sie Zweifel an dessen Effektivität haben. Zumindest zeigen Sie durch dieses Verhalten Ihren Willen zur Kooperation.

Manchmal ist es aber auch eine ganz kleine, einfache Geste, die Ihren schwer arbeitenden Leuten viel bedeuten kann: Zum Beispiel organisieren Sie ein kleines Abendessen, wenn es abends mal wieder etwas länger dauert.

Wenn Sie sich eigene Ideen überlegen wollen, hier sind vier Merkmale für eine gute Zusammenarbeit.

Geben Sie Ihren Mitarbeitern die Gelegenheit, an den Managementprozessen teilzuhaben

Wie schon immer gesagt: „Jeder will am Geschehen teilhaben!" So möchten auch Ihre Untergebenen dabei mitreden, wie die Dinge laufen. Indem Sie Ihre Leute am Planen, Entscheiden, Aufstellen der Vorschriften und Regeln, an den Taktiken und Abläufen teilhaben lassen, können Sie ihnen das Gefühl geben, dass es auch *ihre* Abteilung ist.

Es gibt viele Möglichkeiten, Ihre Angestellten bei der Leitung der Abteilung mitwirken zu lassen. Auf alle Fälle stärken Sie dadurch die Zusammenarbeit zwischen Ihnen und Ihren Mitarbeitern.

Geben Sie ihnen die Möglichkeit, an der Aufstellung der Regeln und Vorschriften mitzuwirken

Eines der großen Probleme bei der Aufstellung von Regeln und Vorschriften ist, dass sie von den Vorgesetzten und der Firmenleitung diktiert und kontrolliert werden. Dem Arbeiter an der Basis wird von oben vorgeschrieben, was richtig und was falsch ist.

Das Topmanagement eines Durchschnittsunternehmens erlässt seine Vorschriften meist recht willkürlich und erwartet von den Angestellten, dass sich diese daran halten. Die Manager und Führungskräfte der jeweiligen Abteilungen verfahren oft nicht anders. Die meisten Menschen mögen es jedoch überhaupt nicht, wenn man ihnen vorschreibt, was sie zu tun und zu lassen haben. Bedeuten doch Regeln eine Einschränkung der eigenen Entscheidungsfreiheit. Daher neigen viele dazu, sich diesen Vorschriften zu widersetzen oder sie zu missachten.

Eine gute Möglichkeit zur Förderung der Zusammenarbeit in Ihrer Abteilung ist, es Ihren Mitarbeiter zu gestatten, diese Regeln selbst zu entwerfen, auszuarbeiten und Ihnen als Vorgesetzten zur Genehmigung vorzulegen. Sie werden überrascht feststellen, dass der Durchschnittsarbeiter viel strenger mit sich umgeht, als Sie es je würden. Und da diese Regeln *seine eigenen* sind, wird er sich auch eher daran halten, als wenn sie ihm von Ihnen vorgeschrieben würden.

Lassen Sie Ihre Angestellten an den Entscheidungsprozessen teilhaben

Wenn die Leute in Ihrer Abteilung das Gefühl haben, an wichtigen Entscheidungen beteiligt zu sein, werden sie sehr viel lieber mit Ihnen zusammenarbeiten. Stimmen sie mit Ihnen überein, werden sie die Entscheidung wie ihre eigene tragen und Sie in allen Konsequenzen unterstützen. Sind sie mit Ihnen nicht einer Meinung, können Sie trotzdem davon ausgehen, dass sie sich kooperativer verhalten, als wenn ihnen eine unpopuläre Lösung vor die Nase gesetzt worden wäre. So haben Ihre Mitarbeiter wenigstens die Möglichkeit, ihre Meinungen und Bedenken zu artikulieren und sie haben die Gewissheit, dass ihr Vorgesetzter diese Einwände näher in Betracht gezogen hat.

Berufen Sie wöchentliche Meetings ein

Die Leute wollen immer gern wissen, was vor sich geht. Sie möchten über die Vorgänge informiert werden, damit sie sich ein Bild davon machen können, welchen Effekt ihr persönlicher Einsatz an ihrem Arbeitsplatz für den Erfolg des gesamten Unternehmens hat.

Sie könnten zum Beispiel jeden Montagmorgen ein 15-minütiges Meeting abhalten, um die Angelegenheiten der laufenden Woche zu besprechen.

Dies wäre auch ein guter Zeitpunkt Ihre Angestellten zu ermuntern, über Probleme und Schwierigkeiten bei ihren täglichen Aufgaben zu sprechen und gleichzeitig die Pläne für die weitere Zukunft zu erörtern. Solche Meetings bieten außerdem die passende Gelegenheit, um dem einen oder anderen Mitarbeiter Ihre Anerkennung auszusprechen, oder auch um einmal richtig Dampf abzulassen. Zeigen Sie Ihren Kooperationswillen, indem Sie den Beschwerden oder auch Verbesserungsvorschlägen zunächst einmal ruhig zuhören und anschließend die notwendigen Maßnahmen zur Lösung der erörterten Probleme ergreifen. Sollte dies Ihren Kompetenzbereich überschreiten, leiten Sie die Angelegenheit an den nächst höheren Vorgesetzten weiter.

Drei weitere Möglichkeiten, die Zusammenarbeit zwischen Führungskreis und Angestellten zu verbessern:

Als Bereichs- oder Abteilungsleiter sind Sie nicht die letztlich entscheidende Instanz oder, um es ein wenig salopper auszudrücken: Sie haben nicht das letzte Wort! Ich weiß das aus eigener Erfahrung.

Was Sie allerdings jederzeit tun können, ist, Ihrem Chef Vorschläge zu unterbreiten. Werden diese akzeptiert – gut! Wenn nicht, haben Sie zumindest nichts falsch gemacht.

Sie könnten zum Beispiel vorschlagen, eine Fußball- oder Bowlingmannschaft ins Leben zu rufen, oder firmeneigene Tennis- und Squashplätze einzurichten. Wie wäre es mit einem Fitnessraum für die Angestellten oder einem hausinternen Schwimmbad, um nach der Arbeit noch ein wenig Sport treiben zu können? Was halten Sie von einem Erholungsbereich mit einem Tischtennisplatz und Billardtischen, oder von einem Picknickplatz im Freien für die Naturfreunde? Ist vielleicht für Ihr Unternehmen eher eine firmeninterne Kreditanstalt interessant oder verschiedene Einkaufsmöglichkeiten und ein Lieferservice?

Sie sehen, der Möglichkeiten gibt es viele. Ich weiß natürlich nicht, inwieweit Sie mit Ihrem Vorgesetzten über diese Vorschläge sprechen möchten und können – Sie kennen Ihren Boss besser als ich! Wenn Ihnen von meinen Vorschlägen keiner als passend erscheint, machen Sie sich doch selbst ein paar Gedanken darüber, wie Sie Ihren Vorgesetzten dazu bewegen können, etwas für das Wohl der Firma und die Kooperationsbereitschaft der Angestellten zu tun.

Drei Vorschläge möchte ich Ihnen jedoch noch unterbreiten. Ich kenne drei unterschiedliche Betriebe, die mit völlig anderen Methoden die Einsatzbereitschaft und den Kooperationswillen ihrer Mitarbeiter erfolgreich gefördert haben. Vielleicht interessieren Ihren Boss ja diese.

Schlagen Sie vor, an die Angestellten Firmenaktien zu vergünstigten Konditionen abzugeben

Wayne Walker, Vorstandsvorsitzender von Walker Plastics Incorporated in Tulsa, Oklahoma, erzählt:

„Die beste Idee, mit der ich meine Angestellten jemals zur Zusammenarbeit motivierte, war das Angebot von Firmenaktien. In dem Moment, in dem ein Mitarbeiter zum Aktionär wird, verändert sich seine Einstellung und sein

Verhalten dem Unternehmen gegenüber grundlegend. Also boten wir unseren Leuten die Möglichkeit an, Firmenaktien zu Vorzugskonditionen zu erwerben. Damit hatten sie einen triftigen Grund, sich verstärkt für das Unternehmen zu engagieren und mit den Kollegen zusammenzuarbeiten."

Führend bei der Realisierung dieser Idee war das Unternehmen Sears Roebuck. Als Aktionäre erhielten seine Angestellten einen gewaltigen Leistungsanreiz, denn jeder fühlte sich mit für den Erfolg des Unternehmens verantwortlich – als ob jeder Einzelne von ihnen die Position eines Entscheidungsträgers bekleiden würde.

Und – hat es funktioniert? Beantworten Sie sich die Frage selbst. Sears Roebuck ist eines der größten Einzelhandelsunternehmen in der Welt!

Schlagen Sie der Firmenleitung eine Gewinnbeteiligung der Angestellten vor

Nicht nur durch die Vergabe von Aktien könnte die Firmenleitung die Kooperationsbereitschaft ihrer Angestellten anregen und fördern. Sie könnten auch versuchen, die Entscheidungsträger Ihres Unternehmens für die Idee einer Gewinnbeteiligung zu begeistern.

Eine Beteiligung der Angestellten am Gewinn des Unternehmens ist nicht vergleichbar mit einer an der Leistung des Einzelnen orientierte Gehaltszahlung. Bei Letzterem geht es um die finanzielle Vergütung eines Einzelnen. Unter Gewinnbeteiligung versteht man, dass alle Angestellten des Unternehmens am tatsächlichen Gewinn beteiligt werden. Das heißt, je höher der Gesamtgewinn des Betriebs ist, umso höher ist auch die monatliche Vergütung der Mitarbeiter. In diesem Falle sind alle eifrig darauf bedacht, Höchstleistungen zu erbringen und bestmöglich zusammenzuarbeiten. Diejenigen, die das nicht können oder wollen, werden die Firma schon bald verlassen.

Einer der Pioniere dieses Beteiligungssystem ist die Lincoln Electric Company in Cleveland, Ohio. Ihr Präsident James F. Lincoln begann mit der Umsetzung dieser Idee, nachdem er die Leitung des Unternehmens übernommen hatte. Er arbeitete einen Plan aus, nach dem jeder Mitarbeiter am Gewinn des Betriebs beteiligt werden konnte.

Hat sich dieses System bewährt? Machen Sie sich selbst ein Bild darüber. Die folgenden Ergebnisse wurden in den ersten zehn Jahren nach Einführung dieses Prinzips verzeichnet:

1. Das jährliche Geschäftsvolumen ist um das Sechseinhalbfache angestiegen.
2. Trotz allgemein steigender Kosten konnten die Produktionskosten um die Hälfte gesenkt werden.
3. Die Dividenden der Aktionäre wurden vervierfacht.
4. Das Gehalt eines durchschnittlichen Angestellten stieg um 400 Prozent.
5. Die Angestelltenfluktuation ging nahezu gegen null.
6. Es gab seitdem weder Bummelstreiks noch irgendwelche Arbeitsniederlegungen unter den Angestellten.

Schlagen Sie vor, eine Junior-Geschäftsleitung zu etablieren

Eine ganz ausgezeichnete Idee, die Zusammenarbeit zwischen Arbeitgeber und Arbeitnehmern zu fördern ist, die Etablierung einer so genannten Junior-Geschäftsleitung. Sie besteht aus Angestellten der verschiedensten Unternehmensbereiche und Hirarchiestufen, die aktiv an der Leitung des Unternehmens beteiligt sind.

Hört sich das für Sie vielleicht etwas zu abenteuerlich und unrealistisch an, um es Ihrem eigenen Boss als Möglichkeit vorzuschlagen?

Diese Methode verhinderte in den dreißiger Jahren erfolgreich den sicheren Untergang des berühmten Gewürz- und Extraktherstellers *McCormick and Company* aus Baltimore.

Nachdem der Gründer des Unternehmens Willoughby McCormick 1932 gestorben war, übernahm sein Neffe Charles P. McCormick die Leitung der maroden Firma. Er realisierte eine ganze Reihe neuer Ideen und Konzepte, um den Betrieb wieder auf die Beine zu stellen. Seine wohl erfolgreichste Idee war die Etablierung einer aus den verschiedensten Bereichen des Unternehmens zusammengesetzte Führungsriege. Er entwarf dieses System, um sich ein Maximum an Anteilnahme und Kooperation vonseiten der Angestellten zu sichern und um gleichzeitig dem Unternehmen fähige und ehrgeizige Managementtalente zu erhalten.

Zu diesem Zwecke ernannte McCormick ein, wie er es nannte „Junior Board of Directors".

Diese erste Junior-Geschäftsleitung setzte sich aus 17 Angestellten seines Unternehmens zusammen: aus Büroangestellten, Buchhaltern, stellvertretenden Abteilungsleitern und Angestellten aus der Herstellung. Ihre Aufgabe war es, die Dinge herauszufinden, die man im Betrieb verbessern und ändern sollte und die entsprechenden Maßnahmen dazu in die Wege zu leiten. Sie wurden angewiesen, eigene Regeln und Vorschriften aufzustellen, ihre eigenen Stellvertreter zu bestimmen und sich eigenständig zu verwalten. Um ihre Aufgabe bewältigen zu können, standen ihnen alle Firmenbücher und sämtliche Verkaufsberichte zur Verfügung.

Als Kontrollmaßnahme ließ McCormick vertraglich festlegen, dass alle Beschlüsse der Junior-Geschäftsleitung einstimmig sein und dem obersten, von den Aktionären gewählten Firmenvorstand zur Genehmigung vorgelegt werden müssen.

Der Plan funktionierte. Schon nach wenigen Jahren hatte die Junior-Geschäftsleitung das gesamte Unternehmen umstrukturiert und modernisiert. Der direkt messbare Erfolg spiegelte sich in den rasant steigenden Verkaufszahlen wider. Die Verwaltungsabläufe wurden rationalisiert und die Verwaltungs- und Gemeinkosten drastisch gesenkt. Auf Betreiben der Angestellten wurden auch neue Produkte in das Sortiment mit aufgenommen.

Von den 500 Vorschlägen, die diese erste Junior-Geschäftsleitung dem Firmenvorstand unterbreitet hatte, wurden 99 Prozent realisiert. *Mr. McCormick dankte es diesen Mitarbeitern, indem er das Unternehmen vor dem sicheren Untergang bewahrte.*

15 Sie versäumen es, Ihre Mitarbeiter um Rat zu fragen und sie um Hilfe zu bitten

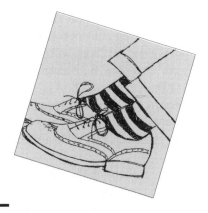

„Jedes Mal wenn in unserem Unternehmen Probleme auftraten, mit denen wir scheinbar selbst nicht fertig wurden, engagierte ich so genannte Effizienzexperten und Managementberater." So erzählt Walter Morris, Präsident von Penthouse Furniture Inc. in Asheville, North Carolina. „Heute mache ich das nicht mehr. Lassen Sie mich Ihnen erklären, warum:

Vor ungefähr zwei Jahren erweiterten wir unser Angebot um einige neue Produkte. Um das zusätzliche Arbeitsvolumen auffangen zu können, mussten wir mehr als hundert neue Mitarbeiter einstellen. Zu diesem Zeitpunkt hatten wir allerdings schon große Probleme mit unserem Stechkartensystem, und die vielen neuen Kollegen verschlimmerten die Situation an den Stechuhren derart, dass die Mitarbeiter beim Schichtwechsel in langen Schlangen an den Stempeluhren anstehen mussten, um entweder in den Betrieb hinein oder aus ihm hinauszugelangen.

Dieses Problem bereitete uns allen großes Kopfzerbrechen, denn wir verloren dadurch wertvolle Arbeitszeit. Unsere Angestellten beschwerten sich darüber, dass sie früher zur Arbeit aufbrechen müssten, nur um pünktlich an ihrem Arbeitsplatz sein zu können. Als niemand aus dem Management mit einer brauchbaren Lösung aufwarten konnte, rief ich wie gewohnt einen Experten zurate.

Er blieb ungefähr eine Woche in unserem Betrieb und fand schließlich auch einen Ausweg aus unserem Dilemma. Ich war äußerst zufrieden, da wir uns nun wieder anderen wichtigen Dingen zuwenden konnten. Bis ich eines Tages über das Betriebsgelände ging und mich einer meiner langjährigen Mitarbeiter, Harold Smith, ansprach: ‚Können Sie sich noch an den Typen erinnern, der hier vor ein paar Wochen unser Stechuhrproblem gelöst hat?', fragte er mich. ‚Ja, warum? Natürlich kann ich mich an ihn erinnern, Harold', entgegnete ich ihm. ‚Warum fragen Sie?'

‚Na ja, ich habe mich nur die ganze Zeit gefragt, wie viel Sie ihm wohl für seinen Vorschlag bezahlt haben. Und wie viel Geld Sie eigentlich zum Fenster hinausgeworfen haben', erklärte Harold. ‚Sie müssen wissen, die Methode, die wir nun anwenden, *habe ich* diesem Typen *vorgeschlagen*. Ich hätte Ihnen ohne Bezahlung dasselbe erzählt, wenn Sie mich gefragt hätten.'

Harolds Bemerkung brachte mich zum Nachdenken. Ich sah unsere Unterlagen durch und überprüfte genau, wie oft wir für welche Probleme Hilfe von außen in Anspruch genommen hatten. Anschließend befragte ich meine Angestellten über die Besuche der Experten.

Es stellte sich heraus, dass diese so genannten Effizienzexperten und Managementberater gar nicht so intelligent und klug waren. Es schien, dass 95 Prozent der Antworten, die mir diese Herren auf meine Fragen gegeben hatten, aus den Reihen meiner eigenen Mitarbeiter stammten! Ich wäre zu derselben Lösungen gekommen, wenn ich nur meine Angestellten um Rat und Hilfe gebeten hätte.

Sie können Gift darauf nehmen, ich werde bestimmt keine Außenstehenden mehr damit beauftragen, Firmenprobleme zu lösen! Heute verwende ich das Geld, um demjenigen Mitarbeiter eine Belohnung von 300 Dollar anzubieten, der mit einem realisierbaren Lösungsvorschlag zu mir kommt. Früher oder später wird er irgendjemandem einfallen."

Wahrscheinlich sind Sie nicht in der Position, Ihren Leuten als Belohnung für ihre Ideen mit Bargeld zu winken. Zeigen Sie Ihre Anerkennung doch auf einem anderen Weg. Empfehlen Sie doch den einen oder anderen Mitarbeiter für eine Beförderung. Oder besorgen Sie sich die Genehmigung, einem Ihrer Angestellten als Belohnung mal einen Tag frei zu geben. Nützen Sie Ihren Einfallsreichtum und überlegen Sie sich ein paar Vorschläge, mit denen Sie dann zu Ihrem Boss gehen können. Es ist ja auch durchaus möglich, dass auch Sie einen Bonus erhalten.

Wie auch immer, Sie haben gesehen, dass Walter Morris einen großen Vorteil daraus gewonnen hat, dass er nunmehr seine eigenen Angestellten um Rat, Hilfe und Unterstützung bittet. Er hat aus seinen Fehlern gelernt. Sie können es ihm gleichtun, wenn Sie die folgenden Ratschläge beherzigen.

Was Sie gewinnen, wenn Sie bei Ihren Mitarbeitern Rat und Unterstützung suchen

Ihre Angestellten werden sich als gleichwertiger Teil des Teams fühlen

Wenn Sie jemanden nach seiner Meinung und nach seinen Vorstellungen fragen, geben Sie ihm das Gefühl, interessant und wichtig für Sie zu sein. Keiner fühlt sich gern als „Nobody" oder als lediglich eine Nummer auf der Gehaltsliste. Jeder einzelne Mitarbeiter Ihres Unternehmens möchte gern ein bedeutender Teil des gesamten Teams sein; jeder hat es gern, wenn man ihn ernst und wichtig nimmt.

Wenn Sie Ihre Leute um Rat und Hilfe bitten, geben Sie ihnen das ersehnte Gefühl von Bedeutsamkeit, ihre individuelle Daseinsberechtigung. Sie befördern sie zum Teammitglied. Aus diesem Grund werden Ihre Angestellten zukünftig härter für Sie arbeiten und größere Leistung zeigen. Denn von nun an haben sie die Gewissheit, einen wichtigen Beitrag zum Erfolg des gesamten Unternehmens zu leisten.

Sie können Mitarbeiter mit überdurchschnittlichen Fähigkeiten besser erkennen

Die beste Methode, aus seiner Belegschaft diejenigen Mitarbeiter herauszufinden, die über mehr als durchschnittliche Fähigkeiten verfügen, ist, ein kreatives Arbeitsklima zu schaffen. Wenn Sie besondere Lösungsvorschläge für ganz bestimmte Probleme suchen, stellen Sie automatisch Hürden und Hindernisse auf, die das Leistungspotenzial Ihrer Mitarbeiter auf die Probe stellen. Fragen Sie um Rat und Unterstützung, und Sie werden überrascht sein, wie viele fähige Angestellte sich in Ihrem Unternehmen befinden.

Sie Geben Ihren Leuten das Gefühl, wichtig zu sein

Belohnen Sie einen Mitarbeiter, der einen guten Verbesserungsvorschlag gemacht hat, nicht nur finanziell; Sie werden schon bald feststellen, welche Bedeutung es für Sie selbst hat, wenn Sie Ihren Mitarbeitern das Gefühl vermitteln, wichtig und bedeutend zu sein.

Geben Sie Ihrem Angestellten zum Beispiel ein Anerkennungsschreiben oder ein Leistungszertifikat. Es wird noch vorhanden sein, wenn das Geld schon lange verbraucht ist.

Ihre Angestellten werden all ihre Kreativität, Genialität und ihr Engagement dafür einsetzen, für Sie zu arbeiten

Wenn es tatsächlich in Ihrem Kompetenzbereich liegt, Ihren Mitarbeitern für deren Einfallsreichtum hohe finanzielle Belohnungen zu gewähren, dann machen Sie das auch. Anstatt dieses Geld externen Beratern und Experten in den Rachen zu werfen, könnten Sie es auch Ihren Angestellten zukommen lassen. Stellen Sie derjenigen Person, die mit einer brauchbaren Lösung für Ihr Problem aufwarten kann, eine angemessene finanzielle Belohnung in Aussicht, machen Sie den Leuten in Ihrem Betrieb deutlich, dass Sie deren Ideen und Vorschläge ausdrücklich erwarten. Sie bitten damit aktiv um deren Hilfe.

Wenden Sie diese Methode in Ihrem Unternehmen an, und Ihre Mitarbeiter werden ihren Ideenreichtum, ihr Engagement und ihre Genialität dafür einsetzen, für Sie zu arbeiten. Sie werden sich gern den Kopf darüber zerbrechen, um die Lösungen für Ihre Probleme zu finden.

Methoden, um diese Ziele zu erreichen

Versetzen Sie sich selbst in die richtige innere Einstellung

Wenn Sie Ihre Angestellten um Hilfe und Unterstützung bitten wollen, ist der erste Schritt, die richtige innere Einstellung dazu zu finden. Nur dann können Sie die eingehenden Ideen und Vorschläge Ihrer Mitarbeiter akzeptieren und aufnehmen. Lassen Sie sich nicht von Ihrer Stellung als Führungskraft daran hindern. Das könnte passieren, denn Sie sind nach wie vor der Vorgesetzte – und sie die „Untergebenen".

Charles Foster, Gründer und Eigentümer der Foster Cafeterias, einer bekannten Restaurantkette in Georgia und Florida, erzählt dazu Folgendes:

> *„Wenn man sich mehr Gedanken um die eigene Position als um den eventuell brauchbaren Vorschlag eines Mitarbeiters macht, wird man als Vorgesetzter niemals in der Lage sein, seine Angestellten um Hilfe zu bitten. Standesdünkel kann zum wirklichen Problem werden, wenn Sie die Ideen und Vorschläge eines Menschen nach seiner Ausbildung, seiner Art sich auszudrücken, seinem Job oder seiner Kleidung bewerten.*
> *Ich möchte gar nicht über die vielen Vorschläge nachdenken, die mir nicht zu Ohren gekommen sind, weil ich mir nicht die Zeit genommen habe, meinen Leuten richtig zuzuhören. Ich habe nicht auf George, den Busfahrer, gehört und auch nicht auf Sam, weil er nur ein einfacher Tellerwäscher war. Heute weiß ich es besser. Ich habe gelernt, dass die besten Ideen oftmals von den Leuten kommen, die nahe am Problem arbeiten. Die Tatsache, dass ich der Boss bin, heißt noch lange nicht, dass ich grundsätzlich alles besser kann und weiß. Ich bin heute dazu bereit, jedem zuzuhören, der mir dabei helfen kann, ein effektiveres Unternehmen zu führen. Nur dann kann ich meinen Kunden für weniger Geld einen besseren Service bieten."*

Wie gelingt es, seine Position als Vorgesetzter einmal zu vergessen und den Vorschlägen seiner Mitarbeiter aufmerksam und unvoreingenommen zuzuhören? Nun ja, Sie könnten damit beginnen, den zwar höflichen, aber bedeutungslosen Smalltalk mit Ihren Leuten auf Ihren Runden durch das Unternehmen abzulegen und stattdessen ein ernsthaftes Gespräch mit ihnen zu führen: *Welche Ideen und Verbesserungsvorschläge fallen Ihren Mitarbeitern ein? In welchen Bereichen könnte man etwas ändern?*

Aber Vorsicht! Wenn Sie einen Angestellten um Rat und Hilfe bitten oder nach seinen Ideen und Vorstellungen fragen, dann müssen Sie es unbedingt ehrlich meinen. Ihr Interesse muss aufrichtig sein. Fragen Sie nicht nach seiner Meinung, wenn Sie lediglich Ihre eigene bestätigt haben wollen. Ihre Angestellten werden Ihre Aufrichtigkeit zu schätzen wissen ebenso wie das in sie gesetzte Vertrauen. Sie werden Ihnen gern mit Rat und Tat zur Seite stehen.

Sie versäumen es, Ihre Mitarbeiter um Rat zu fragen und sie um Hilfe zu bitten

Binden Sie Ihre Mitarbeiter aktiv in den Prozess der Problembewältigung ein

Jeder von uns interessiert sich mehr für seine eigenen Probleme als für die eines anderen. Das ist ganz natürlich.

Wenn Sie also möchten, dass sich Ihre Mitarbeiter für Ihre beruflichen Probleme interessieren, *dann müssen Sie Ihre Probleme zu denen Ihrer Angestellten machen*. Und das funktioniert folgendermaßen:

Sobald Sie jemanden um seinen Rat und Unterstützung bitten, sobald Sie Ihre eigene Unkenntnis erkennen und um Hilfe ersuchen, fordern Sie den Scharfsinn und den Einfallsreichtum Ihres Gegenübers heraus. Und in dem Moment, in dem er sich für Ihr Problem zu interessieren beginnt und Ihnen bei der Lösung behilflich sein möchte, machen Sie automatisch Ihr Problem zu dem seinen.

Harry Simpson, Manager beim *Baldwin Discount Center* in Little Rock, Arkansas, erzählt:

> *„Eine der schwierigsten Aufgaben, die sich mir als Filialleiter stellte, war, meine leitenden Angestellten dazu zu bewegen, die Kosten zu senken. Das war in erster Linie der Grund, warum man mich dorthin geschickt hatte: um die Gemeinkosten zu senken und den Reingewinn zu steigern.*
> *Diese Filiale wies die niedrigste Gewinnspanne aller Baldwin-Niederlassungen auf und der Besitzer wollte diese Situation eindeutig ändern.*
> *Mein Vorgänger erzählte mir, dass er schon mit allen Mitteln versucht hatte, seine Führungskräfte dazu zu bringen, die Kosten zu senken: mit Moralpredigten, Ermahnungen, inständigen Bitten, Appellen an ihr Ehrgefühl, ihre Loyalität und ihr Pflichtbewusstsein. Aber alles ohne nennenswerten Erfolg.*
> *Als ich die Leitung übernahm, versuchte ich erst gar nicht, nach diesen Methoden vorzugehen. Ich hielt keine Schimpftiraden ab und setzte den Leuten auch nicht die Pistole auf die Brust. Stattdessen machte ich die Senkung der Gemeinkosten zu ihrer aller Problem, indem ich die Abteilungsleiter der Filiale ein Komitee bilden ließ, das mir bei der Lösung des Problems aktiv helfen sollte.*
> *Ich erklärte ihnen, dass ich ihren Rat und ihre Unterstützung bräuchte. Anstatt nutzlose Befehle und Direktiven zu erteilen bat ich sie, mit ihren Vor-*

schlägen und Lösungsansätzen, wie man die Gemeinkosten senken könnte, zu mir zu kommen.

Ich gab ihnen keine weiteren Vorgaben bezüglich der Bereiche, in denen mir die Kürzungen vorschwebten. Diese Entscheidung überließ ich meinen Mitarbeitern. Ich sagte ihnen lediglich, dass es ebenso ihr Problem sei wie das meine, entsprechende Lösungsvorschläge zu finden. Ich wusste aus Erfahrung, wenn sie selbst eine Lösung für die Situation finden würden, könnte ich mit ihrer Unterstützung in der Realisierung sicher sein.

Sie steckten die Köpfe zusammen und fanden eine Reihe von Möglichkeiten, wie unsere Filiale Geld einsparen könnte. Zum Beispiel bei der Lagerhaltung, den Versorgungseinrichtungen, der Archivierung, beim Lieferservice für die Kunden, bei Verpackung und Versand, sogar bei den Porto- und Telefonkosten schlugen sie Einsparungen vor.

Schon nach sechs Monaten hatten wir die Betriebskosten um 28 Prozent gesenkt und die Filiale wies nun auch eine akzeptable Gewinnspanne auf. Und das alles, weil ich mein Problem zu dem ihrem gemacht hatte. Ohne ihre Hilfe hätte ich es nicht lösen können."

Machen Sie's wie Harry Simpson. Bringen Sie Ihre Mitarbeiter zum Nachdenken und überlassen Sie es ihnen, sich ihren Kopf zu zerbrechen. Wie auch immer Sie sich entscheiden, denken Sie immer daran: *Der schnellste Weg, ein Problem aus der Welt zu schaffen, ist, es anderen zur Aufgabe zu machen.* Nur die Belohnung dürfen Sie dabei niemals vergessen.

Wenn Sie den Gehaltsscheck Ihres Mitarbeiters als Belohnung für seinen Einsatz nicht aufbessern können, dann nehmen Sie sich doch an Captain Robert James, einem Kommandanten der U.S.-Armee in Fort Ord, ein Beispiel:

„Ich kann meinen Männern nicht mehr Geld anbieten, wenn einer mit einem brauchbaren Verbesserungsvorschlag zu mir kommt. Die Entscheidung über den Sold liegt allein beim Kongress. Ich kann ihm jedoch in anderer Art und Weise meine Anerkennung aussprechen: zum Beispiel ihm ein Empfehlungs- oder Anerkennungsschreiben ausstellen, ... zur Beförderung vorschlagen, wenn das nächste Mal eine Stelle frei wird, ... ihm ein paar Tage freigeben. Ich tue alles in meiner Macht stehende, um seine Leistung entsprechend zu würdigen, und meine Leute wissen und schätzen das."

Als Abteilungs- oder Bereichsleiter könnten Sie auf die gleiche Art und Weise vorgehen. *Geben Sie Ihr Bestes, um Ihren Mitarbeitern Ihre Anerkennung*

auszudrücken. Sie werden es zu schätzen wissen und im Gegenzug auch ihr Bestes für Sie geben.

Fördern Sie individuelle Denkansätze

Sie sollten nicht nur die Ideen von Gruppen, sondern auch die Vorschläge eines einzelnen Mitarbeiters als mögliche Lösung zu Ihrem aktuellen Problem in Betracht ziehen.

Wenn Sie möchten, dass auch der einzelnen Angestellte mit seinen Ideen und Anregungen zu Ihnen kommt, dann müssen Sie ihm zu verstehen geben, dass Sie ihm auf jeden Fall gern zuhören werden und seinen Einsatz zu schätzen wissen.

Gestehen Sie zu, dass er von seinem eigenen Job mehr versteht als jeder andere im Unternehmen – Sie selbst eingeschlossen. Sagen Sie ihm, dass es immer etwas zu verbessern und zu ändern gibt und dass Sie darauf zählen, diese Missstände von ihm aufgezeigt zu bekommen.

Am besten ist es, spezifische Fragen zu stellen. In welchen Bereichen sind dringend Verbesserungen notwendig? Sie könnten beispielsweise fragen:

> *„Auf welche Weise können wir die Zeit zwischen Bestellung und Lieferung am besten verkürzen?"*
> *„Was ist Ihrer Meinung nach die Ursache für unsere Qualitätsprobleme?"*
> *„Wie können wir am besten das Sicherheitsrisiko Ihres Jobs eliminieren?"*

Wenn Sie durch Zufall mitbekommen, wie sich Ihre Angestellten darüber beschweren, dass bestimmte Verfahrensweisen reine Zeitverschwendung seien und zu hohe Kosten verursachen, ermutigen Sie diese, sich konstruktive Gedanken zur Lösung dieser Sachlage zu machen. Fordern Sie Ihre Mitarbeiter auf, Verbesserungsvorschläge zu machen. Und stellen Sie eine angemessene Belohnung für ihre Bemühungen in Aussicht, um ihnen zu zeigen, dass Sie ihren Einsatz wirklich zu schätzen wissen.

Indem Sie Ihren Leuten eine bestimmte Aufgabe stellen, ermutigen Sie diese, für Sie ihr Bestes zu geben. Sie geben ihnen eine Arbeit, in die sie sich regelrecht verbeißen können. In genau so einer Situation hat man in der Regel die besten Ideen. Ohne eine eindeutige Aufgabenstellung ist es meist recht schwierig, seine Gedanken in Bewegung zu setzen.

Geben Sie Ihren Leuten die Gelegenheit, Ihnen ihre Ideen mitzuteilen

Legen Sie Ihren Mitarbeitern keine Hindernisse in den Weg, Ihnen ihre Gedanken und Vorschläge zu unterbreiten. Verwickeln Sie diese nicht unnötigerweise in Regeln, Vorschriften und Verfahrensweisen.

Fordern Sie keine übertriebene Bürokratie, indem Sie jeden Verbesserungsvorschlag in dreifacher schriftlicher Ausfertigung verlangen und Ihre Mitarbeiter erst einmal ein Formblatt ausfüllen lassen, das Ihre Sekretärin für solche Fälle entwickelt hat.

Erinnern Sie sich? Sie haben Ihre Mitarbeiter mit Ihrem Hilfeansuchen um einen Gefallen gebeten. Das Geringste, was Sie tun können, ist, es Ihren Leuten leicht zu machen, Ihnen ihre Vorschläge mitzuteilen.

Edward Mueller, Direktor der Abteilung für Weiterbildung und Training bei der United Chemical Corporation, erklärt:

> „Es gibt verschiedene Methoden, es seinen Angestellten leicht zu machen, dem Vorgesetzten ihre Vorschläge zu unterbreiten.
> Entwerfen Sie als Erstes ein ganz einfaches Formblatt, das den Leuten dabei hilft, die Fakten kurz und übersichtlich zusammenzustellen. Es sollte so formuliert sein, dass die Fragen Wer, Was, Wann, Wo, Warum und Wie zu einem Vorschlag leicht beantwortet werden können. Braucht es eine Skizze oder Zeichnung, stellen Sie die Dienste Ihrer Abteilung für technisches Zeichnen zur Verfügung.
> Bitten Sie Ihre Mitarbeiter nicht, ihre Vorschläge in einen gesonderten ‚Vorschlagsbriefkasten' zu werfen. Die meisten dieser Kästen sind nur dazu bestimmt, Staub und Dreck anzusammeln. Ideen, die in diesen Briefkästen landen, sind in der Regel schon von vornherein zum Scheitern verurteilt.
> Bei vielen einfallslosen Unternehmen sind diese Vorschlagsbriefkästen für alle Angestellten sowieso nur reine Lippenbekenntnisse. Dort erwartet man die konstruktiven Vorschläge nur aus den Führungsetagen.
> Sie könnten stattdessen während der Woche bestimmte Stunden einrichten, zu welchen die Tür zu Ihrem Büro für jeden offen steht, der eine Idee oder einen Vorschlag mit Ihnen besprechen möchte. Vermeiden Sie jede Formalitäten und kommen Sie hinter Ihrem Schreibtisch hervor. Das bringt sonst Ihren Gegenüber in eine unangenehme Situation und erschwert unnötig das Gespräch. Setzen Sie sich mit Ihrem Angestellten an einen Konfe-

Sie versäumen es, Ihre Mitarbeiter um Rat zu fragen und sie um Hilfe zu bitten

renz- oder Kaffeetisch, wo sie sich als gleichgestellte Menschen begegnen und die Arbeitgeber-Arbeitnehmer-Beziehung für ein paar Augenblicke einmal außer Acht lassen können.
Trinken Sie eine Tasse Kaffee und instruieren Sie Ihre Sekretärin, dass Sie in der nächsten Zeit nicht gestört werden möchten.
Versuchen Sie alles, um mit Ihrem Mitarbeiter in einer entspannten und konzentrierten Atmosphäre über seine Ideen und Vorschläge sprechen zu können."

Sie können sich an Mr. Muellers Beispiel orientieren, Sie können aber auch mit dem jeweiligen Angestellten einen bestimmten Zeitpunkt vereinbaren, um seine Vorschläge zu besprechen. Ein Termin mit dem Chef gibt einem Angestellten das Gefühl, wichtig genommen zu werden, ... es beweist sein Interesse, ... es zeigt, dass Sie seine Ideen ernsthaft in näheren Betracht ziehen.

Ich möchte hier jedoch noch erwähnen, dass nicht jeder Vorgesetzte so negativ gegenüber den Vorschlagsbriefkästen eingestellt ist wie Mr. Mueller. Eine große Zahl von Unternehmen haben diese Methode über Jahre hinweg bereits erfolgreich angewendet.

Wenn es in Ihrem Betrieb noch kein derartiges Vorschlagswesen gibt, dann regen Sie doch bei Ihrem Vorgesetzten einmal an, das bestehende System mit diesem zu kombinieren.
Vielleicht ergibt sich ja sogar daraus ein Vorteil für Sie persönlich.

Nehmen Sie die Vorschläge Ihrer Angestellten ernst

Die Ideen eines Menschen sind für bestimmte Zeit das Wichtigste für ihn auf der Welt. Enttäuschen Sie ihr Gegenüber nicht, indem Sie damit nachlässig umgehen, ihn auf später vertrösten oder seine Vorschläge gar völlig vergessen.

Lassen Sie jemanden die Ideen und Vorschläge Ihrer Mitarbeiter nach deren Tauglichkeit und Realisierbarkeit überprüfen. Lassen Sie feststellen, ob die Anregungen wirklich eine Verbesserung der Umstände bedeuten könnten. Und vergessen Sie nicht den Urheber der Idee über den aktuellen Stand der Dinge zu informieren. Lassen Sie ihn auf gar keinen Fall allein im Dunkeln stehen.

Erklären Sie ihm, dass sein Vorschlag ernsthaft in Betracht gezogen und überprüft wird. Sollten unerwartete Probleme auftreten, setzen Sie Ihren Mitarbeiter darüber in Kenntnis. Es ist nach wie vor seine Idee. Vielleicht ist er ja dazu in der Lage, Ihnen ein paar weiterführende Fragen zu beantworten. Zumindest weiß er nun, dass Sie sich ernsthaft mit seinem Vorschlag beschäftigen, und das allein, wird ihn schon zufrieden stellen und glücklich machen.

Aus diesem Grund wird er auch weiterhin alles daran setzen, noch bessere Vorschläge für Sie auszuarbeiten.

Vergessen Sie nicht die Belohnung

Auch Sie sehen es gern, wenn man Ihnen für Ihre Leistung Anerkennung ausspricht. Ihren Mitarbeitern geht es da nicht anders. Vernachlässigen oder vergessen Sie auf keinen Fall diesen Teil des Geschäfts. Wenn Sie das tun, können Sie genauso gut gleich darauf verzichten, Ihre Angestellten um deren Mithilfe zu bitten. Sie werden keinen Finger für Sie rühren.

Lassen Sie sich mit der Vergabe der Belohnung nicht zu lange Zeit und präsentieren Sie Ihrem Mitarbeiter schon bald das Zeichen Ihrer Anerkennung für die erbrachte Leistung: einen Bonus, eine Gehaltserhöhung, eine Beförderung, ein Anerkennungsschreiben oder eine schriftliche Bestätigung seiner überdurchschnittlichen Leistungen.

Wenn Sie einen Mitarbeiter für seine Bemühungen auszeichnen, heben Sie gleichzeitig den Standard eines jeden einzelnen Angestellten in Ihrer Abteilung. Und Sie motivieren alle anderen dazu, ebenfalls mit profitablen Vorschlägen zu Ihnen zu kommen.

Fragen Sie also Ihre Angestellten nach deren Rat und bitten Sie diese um deren Mithilfe. Der Vorteil, den Sie daraus ziehen, wird nicht unerheblich sein. Sie können Ihre Betriebskosten reduzieren und Ihre Profite steigern. Sie finden effizientere Verfahrensweisen und jeder Mitarbeiter in Ihrem Unternehmen wird bessere Leistungen erbringen. Genau das macht Ihren Job so spannend, befriedigend und wirklich wichtig.

Aber bitte, nageln Sie mich nicht fest! Setze Sie meine Vorschläge in die Tat um, und finden Sie selbst heraus, ob diese für Sie ebenfalls von Vorteil sind.

16 Sie schaffen es nicht, bei Ihren Mitarbeitern Verantwortungsbewusstsein zu entwickeln

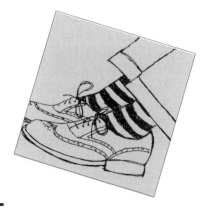

Harlan B. Reeves, Manager bei einer *General-Electronics*-Niederlassung in Omaha, erzählt:

„Ein Angestellter, der nur dann eine zufrieden stellende Leistung bringt, wenn der Chef anwesend ist, ist sein Gehalt nicht wert. Solche Leute können wir in unseren Unternehmen nicht brauchen. Warum? Schauen Sie sich doch mal die Größe unseres Betriebs an! Wir fahren jeden Tag drei Schichten und haben mehr als 3000 Mitarbeiter, die rund um die Uhr Fernseh- und Radiogeräte und die verschiedensten elektronischen Komponenten produzieren. Ich kann als Vorgesetzter nicht Tag und Nacht im Unternehmen bleiben. Wenn Sie also keine Leute haben, die sich ihrem Arbeitgeber gegenüber verantwortlich fühlen und auch ohne Aufsicht stets ihr Bestes geben, ist es fast unmöglich, qualitativ hochwertige Produkte zu produzieren, wie wir es tun.

Im Laufe der Jahre habe ich die verschiedensten Methoden ausprobiert, um unter meinen Mitarbeitern Verantwortungsbewusstsein hervorzurufen. Meiner persönlichen Meinung nach ist es am effektivsten, wenn man seinen Angestellten nicht nur die Verantwortung für eine bestimmte Aufgabe überträgt, sondern ihnen gleichzeitig den nötigen Handlungsspielraum gewährt. Der Mitarbeiter muss dazu ermächtigt sein, eigene Entscheidungen zu treffen.

Ich möchte fast noch einen Schritt weiter gehen: Ich behaupte, dass Sie als Vorgesetzter niemals dazu in der Lage sein werden, das Verantwortungsbewusstsein eines Untergebenen zu wecken, wenn Sie ihn nicht geradezu zwingen, seine eigenen Entscheidungen zu treffen.

Wenn Sie das nicht können, werden Sie schon sehr bald die Arbeiten Ihres Bereichsleiters übernehmen müssen und er die Aufgaben des Abteilungsleiters. In letzter Konsequenz wird dieser dann selbst am Fließband stehen und den Job der gut bezahlten, fähigen und qualifizierten Arbeiter machen.

Ich sage ja nicht, dass Sie jeden Verantwortungsbereich an Ihre Mitarbeiter delegieren sollen, aber wenn Sie alles im Alleingang machen, zeugt das nur von einem schlechten Führungsstil.

Ein guter Manager instruiert seine Untergebenen mit Geduld und Einfühlungsvermögen und stellt sicher, dass jeder genau weiß, was von ihm erwartet wird. Er lässt sich die Pläne seiner Mitarbeiter zur Genehmigung vorlegen, wenn er sie jedoch einmal gebilligt hat, besteht er darauf, dass sie den Job ohne weitere detaillierte Anleitung und Überwachung bis zu Ende ausführen.

Wenn Sie Ihren Angestellten die volle Verantwortung für ihr Handeln überlassen, wenn Sie ihnen die Freiheit und Befugnis geben, ihre eigenen Entscheidungen zu treffen, wenn Sie die Fehler ihrer Mitarbeiter auf sich nehmen, dann ermutigen und motivieren Sie Ihre Leute dazu, selbst die Initiative zu ergreifen und den ihnen übertragenen Job richtig auszuführen. Sie unterstützen sie dabei, sich zu effektiveren und verlässlicheren Mitarbeitern zu entwickeln. Letztendlich wir Ihr gesamtes Unternehmen wirtschaftlicher arbeiten, wenn Sie nicht die ganze Verantwortung und Weisungsbefugnis für sich beanspruchen."

Was Sie gewinnen, wenn Sie Verantwortung abgeben können

Sie werden Vertrauen und Respekt zwischen Ihnen und Ihren Mitarbeitern entwickeln

Wenn Sie Ihren Angestellten zeigen, dass Sie ihnen vertrauen und sie ihre eigenen Entscheidungen treffen lassen, revanchieren sie sich, indem sie für Sie ihr Bestes geben. Stärken Sie das Verantwortungsbewusstsein eines Mitarbeiters, und dessen Vertrauen in die eigene Person und in die eigenen Fähigkeiten wird um ein Vielfaches wachsen. Er wird stolz auf sich sein und auf das, was er für Sie geleistet hat. Er wird Sie als seinen Vorgesetzten respektieren.

Sie können Ihre Kontrollfunktion auf ein Minimum reduzieren

Obwohl Sie als Führungskraft Ihre Kontrollaufgaben niemals ganz ablegen können, haben Sie doch die Möglichkeit, diese Aufgabe auf ein Minimum zu beschränken.

Immer dann, wenn Sie zeigen, dass Sie an die Fähigkeiten Ihrer Mitarbeiter glauben, wenn diese wissen, dass Sie ihnen bei ihren Entscheidungen voll und ganz vertrauen, können Sie es sich erlauben, die Arbeiten Ihrer Angestellten weniger zu überprüfen.

Sie sind motiviert, bestmögliche Arbeit zu leisten – gleichgültig ob Sie anwesend sind, oder nicht.

Fördern Sie bei Ihren Leuten das Verantwortungsbewusstsein und Sie werden viel mehr Zeit für Ihre übrigen Führungsaufgaben finden.

Ihre Mitarbeiter werden gerne für Sie arbeiten

Wenn Sie einem Mann die Chance bieten, mehr Verantwortung zu übernehmen und seine eigenen Entscheidungen zu treffen, wird er Ihnen beweisen wollen, dass Ihr Vertrauen in ihn gerechtfertigt ist. Er wird all seine Initiative, seinen Einfallsreichtum und seine Fantasie dafür einsetzen, die bestmögliche Arbeit zu liefern. Sein Wunsch, die Verantwortung für seine Arbeit selbst zu übernehmen, wird sich merklich positiv auf die Leistung Ihres Teams, ja, des gesamten Unternehmens auswirken.

Sie haben stets genügend kompetente Mitarbeiter zur Verfügung

Wecken Sie das Verantwortungsbewusstsein Ihrer Untergebenen, nicht nur ihren eigenen Aufgabenbereich bestmöglich zu beherrschen zu wollen, sondern auch *den Job ihres Vorgesetzten*. So verfügen Sie immer über genügend bestens ausgebildeter Mitarbeiter, die Sie für eine Beförderung vorschlagen können.

Diese Methode wurde viele Jahre lang erfolgreich von den Unternehmen J. C. Penney und Sears Roebuck praktiziert. Geben Sie sich einen Ruck und probieren Sie diese Vorgehensweise einmal aus. Sie werden feststellen, dass Sie nicht länger Ihre Zeit und Ihr Geld dafür verschwenden müssen, neue Angestellte in die verschiedenen Aufgabenbereiche einzuarbeiten.

Methoden, um diese Ziele zu erreichen

Gewähren Sie Freiraum für individuelle Arbeitsweisen

Wenn Sie möchten, dass Ihr Angestellter sich der vollen Verantwortung seines Tuns bewusst wird, dann müssen Sie ihm so viel Spielraum wie möglich für einen eigenen Arbeitsstil geben.

Sind Ihre Leute kompetent genug und in der Lage, den Job zu erledigen, vertrauen Sie ihnen, dass sie ihre Sache richtig machen, dann gehen Sie kein allzu großes Risiko ein, wenn Sie die Zügel etwas lockerer lassen. Nach einer Weile können Sie sogar Ihre Angestellten nach eigenem Gutdünken schalten und walten lassen.

Jeder Ihrer Mitarbeiter sollte das Recht und die Freiheit haben, sein Aufgabengebiet für sich so interessant wie möglich zu gestalten, solange er den Betriebsablauf und die Effizienz des Unternehmens nicht beeinträchtigt. Sie müssen nur sicherstellen, dass Sie die gewünschten Ergebnisse erhalten und dass der Angestellte keine Sicherheitsbestimmungen oder die Unternehmenspolitik verletzt.

> *„Es ist unerheblich, wie regelmäßig bestimmte Arbeiten anfallen. Der betreffende Angestellte wird immer einen individuellen Weg finden, die Aufgabe zu erledigen. Sich auf diese Weise im Beruf verwirklichen zu können, kann gute und auch schlechte Seiten haben.*
> *Wenn Sie seine Individualität als positiv motivierende Kraft einsetzen möchten, müssen Sie ihm zugestehen, seinen eigenen Weg zu finden, eine übertragene Aufgabe zu Ihrer Zufriedenheit zu erledigen. Wenn Sie das nicht können, wird sich sein Drang zur Selbstverwirklichung insoweit negativ auswirken, als dass er Ihnen oder dem gesamten Unternehmen Schaden zufügen könnte.*

Ein Beispiel: Eine unserer Mitarbeiterinnen an einer Schneidemaschine hat eine kleine Gummimatte vor das Gerät gelegt, um ihre stark beanspruchten Beine ein wenig zu entlasten. Eigentlich kein Problem: Sicherheitsbestimmungen wurden dadurch nicht verletzt. Aber ihr Vorgesetzter ließ die Matte entfernen, weil sie seiner Meinung nach das einheitliche Erscheinungsbild seiner Abteilung beeinträchtigte.

Die Mitarbeiterin ließ sofort in ihrer Leistung nach – sowohl in der Qualität, als auch in der Quantität –, obwohl sie nach Stückzahlen bezahlt wurde. Es blieb ihr keine andere Möglichkeit, sich als Individuum zu behaupten, und ihre Kolleginnen und Kollegen folgten schon bald ihrem Beispiel.

Heute geht alles wieder seinen gewohnten Gang. Mit ein wenig Unterstützung von meiner Seite gelang es dem Vorgesetzten, ihren Standpunkt zu verstehen. Er besorgte ihr aus eigener Tasche eine neue Matte und entschuldigte sich für sein willkürliches Verhalten. Die Mitarbeiterin produziert heute größere Stückzahlen als vorher, und das nur deshalb, weil man ihr zugestanden hat, wenn auch nur in kleinem Rahmen ihre persönliche Freiheit zu wahren."

So erzählt Herb Wallace, Bereichsleiter bei der Felton Steel Casting Company in Milwaukee, Wisconsin.

Versuchsreihen in der Industrie haben gezeigt, dass Angestellte wesentlich effizienter arbeiten, wenn man es ihnen gestattet, in gewissen Grenzen ihre Individualität zu behaupten. Angestellte zum Beispiel, denen man beim Nehmen ihrer Kaffeepausen ein wenig Spielraum gewährt, sind mit ihrer Arbeit zufriedener und motivierter als ihre Kollegen, denen der Arbeitgeber den Zeitpunkt für das Kaffeetrinken vorschreibt.

Ein Handlungsreisender, der seine Reisen selbstständig planen kann, wird wahrscheinlich härter arbeiten und in weniger Zeit mehr Kunden besuchen, als wenn ihm die Zentrale seine Route und Zeitplan vorschreibt.

Bemühen Sie sich also um eine Möglichkeit zur Selbstverwirklichung für Ihre Angestellten.

Sehen Sie sich einmal um und beobachten Sie, wie viele Angestellte bei der Arbeit stehen, wenn sie diese ebenso gut im Sitzen verrichten könnten. Es ist doch wahrscheinlich, dass sie effizienter arbeiten, wenn Sie ihnen zugestehen, sich bei Bedarf hinzusetzen. Arbeiten im Stehen erfordert mehr

Kraft und Energie als im Sitzen. Und dieses Potenzial könnten Sie doch mit Sicherheit profitabler nutzen, oder?

Verwenden Sie zielorientierte Anweisungen

Sie erinnern sich, wir haben bereits in Kapitel 7 über dieses Thema gesprochen. Da erklärte ich Ihnen, dass Sie durch zielorientierte Arbeitsbeschreibung davon abgehalten würden, sich in Details zu verlieren oder Arbeiten zu übernehmen, die von anderen ausgeführt werden sollten.

Nun möchte ich Ihnen vor Augen führen, dass Sie durch das Einsetzen von zielorientierten Anweisungen Ihre Mitarbeiter dazu anregen können, Verantwortungsbewusstsein zu entwickeln. Sie gestatten Ihnen durch diese Art Anordnungen weiterhin, ihren eigenen Stil zu entwickeln und Fantasie, Ideenreichtum, Eigeninitiative und Scharfsinn einzusetzen, um die von Ihnen übertragene Aufgabe bestmöglich zu bewerkstelligen.

Sagen Sie also Ihren Mitarbeitern, was Sie erledigt haben möchten; sagen Sie ihnen nicht, wie sie es bewerkstelligen sollen. Überlassen Sie das *Wie* Ihren Mitarbeitern. Ziehen Sie Ihre Angestellten zur Verantwortung für die von Ihnen gewünschten Ergebnisse, nicht jedoch für die Vorgehensweisen. Delegieren Sie Verantwortung und überprüfen Sie das Ergebnis aber greifen Sie nicht in den gewählten Arbeitsprozess ein, wenn es nicht unbedingt notwendig ist.

Sie müssen sich nur dann einschalten, wenn ein übereifriger Mitarbeiter die Gesundheit und die Sicherheit seiner Leute aufs Spiel setzt. Dann sollten Sie allerdings dazwischentreten und Ihre Befugnisse als Vorgesetzter einsetzen, um Schlimmeres zu vermeiden. Wenn die Dinge jedoch wieder unter Kontrolle sind, sollten Sie dem Mitarbeiter eine zweite Chance geben, die Aufgabe doch noch selbstständig und eigenverantwortlich zu beenden. Sollte er ein weiteres Mal scheitern, müssen Sie sich überlegen, ob Sie sich nicht ganz von ihm trennen.

Geben Sie jedem Mitarbeiter die Möglichkeit, den Job seines Vorgesetzten zu erlernen

Eine gute Art und Weise, bei seinen Mitarbeitern Verantwortungsbewusstsein hervorzurufen, ist, sie die Aufgaben und Pflichten ihrer Vorgesetzten erlernen und so oft wie möglich ausüben zu lassen. Das könnte einige Vorteile für Sie mit sich bringen.

Zum ersten haben Sie immer genügend Leute parat, die im Krankheits- oder Urlaubsfall oder bei anderweitiger Abwesenheit die Aufgaben ihres Vorgesetzten übernehmen können. Außerdem zeigen Sie auf diese Art Ihren Mitarbeitern, dass sie alle eine realistische Chance auf eine Beförderung haben, und motivieren sie dazu, bessere Arbeit zu leisten.

Viele erstklassige Unternehmen haben diese Methoden eingesetzt. Zwei besonders bekannte Beispiele sind *Sears Roebuck* und *J. C. Penney*.

Sears Roebuck stellt beispielsweise keine Zweigstellenleiter von der Straße weg ein. Jede Führungskraft bei ihnen musste sich von unten nach oben hinaufarbeiten. Wenn sich ein leitender Angestellter der Führungsetage zur Ruhe setzt, kann das bedeuten, dass 14 Mitarbeiter eine Stufe auf ihrer Karriereleiter hinaufsteigen.

Bei Sears müssen die leitenden Angestellten einmal ganz unten angefangen haben. Austin T. Cushman wurde zum Beispiel 30 Jahre nachdem er als *Teilzeitverkäufer* in Oakland, Kalifornien, bei Sears angefangen hatte, 1962 zum CEO des Unternehmens gewählt.

Auch bei *J. C. Penney* ist es Firmenpolitik, dass jedermann seine Karriere an der Basis beginnen muss. Für keine der Topführungskräfte hat man da eine Ausnahme gemacht. Dort gibt es auch keine Angestellten, sondern man spricht nur von *Partnern*. Und jeder Einzelne von ihnen hat von Grund auf gelernt, seinen Teil der Verantwortung zu tragen.

Ich habe einmal einen Mitarbeiter von Penney gefragt, wie sie ihren CEO ersetzen, sollte dieser einmal in den wohlverdienten Ruhestand gehen. Er antwortete mir nur: „Wir stellen einen neuen Büroangestellten ein." Und ich glaubte ihm.

Auch in Ihre Unternehmen lassen sich diese Methoden umsetzen. Lassen Sie jeden Mitarbeiter die Aufgaben und Pflichten seines Vorgesetzten erlernen und sie so oft wie möglich in der Praxis ausüben. Nur so erziehen Sie Ihre Angestellten zu verantwortungsbewussten Arbeitnehmern. Es gibt keine andere Möglichkeit.

Wenn Sie Ihren Leuten nicht die Möglichkeiten geben, ihre Fähigkeiten in der nächst höheren Position zu erproben, weil Sie Angst davor haben, dass irgendetwas schief laufen und Sie Probleme bekommen könnten, dann werden Sie niemals erfahren, welches Potenzial eigentlich mit Ihnen arbeitet und welcher Mitarbeiter für eine Beförderung geeignet ist.

Also fassen Sie sich ein Herz und tun Sie es! Wer weiß, vielleicht wird Ihr Unternehmen eines Tages so groß wie das von *J. C. Penney* oder *Sears Roebuck*.

Wenn Sie Verantwortung übertragen, gewähren Sie auch den notwendigen Entscheidungsspielraum

Sie können die Verantwortung für eine bestimmte Aufgabe nicht delegieren, wenn Sie dem Mitarbeiter nicht gleichzeitig den notwendigen Entscheidungsspielraum zugestehen. Kompetenz und Verantwortung gehen Hand in Hand. Das Eine funktioniert nicht ohne das Andere.

Ralph Neale, leitender Angestellter bei *Burlington Northern* in Chicago, erklärt:

„Das Delegieren von Verantwortung mit der Vergabe von entsprechendem Handlungsspielraum führt zwischen Vorgesetzten und Mitarbeitern zu gegenseitigem Vertrauen und Respekt. Es ermutigt die Mitarbeiter dazu, selbst die Initiative zu ergreifen und ihren Chef mit ganzem Herzen zu unterstützen."

Versuchen Sie die Methode von *J. C. Penney*

Das Unternehmen *J. C. Penney* ist bekannt dafür, seinen Leuten genügend Entscheidungsspielraum zu gewähren, damit diese ihre Aufgaben selbstständig erfüllen können. In ihrer Unternehmensstruktur ist der Filialleiter die Schlüsselfigur. Er allein ist verantwortlich für das gesamte Management und die Mitarbeiter seiner Niederlassung. Gleichzeitig verfügt er über die notwendigen Kompetenzen zur Bewältigung dieser Aufgabe.

Er stellt seine Mitarbeiter selbst ein und ist für deren Ausbildung und Einarbeitung verantwortlich. Er trägt die Entscheidung für die örtlichen Werbekampagnen. Er entscheidet, welche Waren geordert werden.

Kurz gesagt, er trägt – mit ein wenig strategischer Unterstützung von oben – die volle Verantwortung für seine Filiale und entscheidet absolut autark. Die einzige Bedingung, die ihm die Unternehmensführung stellt, ist, dass er mit seiner Niederlassung Gewinne erzielen muss.

Denken Sie daran. Als Führungskraft zeigen Sie Ihren Mitarbeitern Ihr Vertrauen in deren Fähigkeiten, indem Sie ihnen Verantwortung übertragen und den entsprechenden Handlungsspielraum zugestehen. Durch Ihr Verhalten wird bei Ihren Mitarbeitern der Wunsch erwachen, mehr und größere Verantwortungsbereiche selbstständig zu übernehmen.

Stehen Sie hinter den Entscheidungen Ihrer Mitarbeiter und akzeptieren Sie ihre Arbeitsmethoden

Wenn Sie möchten, dass Ihre Angestellten die Verantwortung für ihr Handeln übernehmen, dann müssen Sie sich voll und ganz hinter sie stellen. Wenn ein Mitarbeiter das Gefühl hat, dass Sie ihn nicht entsprechend unterstützen, wird er mit Sicherheit nicht seinen Kopf riskieren und neue Arbeitsweisen, mutige Lösungen oder unorthodoxe Methoden für Sie entwickeln.

Aber wenn Ihr Mitarbeiter sichergehen kann, dass Sie seine Handlungen unterstützen, kann er all seine Energien darauf verwenden, die übertragene Aufgabe zu Ihrer Zufriedenheit zu erledigen.

Henry Mahoney, Leiter der Versandabteilung bei der *Merck & Company Inc.* in Rahway, New Jersey, erklärt dazu:

> *„Den Kopf für die Fehler eines anderen hinzuhalten, erfordert schon viel Mut. Es ist schwierig genug, für sein eigenes Versagen getadelt zu werden, aber wenn man dafür verantwortlich gemacht wird, was ein anderer falsch gemacht hat, ist das manchmal nur schwer zu ertragen. Aber es gibt einfach keinen anderen Weg, seine Leute dazu zu bewegen, für einen Vorgesetzten auch mal neue und unkonventionelle Wege einzuschlagen und eigenständig und eigenverantwortlich zu arbeiten."*

Ich weiß leider auch keine andere Möglichkeit. Wenn Sie ein erstklassiger Topmanager werden möchten, wenn Sie sich wünschen, dass Ihre Mitarbeiter mehr Verantwortung übernehmen sollen, wenn Sie erwarten, dass Ihre Leute gewisse Aufgaben selbstständig lösen sollen, dann müssen Sie einfach hinter den Entscheidungen – hinter den Erfolgen und den Fehlern – Ihrer Angestellten stehen und Sie in ihrem Handeln voll und ganz unterstützen.

Ziehen Sie Ihre Mitarbeiter für ihr Handeln zur Verantwortung

Wenn wir über Verantwortung und Kompetenzen sprechen, dann sollten wir noch einen weiteren Aspekt in Betracht ziehen: *die Haftbarkeit*. Alle drei Aspekte spielen bei der Ausübung Ihrer Aufgabe als Führungskraft eine gleichermaßen wichtige Rolle.

So müssen Ihre Mitarbeiter zum Beispiel genau darüber informiert sein, welche Verantwortung sie haben, wie weit sie bei der Ausübung ihrer Tätigkeit gehen dürfen und auf welche Weise man sie gegebenenfalls zur Verantwortung ziehen wird.

Wenn dieser dritte Punkt nicht vollständig verstanden wird, besteht keinerlei Aussicht, dass Sie als Vorgesetzter jemals die gewünschten Ergebnisse erhalten werden.

„Alle Angestellten in unserem Unternehmen müssen sich ausnahmslos vergegenwärtigen, dass Sie jederzeit für das Ergebnis ihrer Arbeit die Verantwortung und die Konsequenzen übernehmen müssen. Wenn die Ergebnisse nicht zufriedenstellend sind, müssen die Vorgesetzten entsprechende Korrekturmaßnahmen in die Wege leiten.
Daher ist es unbedingt notwendig, dass die Mitarbeiter genau über die Konsequenzen ihres Handelns informiert werden, ehe man ihnen die Verantwortung für bestimmte Tätigkeiten überträgt. Nur dann kann man einen Angestellten gegebenenfalls haftbar machen.
Wir wenden dieses Prinzip in allen Bereichen unsers Unternehmens an: in der Produktion, der Abteilung für Sicherheit und Schadensvermeidung, in der Qualitäts- und Kostenkontrolle, bei den leitenden Angestellten und so weiter.
Wenn eine Führungskraft Angst davor hat, für einen eventuellen Fehler einer ihrer Mitarbeiter den Kopf hinzuhalten, dann muss er uns das schon sehr gut begründen können oder die Konsequenzen daraus ziehen.
Denn auch er muss seinem Vorgesetzten Rede und Antwort stehen. Diese Bedingung gilt ausnahmslos für alle Ebenen unseres Unternehmens."

Soweit Fred L. Owens, Leiter der Abteilung für Schadensvermeidung bei der *Fleetwood Corporation*, einem Hersteller für *Mobile Homes*, Wohnwagen und Wohnmobile.

Das ist effektives Management. Hier erzielen Sie die gewünschten Ergebnisse! Wenn Sie in Ihrem Unternehmen einen niedrigeren Standard als diesen haben, dann gibt es bei Ihnen vielleicht viel Aktivität, aber nicht notwendigerweise die gewünschten Ergebnisse.

Viele leitende Angestellte ergreifen nur zögernd die notwendigen Maßnahmen, um einen Fehler zu beheben. Sie wollen ihre Leute einfach nicht zur Verantwortung ziehen. Sie sind daher eigentlich nur der Position nach Führungskräfte, nicht gemessen an ihrem Verhalten.

Lassen Sie mich zusammenfassend bemerken: Ihre Leute müssen ganz genau wissen, was von ihnen erwartet wird. Sie müssen sich ihrer Verantwortung bewusst sein und ihren Handlungsspielraum kennen. Nur dann können Sie einen Mitarbeiter gegebenenfalls für sein Handeln haftbar machen. Treten Fehler auf, dann schaffen Sie diese ohne zu zögern aus der Welt. Nur dann erhalten Sie die gewünschten Resultate!

17 Sie legen mehr Wert auf das Einhalten von Vorschriften als auf fachliches Können

„Was ist los, Sam?", fragte ich, als mir unser Postbote die Briefe überreichte. „Du siehst wirklich schlecht aus. Wenn ich so darüber nachdenke, habe ich Dich die ganze Woche lang nicht gesehen. Warst Du krank?"

„Nein, krank war ich nicht, Jim", antwortet er mir. „Ich war für fünf Tage von der Arbeit suspendiert und musste außerdem noch eine Geldstrafe von 100 Dollar bezahlen."

„Du meine Güte, Sam, das ist so kurz vor Weihnachten besonders bitter", entgegnete ich. „Was um alles in der Welt hast Du denn angestellt?"

„Na ja, wie Sie wissen, wohne ich auf meiner Runde. Ich werfe mir praktisch meine eigene Post in den Briefkasten. Deswegen gehe ich immer zum Mittagessen nach Hause. Mein Arbeitsplan schreibt mir vor, um 11 Uhr vormittags meine Mittagspause zu machen. Wenn es aber nur wenige Briefe zu verteilen gibt, mache ich meine Runde erst fertig und gehe dann etwas essen. An manchen Tagen bin ich wirklich sehr früh fertig und verbringe auf diese Weise ein bis eineinhalb Stunden in meinen eigenen vier Wänden. Aber wenn ich das nicht mache, muss ich zur Poststelle zurückgehen und dort die restliche Zeit mit Nichtstun totschlagen.

Ich denke, jemand hat meinen Jeep vor dem Haus stehen sehen und es dem Postmeister gemeldet.

Ist ja auch egal. Auf jeden Fall hat er mich aufgrund verschiedenster Verstöße gegen die Dienstvorschriften, wie zum Beispiel ‚Missbrauch eines Dienstfahrzeuges', ‚Nichteinhalten des Dienstplanes', ‚Essen zur falschen Zeit am falschen Ort', ‚zu lange Mittagspause', ‚Nichteinhalten der Route' und dergleichen vom Dienst suspendiert und mich noch mit einer saftigen Geldstrafe belegt."

„Hast Du ihm denn nicht gesagt, dass Du mit Deiner Arbeit bereits fertig warst, Sam?", fragte ich ihn.

„Natürlich habe ich es ihm gesagt. Aber er meinte nur, dass es mir nicht das Recht gäbe, die Zeit zu Hause zu verbringen. Ich hätte zurück zur Poststelle fahren und dort warten müssen, bis meine acht Stunden herum wären."

„Gibt es dort denn nichts für Dich zu tun? Irgendeine Arbeit, irgendetwas für den nächsten Tag vorzubereiten?", fragte ich.

„Lieber Gott, nein, Jim! Wenn ich meine Sachen schon für den kommenden Tag vorsortiere dann bin ich mit meiner Runde ja noch früher fertig!", erklärte mir Sam. „Mein Fahrtenbuch ist makellos. Da gibt es nichts mehr zu verbessern. Ich bringe immer alles auf den aktuellen Stand, ehe ich morgens mit meiner Runde beginne. Nein, Jim. Wenn ich früher fertig bin, muss ich in der Poststelle den Rest meiner acht Arbeitsstunden untätig absitzen. Ich kann im Aufenthaltsraum bleiben und einen Kaffee nach dem anderen trinken, ein Buch lesen, fernsehen, Spiele spielen, einfach irgendetwas tun, um die Zeit totzuschlagen. Dem Postmeister ist es völlig gleichgültig, was wir im Aufenthaltsraum machen, solange uns keiner dabei sieht."

„Ist das jeden Tag so?", fragte ich Sam. „Sie könnten Deine Route doch ein wenig verlängern und mehr Häuser auf Deine Liste setzen."

„Nein, denn ich bin ja nicht jeden Tag so früh fertig", entgegnete Sam. „An machen Tagen haben wir sehr viel Werbesendungen zu verteilen; da muss ich dann Überstunden machen, um alles auszutragen. Deswegen geben Sie mir keine zusätzlichen Straßen. Abgesehen davon dürfen wir sowieso keine Überstunden machen. Da würde unser Postmeister ja kein so gutes Bild abgeben. An Tagen mit viel Postwurfsendungen bekommen wir immer eine Hilfskraft, die uns beim Verteilen unterstützen soll."

„Hast Du Deinen Vorgesetzten schon einmal ein anderes Verteilungssystem vorgeschlagen, Sam?", fragte ich. „Ich denke an so etwas wie: einen Tag sieben Stunden arbeiten, dafür an einem anderen neun Stunden. Eben nach Bedarf! Auf diese Art und Weise kommst Du auch auf Deine 40-Stunden-Woche und musst Dir keine Gedanken über unzulässige Überstunden machen. Die Arbeit wird auf alle Fälle erledigt."

„Das habe ich schon versucht, Jim", entgegnete mir Sam. „Aber sie müssen Dir auf jeden Fall die Überstunden zahlen, wenn Du mehr als acht Stunden arbeitest. Also lassen sie das nicht zu. Mir würde das gut gefallen. Dann könnte ich zuerst die gesamte Post verteilen und anschließend gleich heimgehen. Je schneller ich arbeiten würde, umso eher wäre ich zu Hause. Aber in diesem Punkt sind sie unerbittlich.

Ich habe sogar schon vorgeschlagen, die Postboten nach Leistung zu bezahlen. Eine bestimmte Summe pro Haus. Auch hier könnte ich schneller arbeiten, mich mehr anstrengen und somit auch etwas mehr Geld verdienen. Und der Post würde es trotzdem weniger Kosten verursachen. Auf diese Weise würde der Postbote nur für die effektiv geleistete Arbeit bezahlt werden und nicht nach abgesessenen Stunden. Aber auch dieser Vorschlag wurde ignoriert.

Es ist einfach sinnlos, Jim. Sie hören nicht auf unsere Vorschläge. Ich bin jetzt seit zwölf Jahren bei der Post und muss immer noch das machen, was mir der Leiter der Poststelle aufträgt.

Er hat mir erklärt, ich solle nicht so schnell gehen, dann wäre ich auch nicht so früh fertig. Die Leute bekommen ihre Post dann jeden Tag eben auch erst eine Stunde später. Aber ich kann nichts dagegen machen!"

Kein Wunder, dass die Post keine schwarzen Zahlen schreibt. Ihre einzige Lösung gegen die steigenden Unkosten ist das Erhöhen des Portos. Und nicht, wie man vielleicht meinen sollte, die Verbesserung ihres Systems. Ich frage mich, wie viele Teilzeitkräften man bei der Post einsparen könnte, wenn man dort Sams Vorschläge in Betracht ziehen würde.

Sie legen mehr Wert auf das Einhalten von Vorschriften als auf fachliches Können

In welchem Kontrast steht dieses Beispiel zu dem des dynamischen Unternehmens *Skyline Corporation*!

Skyline Corporation ist einer der größten und führenden Mobile-Home-Hersteller mit Firmensitz in Elkhart, Indiana. Seine 39 Produktionsanlagen und Montagewerke sind in den gesamten USA verstreut.

Der President des Unternehmens Arthur J. Decio ist erst 41 Jahre alt. Bereits im Alter von 27 Jahren hat er die Firmenleitung übernommen. Zu diesem Zeitpunkt belief sich der Jahresumsatz auf 9,5 Millionen US-Dollar. Heute erreicht der Betrieb Umsatzzahlen von 252 Millionen US-Dollar, mehr als 26-mal so viel wie vor 14 Jahren.

Mr. Decio fordert von seinen Mitarbeitern eine schnelle Produktion, und die erhält er auch. Seine Angestellten sind nicht gewerkschaftlich organisiert und ihre Bezahlung ist abhängig von der Anzahl der produzierten Mobile-Homes. Die Arbeitsmoral der Mitarbeiter ist hoch. Die Liste der Männer und Frauen, die nur darauf warten, bei *Skyline* arbeiten zu dürfen, ist außergewöhnlich lang.

Skyline produziert ausschließlich auf Bestellung. Die Angestellten arbeiten landesweit täglich so lange, bis ihr Tagessoll von 17 bis 18 Mobile-Homes erfüllt ist. Erst dann gehen sie nach Hause. Das bedeutet jedoch nicht zwangsläufig einen langen Arbeitstag. Er kann tatsächlich nur wenige Stunden dauern. Wenn sich alle Mitarbeiter anstrengen und schnell arbeiten, kann jeder früh nach Hause gehen.

Die Angestellten kontrollieren sich selbst sehr gewissenhaft. Vor allem diejenigen Kollegen, die keine entsprechende Leistung bringen.

Man trennt sich nicht nur von Mitarbeitern, die faul oder bei der Arbeit zu langsam sind, sondern auch von denjenigen, die, um Zeit zu sparen, notwendige Produktionsschritte abkürzen oder überspringen wollen. Jeder Angestellte von *Skyline* ist sich der Tatsache bewusst, dass bei mangelnder Qualität alle Mitarbeiter das Privileg verspielen, mit der gleichen Bezahlung früher nach Hause gehen zu dürfen.

Sind Mr. Decios Methoden effektiv? Ich denke schon. *Skyline* ist die Nummer eins der führenden Mobile-Home-Hersteller und Industriekonzerne auf den folgenden Gebieten:

- höchster Jahresumsatz,
- Anzahl der produzierten Einheiten und
- höchste Gewinnausschüttung an die Aktionäre.

Und abgesehen davon ist das Unternehmen absolut schuldenfrei.

Wie kam es zu diesem Erfolg? Nun, zunächst weil Mr. Decio bei seinen Angestellten mehr Wert auf fachliches Können und Wissen legt, und nicht auf die geltenden Vorschriften. Er vertritt die Ansicht, dass man einem Problem auf den Grund gehen muss, um es lösen zu können. Sein Lieblingsspruch lautet: „Wenn Sie Ihre Arbeit bisher gut gemacht haben, dann machen Sie diese ab sofort noch besser!"

Was Sie gewinnen, wenn Sie umdenken

Legen Sie wie Mr. Decio gesteigerten Wert auf Fachkenntnisse und forcieren Sie nicht das Einhalten von Regeln und Vorschriften. Denn dann werden Sie mit Sicherheit folgende Vorteile gewinnen:

1. Sie können sich auf die Arbeitsergebnisse konzentrieren und müssen sich nicht um die Vorgehensweise kümmern.
2. Die Produktions- und/oder die Verkaufszahlen werden steigen.
3. Kosten und Ausgaben werden sinken.
4. Sie werden qualifizierte Mitarbeiter gewinnen.
5. Ihre Angestellten werden alles daran setzen, für Sie arbeiten zu dürfen.
6. Ihre Mitarbeiter werden Höchstleistungen erbringen.
7. Die Arbeitsmoral und der Teamgeist werden hoch sein.
8. Sie werden weniger Probleme mit Führungsaufgaben haben.
9. Auch Ihr Unternehmen kann die Nummer eins werden.

Methoden, um diese Ziele zu erreichen

Übertragen Sie Ihrem Angestellten eine Aufgabe und lassen Sie ihn gewähren

Beurteilen Sie die Handlungen eines Mitarbeiters nach seinen Resultaten – nicht nach seiner Vorgehensweise.

Ihr vorrangiges Interesse als Chef sollte der Verbesserung der Wettbewerbsposition Ihres Unternehmens und dem Wohlergehen Ihrer Angestellten gelten.

Bemühen Sie also die Firmenvorschriften nicht allzu sehr. Bestehen Sie nicht immer darauf, dass die Regeln genauestens eingehalten werden (Sicherheitsvorschriften natürlich davon ausgenommen). Das ist nicht immer der beste Weg, das gewünschte Ergebnis zu erzielen.

Wenn eine vielleicht etwas unorthodoxe Methode zum gleichen Resultat führt und diese der ausführenden Person leichter von der Hand geht, dann gibt es keinen Grund, diese Vorgehensweise nicht zuzulassen.

Solange die fünf einer Führungskraft zur Verfügung stehenden Mittel – Arbeitskräfte, Geld, Material, Zeit und technische Hilfsmittel – eingesetzt werden, um ein maximales Ergebnis zu erzielen, sollten Sie sich Ihren Kopf nicht allzu sehr darüber zerbrechen, wie ein Job erledigt wird. Hauptsache ist doch, das Ergebnis stimmt!

Vor ein paar Jahren habe ich in meinem Buch *Guide to Managing People*[8] eine wahre Geschichte erzählt, um diese These zu illustrieren. Viele meiner Leser schrieben mir daraufhin, wie gut ihnen diese Anekdote gefallen hätte. Bis heute habe ich zur Veranschaulichung dieser Methode kein besseres Beispiel gefunden:

    Keine Zwischenfälle – keine Vorträge, Männer!

Der Kommandant des Luftwaffenstützpunkts in Okinawa bekam mit seinen Vorgesetzten größere Schwierigkeiten, weil hier die Unfallrate verhältnismäßig hoch war. In dem allmorgendlichen Gespräch mit seinem verantwortlichen Sicherheitsoffizier machte er seinem Ärger Luft und erklärte, dass dieser die längste Zeit Offizier der Luftwaffe und Sicherheitsverantwortlicher gewesen sei, wenn sich die Unfallrate nicht schlagartig gegen null bewegen würde!

In einem wahren Arbeitsrausch ordnete der Sicherheitsoffizier für alle Stützpunktbediensteten fast stündlich neue Vorträge zur Vermeidung von Unfällen an. Filme zur Gefahrenverhütung wurden anstelle der neuesten

---

[8] Zitat aus: James K. Van Fleet, *Guide to Managing People*, West Nyack, New York, Parker Publishing Company, Inc., 1968

Kinofilme aus der Heimat gezeigt. An den Wochenenden und abends – zu genau den Zeiten, wo in der Regel die meisten Zwischenfälle passierten. Anwesenheitspflicht? Selbstverständlich!

Passier- und Urlaubsscheine wurden widerrufen; Flieger durften den Stützpunkt nicht mehr verlassen; Fahrerlaubnisse wurden für ungültig erklärt und aufgehoben – jede nur erdenkliche Maßnahme wurde ergriffen, um die Unfallrate auf ein Minimum zu reduzieren. Der gesamte Stützpunkt ertrank förmlich in einer Flut von Sicherheitsslogans – sie hingen an jeder Wand! Vorschriften, wohin man nur blickte! Tausende Worte über Sicherheit und Gefahrenvermeidung wurden gesprochen. Der zuständige Offizier beachtete jede einzelne Regel in seinem Vorschriftenkatalog, aber die Unfälle wollten einfach nicht weniger werden.

Selbst in Panik, entließ der Kommodore seinen Sicherheitsoffizier und setzte kurzerhand einen frisch aus den Staaten angekommenen Leutnant auf dessen Posten.

Der junge Offizier, ein Kampfflieger, der nur darauf brannte, den ostchinesischen Luftraum zu erforschen, war über sein neues Aufgabengebiet nicht gerade erfreut.

Um keinen weiteren Ärger aufkommen zu lassen versprach der Kommandant, dass der Offizier sofort seinen fliegerischen Dienst aufnehmen dürfe, wenn die Krise überstanden sei.

In weniger als einer Woche stand unser Kampfflieger und Sicherheitsbeauftragter wieder im Büro seines Vorgesetzten: 24 Stunden nachdem er den ungewollten Job übernommen hatte, traten keinerlei Unfälle mehr auf. Die Rate war – wie gewünscht – auf null gefallen!

„Wie in aller Welt haben Sie das geschafft?", wollte der Kommandant, über die erbrachte Leistung erstaunt, von seinem Untergebenen wissen.

„Ganz einfach, Sir", antwortete der Leutnant. „Ich habe mir überlegt, dass die Regeln meines Vorgängers einfach nichts taugen können, wenn er sich strikt an die Vorschriften gehalten und trotzdem keinen Erfolg damit hat. Also habe ich all seine Anordnungen zurückgenommen und revidiert. Anschließend berief ich eine Versammlung mit allen Stützpunktangehörigen ein: Sie dauerte genau 30 Sekunden. Und sagen musste ich nur fünf Worte: „Keine Zwischenfälle – keine Vorträge, Männer!"

Wecken Sie in Ihren Angestellten den Ehrgeiz, das bestehende System zu übertreffen

Die meisten Menschen können einer Herausforderung ebenso wenig widerstehen wie ein Junge einem sich bietenden Abenteuer. Das ist eine Frage des Stolzes und des Ehrgefühls.

Wenn Ihnen jemand erklärt, dass Sie die eine oder andere Sache einfach nicht machen können, werden Sie bestimmt alles daran setzen, ihm das Gegenteil zu beweisen.

Prämiensysteme und leistungsabhängige Vergütungen im Geschäftsleben und in der Industrie funktionieren nach dem gleichen Prinzip.

Leistungsabhängige Lohnzahlungen ist für den Fließbandarbeiter gleichbedeutend mit einem Grundgehalt plus Kommissionszahlung für den Handlungsreisenden. Prämien- und Leistungssysteme regen die Denkweise der Mitarbeiter positiv an. Sie veranlassen die Menschen dazu, ihren Kopf anzustrengen und Sie in Ihrem eigenen Spiel schlagen zu wollen.

Wenn als Durchschnittswert erst einmal ein bestimmtes Produktionssoll genannt und ein offizieller Leistungsstandard gesetzt worden ist, dann fühlen sich die meisten Angestellten dazu veranlasst, ihre Fantasie und Fachkenntnisse einzusetzen, um diese Vorgaben ad absurdum zu führen. Sie werden mehr und bessere Arbeit leisten, damit Sie als ihr Vorgesetzter tiefer in die Tasche greifen müssen.

Die Methode eines Mr. Decio, President der Skyline Corporation, kann ebenfalls als Prämiensystem angesehen werden. Besser jedoch betrachtet man es als eine Art Leistungsvergütung nach dem Akkordarbeitsprinzip. Aber wie Sie ja gesehen haben, funktioniert auch diese Methode ausgezeichnet.

Wenn Sie es sich also nicht leisten können, einem Mitarbeiter eine Leistungsprämie zu zahlen, dann versuchen Sie es doch einmal auf diese Art und Weise. Und wenn diese Entscheidung nicht in Ihren Kompetenzbereich fällt, dann machen Sie doch Ihrem eigenen Vorgesetzten einen entsprechenden Vorschlag. Vielleicht werden ja auch Sie einmal belohnt!

Geld spielt zwar für jeden Menschen eine wichtige Rolle, aber man sollte nicht den Fehler begehen und den Wert von Freizeit unterschätzen. Ich habe im Laufe der Zeit viele Menschen kennen gelernt, die zu harter Arbeit bereit waren, um sich ein wenig mehr Freizeit zu verdienen.

Welchen Weg Sie auch immer einschlagen spielt eigentlich keine Rolle. Wichtig ist nur der richtige Anreiz, die richtige Herausforderung. Ob Sie Ihre Angestellten nun mit Geld oder Freizeit vergüten, ist eigentlich nebensächlich. Appellieren Sie an das Ehrgefühl Ihrer Mitarbeiter, und wenn das nichts nützen sollte – schreiben Sie einen Wettbewerb aus!

Keiner wird sich eine solche Gelegenheit entgehen lassen!

Lassen Sie Ihre Mitarbeiter ihre eigenen Arbeitsmethoden verbessern

Eine gute Art und Weise, die Betonung auf das fachliche Können und nicht auf das Einhalten von Regeln zu legen ist, jeden einzelnen Mitarbeiter die Gelegenheit zu geben, seine eigene Arbeitsmethode zu verbessern. (Wenn Sie natürlich nach den oben beschriebenen Prinzipien der Leistungsvergütung vorgehen, hat sich dieser Punkt bereits für Sie erledigt!) Es ist zu Ihrem eigenen Vorteil, wenn Sie einem Mitarbeiter zeigen, wie er seine Arbeitsweise verbessern und effizienter gestalten kann. Unterstützen Sie ihn dabei, das Firmenprinzip zu schlagen. Denn das ist doch Ihr eigentlich erklärtes Ziel: Verbesserung der Arbeitsmethoden!

Joe Gammon, Leiter der Abteilung für Rationalisierung der Arbeitsabläufe bei Western Electric in Kansas City, sagt dazu Folgendes:

> „Wir versuchen unsere Angestellten dabei zu unterstützen, die Vorgaben des Unternehmens zu schlagen. Wenn jemand eine einfachere Möglichkeit gefunden hat, seinen Job schneller zu erledigen, um damit Geld zu verdienen, dann ist uns das als Firmenleitung nur recht. Das ist es, was wir ei-

gentlich wollen! Wenn unsere Mitarbeiter mehr verdienen, verdient automatisch auch das Unternehmen mehr Geld.
Also unterstützen wir jeden Versuch unserer Leute, sich ihre tägliche Arbeit leichter zu machen und die Methoden zu verbessern.
Zu diesem Zweck geben wir unseren Mitarbeitern eine Karte mit vier Fragen. Sie sind natürlich keine Zauberformel, aber die Fragen helfen dabei, die Denkvorgänge ein wenig zu ordnen."

Unsere Karte sieht ungefähr so aus:

So verbessert man seine Arbeitsweise

Die meiste Zeit verschwendet man mit unnötigen Arbeitsschritten. Die Lösung? Vereinfachen Sie Ihre Arbeitsmethode! Sie wissen nicht, wie man das macht? Beginnen Sie damit, die folgenden vier Fragen zu beantworten.

1. *Was sind die einzelnen Arbeitsschritte meiner Tätigkeit?*
   Halten Sie diese schriftlich fest, damit Sie sich damit auseinander setzen können.
2. *Kann einer dieser Schritte übersprungen werden, ohne das Ergebnis maßgeblich zu beeinträchtigen?*
   Oft werden wir zu Gewohnheitstieren und halten an Dingen fest, nur weil wir sie immer schon so gemacht haben.
3. *Kann ich die Reihenfolge dieser Schritte ändern?*
   Nur weil Sie immer nach dem Schema X vorgegangen sind, muss das nicht bedeuten, dass Sie nicht auch einmal Y versuchen könnten.
4. *Gibt es Arbeitsabläufe bei meiner Tätigkeit, die ein anderer übernehmen kann?*
   Überprüfen Sie Ihre Tätigkeit nach zeitaufwändigen Details und überlegen Sie, wer Ihnen diese Arbeit abnehmen könnte.

Natürlich löst diese Vorgehensweise nicht alle Probleme, noch macht sie eine Überprüfung der Arbeitsabläufe überflüssig. Aber sie kann dabei helfen, die Denkweise der Mitarbeiter in die richtige Richtung zu lenken.

Jeder kann auf diese Art und Weise seine Arbeitsmethode ordnen und neu organisieren. Und darum geht es doch eigentlich."

Wie man mithilfe effektiver Regeln fachliche Fähigkeiten fördert

In der Diskussion um die Betonung der fachlichen Kenntnisse ist es unvermeidbar darüber zu sprechen, wie man Vorschriften erlässt, die die Qualifikationen der Mitarbeiter bestmöglich hervorheben.

In den meisten Unternehmen werden die Regeln von den Vorgesetzten formuliert und aufgestellt. Sie diktieren Ihren Angestellten das, was sie für richtig oder falsch halten. In den meisten Fällen erlässt das Topmanagement diese Vorschriften allerdings relativ willkürlich. Es obliegt dann den direkten Vorgesetzten, diese Regeln bei der breiten Masse der Mitarbeiter durchzusetzen.

Die Erfahrung hat uns jedoch gezeigt, dass die Leute lieber den eigenen Regeln nachkommen – mehr als sie jemals die Vorschriften der Führungsetage befolgen würden, die nach den traditionellen Methoden erlassen wurden. Erinnern Sie sich bitte an mein Beispiel Skyline Corporation!

Trotz aller positiver Erfahrungen bin ich mir doch ziemlich sicher, dass auch Ihr Betrieb noch nach der traditionellen Methode verfährt und dass auch hier die Mitglieder der Führungsebene die maßgeblichen Vorschriften für die Angestellten postulieren.

Da ich also ernsthaft daran zweifle, dass sich derart drastische Veränderungen in der nahen Zukunft auch in Ihrem Unternehmen realisieren lassen, würde ich Ihnen empfehlen, dass Sie wenigstens ein paar neue Richtlinien setzen, welche die Betonung auf die Qualifikation Ihrer Mitarbeiter legen. Dann werden sich Ihre Leute auch gern danach richten.

Aus diesem Grund möchte ich Ihnen noch ein paar Techniken mit auf den Weg geben:

Methoden, um effektive Regeln aufzustellen

1. Konzentrieren Sie sich beim Erlassen von Vorschriften auf die gewünschten Resultate und nicht auf die unterschiedlichen Vorgehensweisen.
2. Eine gute Regel berücksichtigt in erster Linie die Gesundheit, die Sicherheit und das Wohlergehen der Angestellten.

3. Durch eine sinnvolle Vorschrift werden Produktion und Verkaufszahlen gesteigert – Kosten und Ausgaben werden sinken.
4. Ihre Angestellten sollten durch eine Vorschrift dazu angeregt werden, die Eigeninitiative zu ergreifen und ihr Bestmögliches zu geben.
5. Effektive Regeln verbessern die Arbeitsmoral und den Esprit de Corps.
6. Die individuellen Fähigkeiten und Kenntnisse der einzelnen Mitarbeiter sollten sich durch diese Vorschriften verbessern.
7. Die Effizienz des gesamten Unternehmens sollte wachsen.
8. Gute Regeln verringern die Arbeit und Probleme in den Führungsetagen.

Wenn eine der Vorschriften, die Sie in der nächsten Zukunft erlassen wollen, nicht wenigstens einen dieser Punkte erfüllt, sollten Sie diese lieber noch einmal überdenken! Es sieht ganz so aus, als ob irgendetwas daran falsch ist!

18 Sie können Kritik nicht konstruktiv üben

Vor vielen Jahren arbeitete ich als Schichtaufseher in einer Gummifabrik. Mein direkter Vorgesetzter, ein junger Bereichsleiter, hatte mit seinen Leuten ziemliche Schwierigkeiten.

Die Produktion war gesunken; der Warenrücklauf durch die Qualitätskontrolle war angestiegen. Das Gleiche galt für den Warenausschuss und die Produktverschwendung der Abteilung. Die Arbeitsmoral war auf den Nullpunkt gesunken: Die Männer waren schlecht gelaunt, aggressiv und unkooperativ.

Die Situation war so schlimm, dass der junge Bereichsleiter um seinen Job fürchtete.

Er rief seine Aufseher zusammen und erklärte uns:

„Ich möchte, dass Sie in jeder Schicht wenigstens einen Angestellten bei einem Fehlverhalten erwischen. Man kriegt immer irgendjemanden für irgendetwas dran. Das ist ganz einfach. Die Leute machen so viele Fehler, dass sie mit Sicherheit keine Probleme haben werden, jemanden abzumahnen. Halten Sie einfach die Augen offen; Sie finden schon einen Grund dafür. Es ist mir völlig egal, wie Sie es anstellen ... solange Sie jemanden auf frischer Tat ertappen. Ich will, dass Sie den Leuten das Fürchten lehren!"

Ich erlaubte mir den Einwand, was passieren würde, wenn wir niemanden eines Fehlers überführen könnten. Da schrie mich mein junger Vorgesetzter an: „Dann lassen Sie sich gefälligst etwas einfallen! Ich möchte, dass Sie ihnen verdammt noch mal zeigen, wer hier der Boss ist! Machen Sie den Leuten klar, dass ich ihnen nichts mehr durchgehen lasse!"

Ich wusste natürlich, dass mein Vorgesetzter einfach nur eine fehlerfreie und reibungslose Produktion wollte, aber er verlangte von seinen Leuten Höchstleistungen und Spitzenergebnisse, ohne seinerseits etwas dafür tun zu wollen. Stattdessen kritisierte er seine Mitarbeiter an allen Ecken und Enden.

Auf diese Art und Weise konnte er natürlich seine Vorstellungen nicht durchsetzen. Seine Vorgehensweise war einfach total falsch.

Wir arbeiten beide schon lange nicht mehr bei diesem Unternehmen, aber wir verließen es aus völlig verschiedenen Gründen!

Man erreicht kein langfristig zufriedenstellendes Ergebnis, wenn man seinem Gegenüber droht und ihm Angst macht.

Wenn man eine Person mit finanziellen Einbußen, Prestigeverlust oder mit Verlust des Arbeitsplatzes, der persönlichen Würde und Selbstachtung unter Druck setzt, bringt das einem selbst letztendlich gar nichts.

Ungerechtfertigte und destruktive Kritik lässt die Eigeninitiative, die Arbeitsmoral und den Wunsch eines Angestellten zu kooperieren im Nichts versinken.

Niemand wird gern kritisiert! Niemand lässt sich gern sagen, dass er völlig falsch liegt – dass er einen Fehler gemacht hat. Auch berechtigte Kritik birgt stets das Potenzial in sich, einen guten Mitarbeiter am Boden zu zerstören.

Das soll jetzt nicht bedeuten, dass Sie grundsätzlich niemals kritisieren dürfen, aber Sie sollten wissen *wann* und *wie*. Es gibt bestimmte Umstände, da haben Sie als Führungskraft gar keine andere Wahl. Und nicht nur das – manchmal ist es viel schlimmer, einen Fehler zu übersehen, als den Verursacher dafür zu tadeln.

Kritik muss sowohl berechtigt als auch konstruktiv sein. Und sie sollte Ihnen etwas bringen – ansonsten ist sie reine Zeitverschwendung.

Ehe Sie nun jemanden zu sich rufen, um mit ihm über seine Fehler zu sprechen, sollten Sie sich in Ruhe hinsetzten und sich überlegen, was sie eigentlich mit Ihrer Kritik erreichen wollen.

Was Sie gewinnen, wenn Sie nicht mehr destruktiv kritisieren

Persönlich erhoffe ich mir als Ergebnis konstruktiver Kritik die folgenden Punkte:

1. Höchstleistungen der Mitarbeiter;
2. steigende Produktions- und Verkaufszahlen;
3. Spitzenprofite.

Produktion, Leistung und Profit sollten auch Ihre erklärten Ziele sein, wenn Sie einen Mitarbeiter zur Rede stellen. Wenn Ihre Kritik einen dieser Aspekte erfüllt, sind Sie auf dem richtigen Weg. Wenn nicht, dann hören Sie sofort damit auf. Offensichtlich läuft irgendetwas verkehrt!

Methoden, um diese Ziele zu erreichen

Stellen Sie sich bitte die folgenden zwölf Fragen und antworten Sie ehrlich:

1. Neigen Sie dazu, jemandem einen Fehler zu unterstellen, wenn etwas schief gegangen ist?

In dem Betrieb, in welchen ich vor so vielen Jahren gearbeitet habe, gab es einen Mitarbeiter, der wirklich zum Problem wurde. Sein Name war Bill. Immer wenn ein Aufseher einen Bericht über ein Problem oder einen Zwischenfall abliefern musste, hieß es sofort: „Was hat Bill denn nun schon wieder angestellt?" oder „... Bill schon wieder?"

Aber Bill war eigentlich gar nicht so schlecht. Er hatte nur einen etwas unglücklichen Start mit seinem direkten Vorgesetzten. Jedoch von diesem Zeitpunkt an wurde er für alles verantwortlich gemacht, was auch nur andeutungsweise nicht absolut in Ordnung war.

Irgendwann hatte Bill genug davon, ständig zu Unrecht verdächtigt und beschuldigt zu werden. Er begann, seinem Vorgesetzten wirklichen Ärger zu machen: Er ließ sich einiges einfallen, um die Produktion zu verlangsamen, er fälschte seine Leistungsberichte, beschäftigte die zuständigen Leute mit erfundenen und falschen Beschwerden. Kurz gesagt, er ließ nichts aus, um das Management zu drangsalieren und an den Rande des Wahnsinns zu treiben. Zu mir sagte er einmal dazu: „Unsere Führungsleute haben mir immer unterstellt, die Ursache allen Übels zu sein! Jetzt bekommen sie dafür die Rechnung!"

Machen Sie nicht den Fehler und beschuldigen Sie jemanden, ehe Sie nicht alle Fakten kennen und genau wissen, wer der Verursacher ist. Das ist ebenso wichtig, wie den überdurchschnittlichen Arbeitseinsatz eines Mitarbeiters positiv zu bewerten. Wenn etwas schief läuft, dann nehmen Sie sich bitten die richtige Person zur Brust. Seien Sie sicher, dass Sie auch den richtigen „Schurken" am Kragen gepackt haben. Ansonsten kann der Schuss ganz leicht nach hinten losgehen!

2. Setzen Sie wirklich alles daran, erst einmal sämtliche Fakten zu sammeln?

In diesem Zusammenhang sollten Sie erst einmal alle Fakten zusammentragen, ehe Sie sich mit Ihren Verdächtigungen auf einen Mitarbeiter einschießen.

Verfahren Sie nicht nach der Devise: „Ich habe mir bereits meine Meinung gebildet – verwirren Sie mich jetzt nicht wieder mit den Tatsachen!"

Akzeptieren Sie als faktisches Beweismaterial weder Gerüchte noch Schilderungen aus reinen Hörensagen. Finden Sie heraus, *wer* etwas getan oder gesagt hat, *warum was wann* und *wo* geschehen ist.

Ich persönlich schalte meine Ohren auf Durchzug, wenn man mir erklärt: „*Sie* haben gesagt ... *Sie* haben gemeint ... *Sie* wollen es auf diese Art und Weise ..." Mich interessiert, *wer genau* etwas gesagt hat ... *wer* das gemeint hat ... *wer* etwas auf eine bestimmte Weise erledigt haben möchte!

Was ich damit sagen möchte, ist Folgendes: Wenn Sie nicht alle notwendigen Informationen bekommen können, um festzustellen, wer für einen Fehler verantwortlich zu machen ist, dann verfahren Sie bitte nicht wie so viele Offiziere der Armee. Bestrafen Sie nicht der Einfachheit halber alle anwesenden Personen, nur weil Sie den wirklich Schuldigen nicht finden können. Das würde Ihnen jeder Einzelne von ihnen verübeln.

Ich habe all die Namen der Generäle vergessen, unter denen meine Division im Zweiten Weltkrieg gedient hat – bis auf einen: General Lucius B. Hart. Wie könnte ich diesen Mann auch je vergessen! Er verdonnerte die gesamte 44ste Division zu einem Wochenende Ausgangssperre, weil er nicht sämtliche Ursachen für die Zwischenfälle in einen seiner Regimente herausfinden konnte.

Daran kann ich mich noch sehr gut erinnern – ich saß von Freitagabend bis Sonntagabend in meiner Baracke, während meine Frau (die ich zu diesem Zeitpunkt seit sechs langen Monaten nicht mehr gesehen hatte) in einem Hotelzimmer in Tacoma, Washington vergeblich auf mich wartete!

3. Verdeutlichen Sie der Person genau, was man ihr vorwirft?

Erklären Sie Ihrem Angestellten ganz genau, was er eigentlich falsch gemacht hat. Gehen Sie dabei ruhig ins Detail. Sprechen Sie nicht allgemein und lehnen Sie es nicht ab, Ihrem Mitarbeiter alle Einzelheiten zu erläutern.

Ein Grund, warum Sie diesen Angestellten kritisieren, ist doch, dass Sie eine Verbesserung der Leistung erreichen wollen. Daher müssen Sie ihm auch explizit verdeutlichen, wo seine Fehler liegen. Nur dann kann er es erfolgreich vermeiden, diese zu wiederholen.

Diesen Fehler machen leider viele Lehrer. Eines Tages kam meine Tochter – sie ging gerade in die dritte Klasse – weinend nach Hause. Wir konnten sie zunächst gar nicht beruhigen, aber schließlich erzählte sie uns, warum sie so unglücklich war.

In einer Unterrichtsstunde sollte die Klasse Osterkörbchen basteln. Der Unterricht wurde von einer jungen Vertretungslehrerin beaufsichtigt. Sie ging durch die Schulbankreihen und sagte den Kindern, ob ihre Arbeit gut oder schlecht sei. Unglücklicherweise war das alles, was sie tat. Sie erklärte keinem der Schüler und keiner der Schülerinnen, warum ihre Körbchen gut oder schlecht waren oder worin ihr Fehler lag.

Als sie den Tisch meiner Tochter erreicht hatte, blickte sie auf deren Arbeit und meinte: „Oh, Theresa, das ist ja einfach furchtbar!" Natürlich war meine Tochter völlig am Boden zerstört. Nicht nur dass ihr Körbchen nichts taugte, sie wusste auch nicht, wie sie es hätte besser oder anders machen können.

Glauben Sie, dass sich Führungskräfte von Lehrern unterscheiden? Manche ja, aber die meisten nicht!

Wenn Sie sich selbst dabei ertappen, wie Sie zu Ihren Angestellten sagen: „Sie haben nicht die richtige Einstellung ... das ist alles völlig falsch ... Sie bringen immer alles durcheinander ... das ist einfach nur schlecht ... Sie sollten sorgfältiger arbeiten ...", dann hören Sie sofort damit auf. Es sieht ganz danach aus, dass Sie sich wie die Lehrerin meiner Tochter verhalten.

Wenn Sie also die Arbeit eines Mitarbeiters kritisieren, dann gehen Sie dabei bitte ins Detail. Nur dann hat Ihr Mitarbeiter die Möglichkeit, seine Fehler zu beheben. Ansonsten verurteilen Sie nicht die Arbeit, sondern die Person!

4. Haben Sie sich unter Kontrolle, wenn Sie jemanden kritisieren?

Unternehmen Sie nichts, solange Sie noch wütend und verärgert sind!

Wenn Sie Kritik üben, sollten Sie so ruhig, vernünftig und so objektiv wie möglich sein. Es gibt ein paar einfache und doch wichtige Regeln, die Sie beherzigen sollten:

- ▼ Erheben Sie niemals die Stimme! Halten Sie Ihre Stimme gesenkt und sprechen Sie, als ob man in einer gewöhnlichen Unterhaltung wäre. In dem Moment, in dem Sie die Stimme erheben, wird Ihr Gegenüber dazu tendieren, es ebenfalls zu tun. Und schon befinden Sie sich in einer lautstarken Auseinandersetzung, wobei jeder versucht, den anderen zu übertönen.

- ▼ Werden Sie niemals beleidigend! Der Schlag unter die Gürtellinie ist nur allzu schnell passiert. Und dann ist es zu spät! Sie haben als Führungskraft Ihr Gesicht und Ihre Würde verloren, Sie haben einen Untergebenen beleidigt und verletzt und ihn sich für immer und ewig zum Feind gemacht.
- ▼ Reagieren Sie niemals sofort! Nehmen Sie sich die Zeit, um sich wieder zu beruhigen. Rufen Sie erst dann den Mitarbeiter zum Gespräch, wenn Sie wieder ruhig und gesammelt sind. Wenn Sie besonnen und vernünftig sind, wird es auch Ihr Gegenüber bleiben. Das ist die beste

Basis, um ein Gespräch über Fehler und deren zukünftige Vermeidung zu führen.

5. Üben Sie Kritik immer unter vier Augen?

„Ich habe schon recht früh gelernt, einen Menschen niemals in Gegenwart anderer zu kritisieren", erzählt Earl S. Pearce, Leiter der Abteilung für Arbeitgeber-Arbeitnehmer-Beziehungen bei der Barracuda Boat Corporation in Miami, Florida.

„Jemanden im Beisein seiner Kollegen und Partner zurechtzuweisen, ist demütigend und ruft eher massiven Widerstand als das Verlangen hervor, sich in der Zukunft zu bessern. Nicht nur im Orient kommt der Verlust des Gesichts einer Art Todesurteil gleich!

Auf diese Weise unterminieren Sie die Moral Ihres Gesprächspartners, sein Selbstbewusstsein und seinen Wunsch, das Beste für Sie zu geben. Kritik in Anwesenheit Dritter ist nicht nur für den Angesprochenen peinlich, sondern auch für alle anderen Personen im Raum.

Ich persönlich führe derartige Gespräche grundsätzlich nur unter vier Augen und hinter geschlossenen Türen, weit weg von den neugierigen Augen und Ohren der Kollegen und Mitarbeiter. Wenn Sie sich ein gutes Ergebnis erhoffen, dann gibt es keine andere Möglichkeit."

Eine Reihe von Psychologen an der Universität von Columbia ist in einer Studie zu demselben Ergebnis gekommen. Während ihren Untersuchungen wurde eine große Anzahl freiwilliger Versuchsteilnehmer in fünf Gruppen eingeteilt. Jede Gruppe wurde mit denselben Arbeiten betraut.

Nachdem jede Einheit ihre Aufgaben erledigt hatte, wurden die einzelnen Mitglieder kurz über deren persönliche Leistung informiert. Allerdings auf verschiedene Art und Weise. Die erste Gruppe wurde beispielsweise *als Einheit in aller Öffentlichkeit kritisiert*. Bei der Zweiten erörterte man die Mängel *individuell und unter vier Augen*. Anschließend versahen die Gruppen die Arbeiten ein zweites Mal.

Aus der Gruppe, die öffentlich bloßgestellt worden war, konnten nur 34 Prozent der Teilnehmer ihre Leistung verbessern. In der zweiten Gruppe waren es immerhin 66 Prozent, also *fast zweimal so viel*.

Was wir hier lernen können, ist Folgendes: *Wenn Sie Kritik üben, dann machen Sie es unter vier Augen!*

6. Loben Sie, bevor Sie tadeln?

Beginnen Sie Ihre Unterredung immer mit ein paar ehrlich gemeinten Worten des Lobes. Fallen Sie nicht gleich mit der Tür ins Haus! Zählen Sie nicht alle Fehler und Vergehen des Mitarbeiters auf. Nur wenige Menschen können diese Art der Kritik und Maßregelung vertragen.

Sagen Sie Ihrem Gesprächspartner, wie gut er ist, wie viel Sie von seiner Arbeit halten, wie froh Sie darüber sind, dass Sie ihn als Mitarbeiter gewinnen konnten und was er für großartige Arbeit leistet – bis auf den einen kleinen Punkt, über den Sie nun mit ihm sprechen möchten!

Die dritte Gruppe, die von den Psychologen an der Columbia University getestet wurden, hat man anders als die ersten beiden behandelt. Sie wurde, genau wie Gruppe zwei unter vier Augen getadelt, aber erst *nachdem man sie für ihre Leistung ausreichend gelobt hatte.*

Das Ergebnis war eindeutig: 88 Prozent der Mitglieder konnten ihre Leistung verbessern. Das bedeutet eine 24-prozentige Wachstumsrate gegenüber der zweiten Versuchsgruppe!

Denken Sie also daran, wenn Sie das nächste Mal einen Angestellten zum Gespräch zu sich bitten. Ein paar Worte des Lobes werden sich mit Sicherheit für Sie bezahlt machen, denn jeder sehnt sich nach ein wenig Anerkennung. Jeder hört gern ab und zu einmal ein Kompliment. Wie Mark Twain schon sagte: „Von einem netten Kompliment kann ich gut und gern zwei Monate lang zehren."

Zuerst das Lob – dann die Kritik – und schließlich noch ein paar Worte der Anerkennung. Versuchen Sie es, Sie können nichts falsch machen! Der Erfolg wird garantiert.

7. Übernehmen Sie Ihren Teil der Verantwortung für den Fehler eines Mitarbeiters?

Eine gute Methode der Kritik die Spitze zu nehmen ist, als Vorgesetzter wenigstens einen kleinen Teil der Verantwortung für einen Fehler auf sich zu nehmen: Das gibt Ihrem Mitarbeiter das Gefühl, Sie stehen auf seiner Seite.

Sie könnten zum Beispiel sagen: „Vielleicht habe ich mich in diesem Punkt nicht deutlich genug ausgedrückt, Sam ..." oder „Offensichtlich haben Sie mich völlig missverstanden, Joe ..."

Versichern Sie sich anschließend, dass Ihr Gegenüber nun ganz genau weiß, was Sie von ihm erwarten, damit weitere Fehler und Unklarheiten ausgeschlossen werden können.

Eine andere gute Möglichkeit, sich selbst in die Verantwortung mit einzuschließen, ist, die Präposition *wir* zu verwenden. So könnten Sie beispielsweise sagen: „Wir hatten mit dieser Maschine bis jetzt noch keinerlei Probleme, Sam. Was könnte passiert sein?" oder „Das ist nicht der erste Zwischenfall dieser Art, Joe. Was können wir dagegen unternehmen?"

Für welche Lösung Sie sich auch immer entscheiden, denken Sie daran: Kritik ist viel leichter zu verdauen, wenn man die Verantwortung nicht ganz allein übernehmen muss.

8. Hören Sie sich bei einem Vorfall auch die Version Ihres Mitarbeiters an?

Geben Sie Ihrem Angestellten viele Gelegenheiten, sich zu den Kritikpunkten zu äußern und Stellung zu beziehen. Wenn Sie das nicht machen, werden Sie unter Umständen niemals herausfinden, was wirklich passiert ist. Und Sie sind auch nicht in der Lage, Ihrem Mitarbeiter dabei zu helfen, seinen Fehler zu korrigieren.

Den meisten Menschen liegt viel daran, ihre Sicht der Dinge zu schildern. Sie möchten sichergehen, dass Sie auch ihre Seite der Geschichte verstehen, und erzählen ganz offen und von sich selbst aus.

Wenn sich Ihnen ein Mitarbeiter nur zögernd öffnet, stellen Sie ihm ein paar Suggestionsfragen. Geben Sie ihm die Möglichkeit, sich seine Probleme von der Seele zu reden. Dabei sollte es nicht schwierig sein, die eigentliche Ursache für seine Fehler zu finden. Vielleicht gibt es ja mildernde Umstände, sich widersprechende Anordnungen oder unter Umständen unpräzise Anweisungen Ihrerseits für sein Fehlverhalten.

Auf alle Fälle sollten Sie sich immer beide Seiten einer Geschichte anhören. Sie sind dann besser in der Lage, Ihren Untergebenen dabei zu helfen, derartige Fehler zukünftig zu vermeiden.

9. Erlauben Sie es Ihrem Gegenüber, seine Würde zu bewahren?

Sie sollten einen Menschen niemals lächerlich machen, ihn durch Sarkasmus kränken oder seine Person und Leistung herabsetzen.

Sparen Sie sich Kommentare wie: „Wie kann man nur so dumm sein, Ed!" oder „Wie blöd sind Sie eigentlich noch, Sam!"

Wenn Sie so reagieren, kritisieren Sie wieder einmal nicht die Tat, sondern die Person. Das sind zwei Paar Stiefel! Sagen Sie Ihrem Mitarbeiter, was an dessen Arbeit nicht richtig ist und nicht, was Ihrer Meinung nach mit seiner Persönlichkeit nicht stimmt!

Die bereits erwähnten Psychologen der Columbia University haben bei ihrer Untersuchung einen weiteren interessanten Aspekt herausgefunden. Sie entdeckten, dass nur 17 Prozent der unter vier Augen kritisierten Teilnehmer ihre Leistung beim zweiten Versuch verbessern konnten. Und bei der Gruppe, deren Leistungen öffentlich bemängelt wurden, gelang dies sogar nur elf Prozent der Mitglieder.

Wenn Sie sich diese Zahlen ansehen, fällt es nicht schwer zu erkennen, wie hilfreich es sein kann, wenn man seinem Gegenüber die Wahrung der persönlichen Würde und der Selbstachtung gestattet und ihn nicht lächerlich macht oder gar verspottet.

10. Machen Sie Ihren Angestellten Vorschläge, um eine Wiederholung des Fehlers zu vermeiden?

Erklären Sie Ihren Mitarbeitern ganz genau, was sie machen können, um ihre Leistung zu verbessern. Wenn Sie diesen Aspekt bei Ihrer Kritik übersehen, dann verschwenden Sie eigentlich Ihre Zeit. Sie sollten hin und wieder ein Auge darauf haben, ob Ihre Kritikpunkte auch berücksichtigt werden.

William J. Thornton, President von Thornton & Associates, einem Management Consulting Unternehmen in Atlanta, Georgia, sagt dazu:

"Meiner Meinung nach liegt der Grund für die Ineffektivität von Kritik häufig darin, dass man den angesprochenen Punkten nach diesem Gespräch nicht mehr weiter nachgeht. Es ist einfach, einen Mitarbeiter zu tadeln und dann alles zu vergessen, bis er den nächsten Fehler macht. Sie müssen schon am Ball bleiben, wenn Sie wollen, dass Ihre Kritik auch langfristigen Nachhall findet."

11. Machen Sie detaillierte Aufzeichnungen?

Berichte über Disziplinarverfahren gegen einen Mitarbeiter gehören in dessen Personalakte – und nur dorthin! Das ist wichtig für den Fall, dass weitere Maßnahmen gegen diesen Angestellten ergriffen werden müssen. Vor allem im Kündigungsfall sollte die Personalakte lückenlos alle Vorgänge und Verfahrensweisen zu dieser Person dokumentieren können.

Abmahnungen erfolgen in vier verschiedenen Stufen[9] und sind von Stufe vier als der leichtesten, bis zur Stufe eins, mit Wirkung der sofortigen Kündigung, eingeteilt.

Ich habe es leider schon öfter erleben müssen, dass Mitarbeiter, die eine absolut unbefriedigende Arbeitsleistung erbringen und auch sonst nur unangenehm auffallen, nach ihrer Entlassung vom Arbeitgeber wieder eingestellt werden müssen, da die Personalakte nicht über ausreichende Beweise verfügte, um zu belegen, dass dieser Angestellte durch das Management über seine Fehler und Verstöße in Kenntnis gesetzt worden ist.

Lassen Sie es nicht zu, dass Ihnen so etwas auch passiert! Wenn Sie über alle Personalangelegenheiten Aufzeichnungen machen, sind Sie auf der sicheren Seite.

12. Können Sie vergeben und vergessen?

Das müssen Sie unbedingt, wenn Sie eine gute und effektive Führungskraft sein wollen. Natürlich müssen Sie eine Abmahnung in der Personalakte vermerken. Aber Sie sollten diese nicht ständig mit sich herumtragen und vor dem entsprechenden Mitarbeiter bei jeder passenden und unpassenden Gelegenheit damit herumwedeln. Ist eine Abmahnung einmal ausgesprochen, der Sachverhalt geklärt und die Situation bereinigt worden, dann

---

[9] Anmerkung des Übersetzers: In Deutschland gibt es bis zur Kündigung drei Mahnstufen. Mit der letzten wird die Kündigung des Arbeitsverhältnisses wirksam.

sollten Sie die Sache auch auf sich beruhen lassen. Der Mitarbeiter hat seine Strafe bekommen – jetzt sollten Sie ihm auch eine zweite Chance geben.

Zusammenfassung der Punkte

Um festzustellen, ob Ihre Kritik konstruktiv ist oder nicht, sollten Sie die folgenden Fragen gewissenhaft beantworten – die meisten haben wir bereits erörtert:

1. Neigen Sie dazu, jemandem einen Fehler zu unterstellen?
2. Sammeln Sie zunächst alle notwendigen Fakten?
3. Sprechen Sie mit dem Mitarbeiter, dem der Fehler unterlaufen ist?
4. Verdeutlichen Sie der Person deren genaues Vergehen?
5. Haben Sie Ihr Temperament unter Kontrolle?
6. Besprechen Sie die Vorgänge unter vier Augen?
7. Loben Sie, bevor Sie tadeln?
8. Übernehmen Sie Ihren Teil der Verantwortung für einen Fehler?
9. Haben Sie manchmal das Gefühl, es wäre mal wieder einfach aus Prinzip ein „Rundumschlag" fällig?
10. Hören Sie sich beide Seiten der Geschichte an?
11. Geben Sie nach, auch wenn Sie im Recht sind?
12. Versuchen Sie dem Mitarbeiter durch Ihre Kritik Angst zu machen?
13. Erlauben Sie es Ihrem Gegenüber, seine Würde zu bewahren?
14. Schlagen Sie bestimmte Vorgehensweisen vor, um eine Wiederholung des Fehlers zu vermeiden?
15. Machen Sie genaue Aufzeichnungen über Ihre Unterredungen?
16. Können Sie vergeben und vergessen?

Lassen Sie mich dieses Kapitel mit dem Hinweis beenden, dass diese Liste natürlich keinen Anspruch auf Vollständigkeit oder Endgültigkeit erhebt. Das wäre völlig unmöglich, gibt es doch keine zwei Menschen und Situationen, die absolut identisch sind.

Sie sollte Ihnen lediglich als Grundlage dienen, um Ihre Kritik ein wenig konstruktiver gestalten zu können. Es gibt mit Sicherheit noch andere Bereiche, die Sie dabei berücksichtigen können, oder Richtlinien, die Sie beherzigen möchten. Nur keine falsche Bescheidenheit!

Wenn ich Sie wenigstens in die richtige Richtung führen konnte, bin ich schon zufrieden.

19 Sie schenken den Beschwerden Ihrer Angestellten keinerlei Beachtung

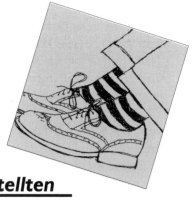

Vor kurzem las ich in einer Zeitung einen Artikel über die Angestellten des Unternehmens M3 in Springfield, die zum zweiten Mal das Angebot der International Brotherhood of Allied Pottery Workers abgelehnt haben, den Betrieb gewerkschaftlich zu organisieren.

In diesem Artikel erklärte der Leiter der Niederlassung Mr. Leon Skelly: „Letztes Jahr wurde die Anfrage von 66 Prozent unserer Angestellten abgelehnt. Dieses Jahr stimmten sogar 75 Prozent unserer Mitarbeiter dagegen, gewerkschaftlich vertreten zu werden."

Da ich weiß, dass die meisten Angestellten in der Regel ihre Probleme mit dem Arbeitgeber über die Gewerkschaft klären lassen, war ich über diesen Artikel einigermaßen überrascht. Im Normalfall organisieren sich die Arbeitnehmer gern in einer Gewerkschaft, um im Falle einer Auseinandersetzung eine bessere Verhandlungsposition zu haben und um mehr Druck auf ihren Arbeitgeber ausüben zu können.

Neugierig geworden holte ich mir die Erlaubnis des M3-Niederlassungsleiters, seine Angestellten zu diesem Thema befragen zu dürfen. Ich wollte herausfinden, warum sie gegen eine gewerkschaftliche Organisation des Betriebs gestimmt hatten.

„Wie kam es dazu?", fragte ich die Mitarbeiter. „Vielleicht weil man Ihnen ohne gewerkschaftlichen Verbund höhere Gehälter zahlt? Erhalten Sie auf diese Weise bessere Vergünstigungen?"

„Nein. Der Grund ist, M3 behandelt uns menschlich", entgegnete mir ein Arbeiter. „Sie hören uns zu, helfen uns bei unseren Problemen. Sie schenken unseren Beschwerden Aufmerksamkeit!"

„Das ist richtig", warf eine Mitarbeiterin ein. „Ich denke, das ist der Hauptgrund. Sie hören auf das, was wir zu sagen haben, und unternehmen auch etwas dagegen. Sie behandeln uns, als ob wir wichtige Mitglieder der Führungsetage wären, und nicht nur ein Teil des Betriebsinventars.

Ehe ich hierher kam, habe ich in einer Gummifabrik gearbeitet. Dort bin ich nie so anständig behandelt worden. Eher im Gegenteil – und dort war ich in der Gewerkschaft!"

Das war die übereinstimmende Meinung aller Angestellten. Sie brauchten die Gewerkschaft nicht, weil das Management bereits ein effektives Beschwerdewesen eingeführt hatte. Sie halfen ihren Angestellten dabei, ihre Probleme zu lösen. Sie schenkten deren Klagen und Beschwerden Aufmerksamkeit.

Die Mitarbeiter der *Lily-Tulip Company* in Springfield, einem Unternehmen für Plastik- und Pappgeschirr, Aufbewahrungs- und Transportbehälter, geben ein ähnliches Beispiel. Seit 1952 stimmen sie alljährlich gegen eine gewerkschaftliche Organisierung ihres Betriebs.

Während meiner Recherchen für dieses Kapitel erhielt auch hier die Gelegenheit, mit den Angestellten zu sprechen. Ihre Antworten unterschieden sich von denen der *M3*-Mitarbeiter nicht im Geringsten.

Bei der Durchsicht der Aufzeichnungen über meinen Besuch vor ein paar Jahren bei der *Lincoln Electric Company* in Cleveland, Ohio, stellte ich fest, dass es auch dort keinerlei Probleme mit der Gewerkschaft gab. Der Grund ist, dass der President des Unternehmens, Mr. James F. Lincoln, jede Woche eine Besprechung mit den Arbeitern und den Führungskräften einberuft, um ein Forum zur Erörterung der Probleme der Angestellten zu schaffen.

Wenn einer der Mitarbeiter Grund zu einer Beschwerde hat, wird er bei diesem Zusammentreffen dazu ermutigt, diese auch auszusprechen. Man sollte hier zum besseren Verständnis noch erwähnen, dass die Führungskräfte bei diesen Treffen dazu angehalten sind, *nur zuzuhören. Auf diese Weise können Sie erfahren, was Ihre Mitarbeiter eigentlich wirklich wollen.* Und das Ergebnis? Keine Streiks, keine Gewerkschaftsprobleme – Zufriedenheit auf beiden Seiten.

Möchten auch Sie herausfinden, was Ihre Angestellten wirklich wünschen? *Dann hören Sie ihnen mit offenen Ohren zu!*

Möchten Sie, dass Ihre Untergebenen ihr Bestes für Sie geben und Höchstleistungen erbringen? *Dann geben Sie ihnen die Gelegenheit, über ihre Probleme und Beschwerden zu sprechen, ihre Ängste und Befürchtungen zu formulieren.*

Möchten Sie, dass sich Ihre Leute Ihrem Niveau anpassen und über sich hinauswachsen? *Dann schenken Sie ihnen Ihre Aufmerksamkeit – hören Sie ihnen bei ihren Klagen höflich und aufmerksam zu.* Das ist das höchste Kompliment, dass Sie einem Menschen machen können!

Was Sie gewinnen, wenn Sie die Beschwerden Ihrer Angestellten ernst nehmen

Sie werden jeden einzelnen Mitarbeiter besser kennen und verstehen lernen

Wenn Sie wissen, was einen Menschen unzufrieden macht, haben Sie den Schlüssel zu seiner Persönlichkeit gefunden. Wenn er zum Beispiel gegen vernünftige Regeln und Vorschriften irrationale Einwände erhebt und sich widersetzt, dann ist er wahrscheinlich ein Störenfried und Unruhestifter. Haben Sie das einmal erkannt, sind Sie ihm immer einen Schritt voraus.

Sind seine Beschwerden andererseits in der Regel gerechtfertigt und treten diese auch nicht zu häufig auf, dann ist er sicherlich ein fähiger und einsatzbereiter Mitarbeiter.

Man sollte die ernsthaften Beschwerden und Einwände eines Menschen bei dessen Beurteilung immer wohlwollend in Betracht ziehen. Erst dann kennen und verstehen Sie Ihren Angestellten wirklich. Sie wissen nicht nur, was ihn stört, sondern auch, was ihn zur Arbeit motiviert. Sie können herausfinden, wo seine wahren Interessen liegen, welchen Wert er für Ihr Unternehmen hat und auf welche Weise man ihn dazu bewegen kann, Höchstleistungen zu bringen.

Durch aufmerksames Zuhören gewinnen Sie die Sympathien Ihrer Angestellten

Oliver Wendell Holmes, seit 30 Jahren Richter am Obersten Gericht der Vereinigten Staaten, sagte einmal:

> *„Die Fähigkeit, jemandem aufmerksam und einfühlsam zuzuhören, ist vielleicht die beste Möglichkeit, mit seinen Mitmenschen auszukommen und Freundschaften fürs Leben zu knüpfen."*

Es liegt in der Natur des Menschen jemanden zu mögen, der einem seine Aufmerksamkeit schenkt und verständnisvoll zuhört.

Ich stelle Ihnen einmal eine Frage: Haben Sie jemals einer Person ablehnend gegenüber gestanden, die sich Ihre Vorschlägen und Standpunkte aufmerksam angehört hat? Oder anders gesagt: Können Sie vielleicht jemanden leiden, der Ihnen keine Aufmerksamkeit schenkt?

Ich denke, Sie verstehen, was ich meine!

Ihre Leute werden das Gefühl haben, dass Sie sich wirklich für ihre Belange interessieren

Ich kenne keinen schnelleren Weg, einen Gesprächspartner mitten im Satz abzuwürgen, als ihm einfach keine Beachtung zu schenken.

Auf der anderen Seite können Sie ihn allerdings zum Sprechen motivieren, wenn Sie ihm das Gefühl geben, dass Sie sich wirklich für seine Probleme interessieren.

Eine gute Methode ist es, jemanden durch viele Fragen zum Reden zu bringen. „Und was haben Sie dann gemacht?" oder „Was ist anschließend passiert?" oder „Was haben Sie darauf entgegnet?"

Auch die schüchternste und zurückhaltendste Person wir sich Ihnen gegenüber öffnen, wenn Sie ihr das Gefühl geben, dass ihre Bedürfnisse wirklich wichtig für Sie sind.

Konzentrieren Sie sich 100-prozentig auf Ihren Gegenüber und schenken Sie ihm Ihre Aufmerksamkeit. Hören Sie Ihrem Gesprächspartner intensiv zu und lassen Sie sich möglichst dabei von nichts ablenken.

Sie werden die wirklichen Bedürfnisse Ihrer Angestellten herausfinden

Nehmen Sie sich die Zeit und Ruhe, Ihren Leuten zuzuhören. Nur dann können Sie auch herausfinden, was sie wirklich bewegt. Vergessen Sie für eine Weile Ihre eigenen Bedürfnisse und Vorstellungen. Konzentrieren Sie sich für ein paar Minuten auf den Menschen, der Ihnen gegenübersitzt, und auf das, was Sie für Ihn tun können.

In seinem Buch *How I Raised Myself from Failure to Success* schreibt Frank Bettger: „Das größte Geheimnis eines Verkaufsgenies ist, herauszufinden, was die Leute eigentlich wollen, und ihnen dabei zu helfen, es auch zu bekommen." Mr. Bettger ist ein hervorragender Geschäftsmann, vielleicht der beste, den unser Land je hervorgebracht hat.

„Wenn Sie richtig hinhören, können Sie ganz leicht herausfinden, was die Menschen eigentlich wollen," erklärt Les Geblin in seinem Buch *How to Have Confidence and Power in Dealing with People*[10]. Mr. Geblin ist ein Meister in der Kunst der zwischenmenschlichen Beziehungen.

Beherzigen Sie also die Worte von zwei erstklassigen Experten. Es ist auch für Sie nur von Vorteil, wenn Sie herausfinden, was Ihre Mitarbeiter eigentlich wollen und wenn Sie ihnen dabei helfen können, ihre Vorstellungen zu realisieren.

Alles, was Sie dazu machen müssen, ist, schlicht und einfach *richtig zuzuhören*!

---

[10] Les Geblin, *How to Have Confidence and Power in Dealing with People*, Englewood Cliffs, New Jersey: Prentice-Hall, Inc., 1956

Sie schenken den Beschwerden Ihrer Angestellten keinerlei Beachtung

Methoden, um diese Ziele zu erreichen

Es ist die Pflicht und Aufgabe einer Führungskraft, aufmerksam zuzuhören

Vielleicht sind Sie ja der Meinung, dass es nicht zu Ihren Aufgaben gehört, den Beschwerden Ihrer Mitarbeiter Gehör zu schenken. Vielleicht sagen Sie sich ja, dass Sie zu viel um die Ohren haben, Sie mit Ihren eigenen Aufgaben völlig ausgelastet sind: mit dem Senken der Unkosten, dem Erfüllen des Abteilungssolls und den Zeitvorgaben, dem Steigern der Produktion, der Qualitätsverbesserung, der Teilnahme an all den wichtigen Meetings. Und außerdem sind Sie der Ansicht, dass Ihre Firma dafür spezielle Experten bezahlt, es schließlich eine Personalabteilung und Mitarbeiterbeauftrage gibt, die sich diesen Problemen besser annehmen können.

Sollen sich doch Ihre Mitarbeiter mit ihren Beschwerden und Klagen an diese Stellen wenden!

> „Diese Einstellung ist völlig falsch", erklärt George Wilson, Leiter der Abteilung für die Wahrung der Arbeitnehmerinteressen beim DaimlerChrysler-Automobilkonzern in St. Louis, Missouri. „Jeder einzelne Vorgesetzte hat die Pflicht, den Beschwerden seiner Mitarbeiter zuzuhören. Wir sind bei der Regelung der Klagen lediglich die letzte Instanz, ehe die Beschwerde ein Fall für die Gewerkschaft wird. Wenn wir einen unzufriedenen Mitarbeiter bei der Lösung seines Problems nicht mehr helfen können, wird aus einer anfänglich kleinen Unzufriedenheit eine formale Beschwerde bei der Gewerkschaft.
> Man sollte immer den Versuch unternehmen, eine Klage auf der niedrigsten Ebene zu klären. Der direkte Vorgesetzte ist in den meisten Fällen mit der Materie bestens vertraut und sollte versuchen, eine zufriedenstellende Lösung für das Problem zu finden. Wenn er das nicht kann, dann sollte er seinen Vorgesetzten zurate ziehen oder von sich aus die Initiative ergreifen und den betreffenden Mitarbeiter zu uns bringen.
> So stellen wir es uns eigentlich vor. Aber leider funktioniert es nicht immer auf diese Weise. Unsere Tür steht jedem Mitarbeiter offen, der Grund zur Klage oder Beschwerde hat – mit oder ohne seinen direkten Vorgesetzten.
> In der Regel kann ich schon daran erkennen, was in der Abteilung falsch läuft, wenn der Mitarbeiter allein zu mir kommt. Dann denkt sein Vorgesetzter wahrscheinlich, dass er zu beschäftigt ist, um sich den Problemen

dieses Mannes zu widmen. Wenn aus ein und derselben Abteilung mehrere Mitarbeiter mit Beschwerden zu mir kommen, weiß ich, dass das Problem nicht bei ihnen, sondern bei der Abteilungsleitung liegt."

Wie man ein aufmerksamer Zuhörer wird

Es gibt nur wenig andere Möglichkeiten, die Arbeitsmoral zu steigern, die Achtung und den Respekt der Mitarbeiter zu gewinnen und seine Angestellten zu Höchstleistungen zu motivieren, als ihren Beschwerden und Klagen aufmerksam zuzuhören.

Durch ihre ungeteilte Aufmerksamkeit zeigen Sie als Vorgesetzter, dass Sie sich für die Probleme Ihrer Mitarbeiter ehrlich interessieren und sie respektieren. Sie geben ihnen dadurch das Gefühl, dass sie etwas Wichtiges mitzuteilen haben.

Dwight Austin, technischer Produktionsleiter bei der *Firestone Company* in Orange, Texas, meint dazu:

> „Führungskräfte, die ihre Mitarbeiter gut kennen, hören auf ihre Beschwerden. Das müssen sie auch. Ich ermutige meine Leute immer dazu, sich mir zu öffnen, indem ich ihnen Fragen zu ihrer Person, ihren Familien, ihren Freizeitinteressen und ihrer Tätigkeit stelle. Ich ermuntere sie mir mitzuteilen, was sie an unserem Unternehmen schätzen und was nicht.
> Die einzige Möglichkeit, wirklich in Erfahrung zu bringen, was einen Mitarbeiter motiviert – und warum –, ist, ihm Ihre ungeteilte Aufmerksamkeit zu schenken. Das ist besonders wichtig, wenn er zu Ihnen kommt, um sich über eine Situation, einen Kollegen oder Vorgesetzten zu beschweren."

Ein guter Zuhörer zu sein bedeutet, sich in Geduld zu üben. Ich weiß, es gibt Zeiten, da sind Sie selbst stark beschäftigt und haben weder Zeit noch Nerven für die Belange Ihrer Mitarbeiter. Aber genau in diesem Moment wird jemand in ihrer Tür stehen und mit Ihnen ein Problem besprechen wollen.

Ihnen erscheint das in diesem Moment vielleicht nicht so wichtig, aber für Ihren Mitarbeiter hat es die höchste Priorität. Ansonsten wäre er mit Sicherheit nicht zu Ihnen gekommen. Also bitten Sie ihn, sich zu setzen, und sprechen Sie in aller Ruhe mit ihm. Unter Umständen müssen Sie ihn anfänglich ein wenig aus der Reserve locken, damit er sich Ihnen öffnet. Geben Sie ihm die Möglichkeit, sich seinen Kummer von der Seele zu reden. Oftmals findet er schon die Lösung, indem er einfach sein Problem schildert.

Es kann natürlich sein, dass diese Aufgaben Ihre dienstfreie Zeit in Anspruch nehmen, aber Sie möchten ja schließlich ein reibungslos funktionierendes Unternehmen führen. Denken Sie immer daran, ein Angestellter kann seine Arbeit nicht richtig ausführen, wenn ihn Probleme beschäftigen oder er sich anderweitig Sorgen machen muss.

Wie man aus einem verärgerten einen zufriedenen Mitarbeiter macht

Wie ich gerade erwähnt habe, liegt es eindeutig im Aufgaben- und Verantwortungsbereich einer Führungskraft, sich mit den Beschwerden ihrer Mitarbeiter ernsthaft auseinander zu setzen. Um dabei richtig vorzugehen, bedarf es einiger Erfahrung und Kenntnisse. Roy Feldman, erfahrener Personalmanager bei *American Motors*, verfügt über dieses Know-how:

„Wenn ein verärgerter Mitarbeiter zu mir kommt, um sich zu beschweren, dann behandle ich ihn wie einen VIP. Ich bin so entgegenkommend, als ob er der CEO unseres Unternehmens oder ein Mehrheitsaktionär wäre. Ich bitte ihn, Platz zu nehmen. Ich mache es ihm so bequem wie möglich, biete ihm eine Zigarre oder eine Tasse Kaffee an.
Ich versuche alles, um eine entspannte Atmosphäre zu schaffen.
Nachdem er sich ein wenig beruhigt hat, bitte ich ihn, mir sein Problem von Anfang bis zum Ende zu erzählen. Ich höre ihm zu, ohne ihn zu unterbrechen oder ein einziges Wort zu sagen. Denn das Allererste, was er möchte, ist, dass ihm jemand einfach zuhört. Wenn er mit seiner Geschichte fertig ist, erkläre ich ihm, dass ich mir gut vorstellen kann, wie er sich fühlt. Ich gestehe ein, dass ich in seiner Lage genauso fühlen würde.
In dem Moment habe ich schon eine Menge gewonnen. Allein dadurch, dass ich ihm zugehört und ihn bestätigt habe, hat für ihn das Problem an Wichtigkeit verloren. Darauf war er nicht vorbereitet und so hat er die Möglichkeit, sich weiter zu beruhigen. Anstatt in mir einen Gegner zu finden, erweise ich mich für ihn als Freund. Es gibt auch keine Auseinandersetzung, wie er vielleicht angenommen hatte.
Als Nächstes frage ich ihn, wie ich nun mit seiner Beschwerde weiter verfahren solle, was ich nun eigentlich für ihn tun könne. Damit hat er nun wirklich nicht gerechnet. Er ist es nicht gewohnt, dass ihn ein Vorgesetzter

nach einem Lösungsvorschlag fragt. Normalerweise ist es die Führungskraft, die anordnet, und der Arbeiter, der die Anordnung ausführt.
Aber unser Beschwerdewesen funktioniert nicht auf diese Art und Weise. Wir sagen unseren Mitarbeitern mit Beschwerden nicht, was wir zu tun gedenken – wir fragen sie nach ihren Vorstellungen für die weitere Vorgehensweise.
Viele unserer Angestellten sehen mich dann nur erstaunt an und meinen: ‚Mr. Feldman, das weiß ich wirklich nicht. Darüber habe ich noch gar nicht nachgedacht. Ich wollte eigentlich nur, dass sich mal jemand meine Version der Geschichte anhört. Damit bin ich auch schon zufrieden!'
Manchmal haben sie jedoch auch konkrete Vorstellungen darüber, was ihrer Meinung nach geändert werden müsste. In 95 Prozent der Fälle verlangen sie jedoch viel weniger, als ich in der Lage wäre, für sie zu tun. Wenn ich ihnen dann die Möglichkeiten eröffne, sind sie immer erstaunt und beeindruckt darüber, wie großzügig doch Unternehmen und Management sind.
Wie auch immer, wenn sie mein Büro verlassen, sind unsere Angestellten in der Regel voll und ganz zufrieden gestellt. Und in beiden Fällen haben sie sich die Antwort auf ihr Problem selbst gegeben. Mit dem Ergebnis sind sie rundherum zufrieden.
Um die Wahrheit zu sagen: Mein Job ist eigentlich ganz einfach. Alles was ich zu machen habe ist, zuzuhören. Dann frage ich, was ich für den Mitarbeiter tun soll – und wenn er es mir sagen kann, unterstütze ich ihn bei der Realisierung seiner Vorstellungen."

Mr. Feldmans Vorgehensweise hört sich ähnlich an wie die Methode von Frank Bettger. *Beide bemühen sich durch Zuhören herauszufinden, was die Mitarbeiter eigentlich wollen, und helfen ihnen dabei, ihre Wünsche in die Tat umzusetzen.*

Sie als Führungskraft können dieses Wissen für sich nutzen, indem Sie in Ihrem Unternehmen ein effektives Mitarbeiterbeschwerdeverfahren installieren. Dabei können Ihnen die folgenden zwölf Richtlinien von großem Nutzen sein.

Zwölf Richtlinien zur geschickten Handhabung von Mitarbeiterbeschwerden

1. *Machen Sie es Ihren Angestellten leicht, mit Ihren Problemen zu Ihnen zu kommen.*
   Sie müssen ja nicht gleich dicke Freunde sein, aber Sie sollten auch keine kühle Distanz zu Ihren Leuten schaffen. Sie sollten ihnen die Angst nehmen, dass die Darlegung ihrer Beschwerden irgendwelche Folgen für sie haben könnte. Das ist ein ganz wichtiger Punkt!
2. *Keine übertriebene Bürokratie, bitte!*
   Belasten Sie Ihr Beschwerdeverfahren nicht mit lästigen und überflüssigen Regeln und Vorschriften. Gestalten Sie es schlicht und einfach. Sie möchten die Probleme doch schnellstmöglich aus der Welt schaffen. Eine ‚offene Tür' ist ein guter Anfang!
3. *Erklären Sie jedem Angestellten die Verfahrensweise.*
   Eine ‚offene Tür' bringt Ihnen gar nichts, wenn niemand weiß, dass sie offen steht! Geben Sie Ihren Mitarbeitern die nötigen Informationen. Erzählen Sie ihnen, wie jeder einzelne Angestellte seine Beschwerde vortragen kann und was Schritt für Schritt weiter damit passieren wird.
4. *Helfen Sie den Mitarbeitern dabei, Ihre Beschwerde zu formulieren.*
   Manchmal ist ein Angestellter nicht in der Lage, sein Anliegen in die richtigen Worte zu fassen. Er hat Angst, dass der Erfolg seiner Klage von der richtigen und geschickten Wortwahl abhängig ist. Vielleicht gibt er aus diesem Grund sein Anliegen lieber auf, als es einem Vorgesetzten zu Gehör zu bringen.
5. *Hören Sie immer zu.*
   Gleichgültig wie unbedeutend Ihnen eine Beschwerde eines Mitarbeiters auch vorkommen mag – garantieren Sie Ihren Leuten, dass Sie aufmerksam zuhören werden.
6. *Üben Sie sich in Geduld.*
   Ich weiß, dass Sie beschäftigt sind und andere Dinge zu erledigen haben. Aber haben Sie Geduld; hören Sie Ihrem Gegenüber bis zum Ende zu. Wenn Sie das nicht machen besteht die Möglichkeit, dass sich die Gewerkschaft der Problematik annimmt und Sie sich vor einem Arbeitsgericht wiederfinden.
7. *Fragen Sie, was Sie für Ihren Mitarbeiter tun können.*
   Auf diese Weise wird ein Beschwerdegespräch zu einer für Sie profitablen Unterhaltung. So manch eingerostete Beziehung zwischen

Arbeitgeber und Arbeitnehmer könnte so wieder in Schwung gebracht werden.

8. *Urteilen Sie nicht eilfertig und voreingenommen.*
   Fällen Sie Ihr Urteil mit der sprichwörtlichen Weisheit Salomons. Lassen Sei Ihren subjektiven Blickwinkel einmal außer Acht, und treffen Sie keine übereilten und spontanen Entscheidungen. Wenn Sie mehr Zeit benötigen, um alle notwendigen Fakten zusammenzutragen, dann nehmen Sie sich diese. Eine weise Entscheidung ist wichtiger als eine schnelle!

9. *Sammeln Sie alle notwendigen Fakten.*
   Manchmal sollten Sie sich eine Geschichte auch aus einer anderen Perspektive anhören. Wenn es notwendig wird, weitere Informationen zu sammeln, sollte Zeit keine Rolle spielen.

10. *Teilen Sie Ihrem Angestellten Ihre Entscheidung mit.*
    Sobald Sie eine Entscheidung getroffen haben, sollten Sie diese auch der entsprechenden Person mitteilen – und zwar persönlich. Wenn Sie einen Mittelsmann mit dieser Aufgabe betrauen, geben Sie Ihrem Untergebenen das Gefühl, für Sie von keinem weiteren Interesse zu sein.

11. *Überprüfen Sie die Umsetzung Ihrer Vorschläge.*
    Sprechen Sie später noch einmal mit Ihrem Angestellten, um sicherzustellen, dass alle Probleme aus der Welt geschafft wurden. Sie zeigen damit, dass Sie an Ihrem Mitarbeiter interessiert sind.

12. *Sorgen Sie sich um Ihre Angestellten.*
    Es ist nicht von großem Nutzen, einem Mitarbeiter seine Aufmerksamkeit zu schenken und sich sein Anliegen anzuhören, wenn man es nicht wirklich ehrlich meint. Nur wenn Sie ihm wirklich helfen wollen, können Sie eine unbefriedigende Situation zum Besseren wenden. Ihre Sorge und Ihr Interesse müssen ernst gemeint sein!

Ich möchte hier bestimmt nicht andeuten, dass Sie alle Probleme Ihrer Mitarbeiter lösen können, indem Sie ihren Beschwerden aufmerksam zuhören. Aber Ihre ungeteilte Aufmerksamkeit hilft dabei, das Verhältnis zwischen Ihnen und Ihren Untergebenen entscheidend zu verbessern.

Dr. Paul Jansen, ein Industriepsychologe aus Birmingham, Alabama, sieht es auf ähnliche Weise:

„Wenn Sie Ihren Angestellten helfen wollen, dann müssen Sie den Beschwerden Ihrer Mitarbeiter Beachtung schenken. Nicht nur hin und wie-

der, sondern jedes Mal wenn einer Ihrer Leute zu Ihnen kommt. Geben bedeutet immer, sich von etwas wertvollem zu trennen! Und in diesem Falle trennen Sie sich von Ihrer Zeit und der Beschäftigung mit Ihren eigenen Interessen und Wünschen.

Wenn Sie Ihren Angestellten keine Aufmerksamkeit schenken und sich nicht ihren Problemen widmen, lehnen Sie die Mitarbeiter ab. Zurückgewiesen zu werden ist sehr schmerzhaft. Ein gutes Heilmittel dagegen ist ungeteiltes Interesse. So einfach ist das!"

20 Sie informieren Ihre Mitarbeiter nicht ausreichend

Glen Ingersoll, Produktionsleiter bei der Kaiser Steel Corporation in Fontana, Kalifornien, erzählt:

„Ich habe festgestellt, dass die meisten Probleme mit unseren Mitarbeitern dann auftreten, wenn sie über die Entscheidungen des Managements nicht ausreichend informiert wurden. Es ist wichtig, dass Sie Ihre Angestellten darüber in Kenntnis setzen, was vor sich geht, wann es passiert, warum und wie. Besonders dann, wenn Ihre Handlungen seinen Arbeitsbereich direkt betreffen.
Letzte Woche zum Beispiel war einer unserer Produktionsangestellten sehr verstimmt darüber, dass offensichtlich ein neuer Mitarbeiter trotz kürzerer Betriebszugehörigkeit vor ihm befördert worden war. Normalerweise entscheiden wir bei einer anstehenden Beförderung bei gleicher Qualifikation nach der Dauer der Betriebszugehörigkeit. Da Hank nun schon länger bei uns ist, fühlte er sich zu Unrecht übergangen.
Er reichte beim Betriebsrat eine Beschwerde ein und in weniger als 14 Stunden erhielt er eine Antwort, die ihn voll und ganz zufrieden stellte. Der Mitarbeiter, der angeblich unrechtmäßig vor ihm befördert worden war, arbeitete bereits mehr als sechs Jahre in einem Unternehmen, das die Kaiser Steel Corporation kürzlich aufgekauft hatte.

Sie informieren Ihre Mitarbeiter nicht ausreichend

> *Eine der Übernahmebedingungen lautete, dass allen Angestellten des Unternehmens im Falle einer Beförderung ihre Betriebszugehörigkeit angerechnet wird. Wie sich schließlich herausstellte, arbeitete also Hanks Widersacher zwei Jahre länger bei Kaiser Steel als er selbst.*
>
> *Hanks Beschwerde wäre niemals zum Thema geworden, wenn man ihn vorher über die Umstände und Gründe der Beförderung informiert hätte. Das war mein Fehler: Ich habe meine Informationen nicht richtig weitergeleitet. Aber Sie können darauf wetten, dass mittlerweile jeder auf dem neuesten Stand der Dinge ist."*

Waren Sie jemals beim Militär? Wenn ja, dann haben Sie sich mit Sicherheit auch schon einmal Fragen wie diese gestellt: „Warum sagt man uns nicht endlich, was eigentlich los ist?" oder „Warum sagen sie uns nicht, was sie von uns erwarten?" oder „Warum müssen wir uns ständig abhetzen, um anschließend doch nur wieder irgendwo herumzustehen und zu warten?"

Es gibt überhaupt keinen Grund dafür, dass Sie in Ihrem Unternehmen ebenfalls derartige Ratespielchen treiben. *Jeder einzelne Ihrer Angestellten hat das Recht, über seine Arbeit und die sich eventuelle verändernden Bedingungen informiert zu werden.* Lassen Sie Ihre Mitarbeiter nicht im Dunkeln stehen!

Sie sollten ihnen bezüglich ihrer Arbeitsleistung mitteilen, *warum* und *wozu* Sie das eine oder andere von ihnen erwarten. Und vergessen Sie bitte nicht das *Was* und *Wie!* Die Effizienz, die Arbeitsmoral, das Vertrauen und der Enthusiasmus Ihrer Untergebenen hängt im Wesentlichen davon ab, wie gut Sie Ihre Leute informieren.

Wenn Sie Ihre Mitarbeiter laufend übergehen und sie nicht ausführlich genug über die sie betreffenden Vorgänge in Ihrem Unternehmen in Kenntnis setzen, weil Sie der Meinung sind, dass Sie Besseres zu tun haben, dann sägen Sie letztendlich den Ast ab, auf dem Sie sitzen. Sie manövrieren sich selbst ins „Informations-Aus"!

Doch wenn Sie an die Bedeutung eines regelmäßigen und kontinuierlichen Informationsaustauschs glauben, dann werden Sie von Ihren Mitarbeitern mehr zurückerhalten, als Sie jemals investiert haben.

Was Sie gewinnen, wenn Sie Ihre Angestellten gut informieren

Sie fördern ihr Engagement und ihre Begeisterungsfähigkeit

Sie möchten, dass Ihre Mitarbeiter ihr Bestes für Sie geben und Höchstleistungen erbringen? Dann setzen Sie jeden einzelnen von ihnen über seinen persönlichen Fortschritt in Kenntnis.

Jeder möchte gern wissen, was Sie eigentlich von ihm erwarten und wie Sie seine Arbeitsleistung beurteilen. Es gibt wohl kaum einen Angestellten, der ein ausgesprochenes Lob oder ein anerkennendes Schulterklopfen nicht gern sieht.

Wenn Sie Ihre Leute über deren persönlichen Fortschritt kontinuierlich informieren – wenn jeder genau weiß, woran er bei ihnen ist –, dann werden diese dazu ermutigt, Engagement und Enthusiasmus zu zeigen. Sie werden ihre Leistungen verbessern und ihre Arbeitsmoral wird ansteigen.

Ein gut informierter Mitarbeiter ist ein besserer Mitarbeiter

Ein Mitarbeiter, der die großen Zusammenhänge versteht, der erkennt, welche Funktion er darin einnimmt und der weiß, was Sie wirklich von ihm und seiner Arbeit halten, ist ein weit besserer Angestellter, als einer, den man darüber im Ungewissen lässt.

Ein gut informierter Angestellter ist ein effektiverer Angestellter. Er wird Ihnen und dem gesamten Unternehmen gegenüber eine positive Einstellung an den Tag legen. Er versteht die langfristigen Entscheidungen des Managements und kann diese objektiv beurteilen. Seine Kenntnisse über die zukünftigen Ziele seines Arbeitgebers helfen ihm dabei, seine persönlichen Ziele zu definieren.

Sie verhindern das Entstehen von Gerüchten

Informieren Sie Ihre Leute rechtzeitig und umfassend, und Sie verhindern, dass unliebsame und bösartige Gerüchte über die Sicherheit des Arbeitsplatzes, den Verlust von Kompetenzen, Kürzungen bei Löhnen und Gehältern und dergleichen in die Welt gesetzt werden. Die Wahrheit zu sagen ist die einzige Möglichkeit, derartige Tendenzen im Keim zu ersticken. Nur so können Sie Reibereien, Missverständnissen, Unzufriedenheit, Frustrationen und Angst unter den Mitarbeitern entgegenwirken.

Sie verdienen sich das Vertrauen, die Unterstützung, den Respekt und die Loyalität Ihrer Mitarbeiter

Die ist ein beachtlicher Gewinn, den Sie einfach dadurch erreichen, dass Sie Ihren Angestellten stets die Wahrheit sagen und sie darüber in Kenntnis setzen, welche einschneidenden Veränderungen in ihrem Betrieb anstehen.

Wenn Sie offen und ehrlich sind, die Wahrheit sagen und vor Ihren Mitarbeitern nichts verheimlichen, werden Sie respektiert und als vertrauenswürdig empfunden werden.

Man wird Ihre Anordnungen befolgen und die gestellten Aufgaben zu Ihrer vollsten Zufriedenheit ausführen. Zusammenarbeit und gegenseitiges Unterstützen werden nicht länger leere Phrasen bleiben.

Methoden, um diese Ziele zu erreichen

Lassen Sie die Leute wissen, woran sie bei Ihnen sind

„Viele Angestellte machen sich Sorgen darüber, was ihr Vorgesetzter wohl von ihnen und ihrer Arbeitsleistung denken mag. Besonders dann, wenn er hinter ihnen steht und sie kommentarlos bei ihrer Arbeit beobachtet. Geht es Ihnen nicht auch so? Nun, Ihre Untergebenen empfinden da nicht anders! Probieren Sie es einfach einmal aus. Beobachten Sie einen Mitarbeiter, während er seinen Job verrichtet. Sagen Sie dabei kein Wort. Runzeln Sie vielmehr die Stirn und blicken Sie finster drein. Wollen Sie wissen, was passiert? Ihr Angestellter wird Fehler machen und unsicher werden. Obwohl Sie kein einziges Wort mit ihm gesprochen haben, ist er sich sicher, dass ein

großes Unheil über ihn hereinbrechen wird. Und das nur aufgrund der Art und Weise, wie Sie ihn beobachten.
Ich lasse meine Leute nicht raten und über meine Absichten spekulieren. Ich sage ihnen immer die Wahrheit und versuche mich in ihre Lage zu versetzen.
Wenn ich der Ansicht bin, dass einer meiner Mitarbeiter seine Sache gut macht, dann sage ich ihm das. Wenn er das nicht tut, dann sage ich ihm das ebenfalls. Ich bin der Meinung, dass ich nur dann zufrieden stellende Ergebnisse erzielen kann, wenn ich meine Angestellten über ihre persönliche Leistung und die Qualität ihrer Arbeit informiere."

So weit Max Kilburn, Produktionsleiter bei der *Occidental Chemical Company* in Lathrop, Kalifornien.

Sie sollten Ihre Mitarbeiter nicht nur – wie in Mr. Kilburns Beispiel – mündlich über ihre Fortschritte informieren. Führen Sie doch ein schriftliches Beurteilungssystem ein, mit dessen Hilfe Sie in regelmäßigen Abständen die Leistungen Ihrer Angestellten festhalten. Zeigen Sie diesen Beurteilungsbogen Ihren Leuten und legen Sie ihn Ihren Mitarbeitern zur Kenntnis vor. Lassen Sie sich diesen durch eine Unterschrift quittieren.

Für den Fall, dass Sie eine Kündigung aussprechen müssen, verfügen Sie auf diese Weise über die entsprechenden Unterlagen, um Ihre Entscheidung zu untermauern.

Um Ihnen beim Entwerfen eines solchen Bogens zu helfen, stelle ich Ihnen meine persönliche Checkliste zur Verfügung. Sie hat mir in den letzten Jahren gute Dienste dabei geleistet, meine Mitarbeiter erfolgreich zu beurteilen.

Ist die zu bewertende Person eine Führungskraft, können Sie den einen oder anderen Punkt des Fragenkatalogs weglassen. Ebenso verfahren Sie bitte, wenn Sie einen einfachen Arbeiter beurteilen wollen. Passen Sie meine Liste einfach den gegebenen Umständen an.

Leistungsnachweis

		Ja	Nein
1.	Beherrscht seinen Job	☐	☐
2.	Ist zuverlässig	☐	☐
3.	Setzt sich für seine Weiterbildung ein	☐	☐
4.	Bemüht sich um neue Ideen und unterstützt Erfolg versprechende Veränderungen	☐	☐
5.	Kann Kritik gut vertragen	☐	☐
6.	Verfügt über Durchsetzungsvermögen – gibt nicht so schnell auf	☐	☐
7.	Konzentriert sich auf das Wesentliche – hält sich nicht mit Nebensächlichkeiten auf	☐	☐
8.	Kann sich selbst und seine Ideen gut verkaufen	☐	☐
9.	Hält Druck sowohl von oben als auch von unten gut aus	☐	☐
10.	Sagt seinen Mitarbeitern, was sie wissen müssen – nicht was sie wissen wollen	☐	☐
11.	Ist sehr selbstsicher	☐	☐
12.	Wägt die Fakten sorgfältig und objektiv ab	☐	☐
13.	Trifft fundierte Entscheidungen und steht zu ihnen	☐	☐
14.	Berücksichtigt menschliche Schwächen	☐	☐
15.	Legt Wert auf korrektes Verhalten	☐	☐
16.	Behält im Ernstfall einen kühlen Kopf	☐	☐
17.	Wird von anderen respektiert	☐	☐
18.	Ist ein geschickter Verhandlungspartner	☐	☐

Wenn Sie die Arbeit eines Angestellten nicht schätzen, sagen Sie ihm das

Sie sollten mit Ihrer Kritik nicht warten, bis es einmal wieder an der Zeit für eine schriftliche Beurteilung ist. Wenn Sie der Ansicht sind, dass ein Mitarbeiter seinen Job nicht gut macht, dann sagen Sie ihm das. Vielleicht vereinbaren Sie mit ihm wöchentliche oder monatliche Besprechungen über seinen persönlichen Fortschritt. Aber Vorsicht: Verurteilen Sie nicht, sondern bleiben Sie konstruktiv und sagen Sie ihm einfach die Wahrheit. Widmen Sie jedem einzelnen Ihrer Angestellten genügend Zeit und Aufmerksamkeit, um ihm zu vermitteln, was Sie von ihm erwarten. Erklären Sie ihm, dass es an ihm selbst liegt, die Dinge zum Positiven zu verändern und seine Leistungen zu verbessern.

Einem Mitarbeiter, der ständig zu spät zur Arbeit erscheint, können Sie beispielsweise andeuten, dass Ihnen sein Fehlverhalten nicht entgangen ist. Sagen Sie ihm, dass Sie von ihm erwarten, diesen Missstand zu beheben. Anderenfalls muss er sich darüber im Klaren sein, dass Sie einen entsprechenden Vermerk in seiner Personalakte veranlassen werden.

Wenn Sie die Arbeit eines Angestellten schätzen, sagen Sie ihm das auch

Auch wenn Sie die meiste Zeit damit beschäftigt sind, Probleme zu beseitigen und sich mit allerlei Zwischenfällen herumärgern müssen, versäumen Sie niemals, die zufrieden stellende Arbeit eines leistungsstarken Mitarbeiters entsprechend zu würdigen. Bestätigen Sie ihren guten Leuten, wie glücklich und zufrieden Sie mit ihrer Arbeit sind. Loben Sie deren Leistung und vergessen Sie nicht, sie in ihren Bemühungen zu unterstützen.

Hubert Riebold, Bereichsleiter bei der *Industrial Belt Division* der *Gates Rubber Company* in Denver, Colorado, erzählt dazu:

> „Richtig eingesetzt kann Loben ein sehr wirksames Mittel sein, einen Mitarbeiter zu noch besseren Leistungen zu motivieren. Besonders hilfreich ist es meiner Meinung nach, wenn man seinen Angestellten in den Punkten bestärkt, in welchen er vielleicht noch ein wenig schwach ist und Hilfe nötig hat.
> Außerdem habe ich festgestellt, dass es nur von Vorteil ist, Lob und eventuelles Schulterklopfen für ganz bestimmte Arbeitsleistungen aufzusparen. Wenn ein Mitarbeiter einen schwierigen Job bravourös gemeistert hat, ist er für ein paar ehrlich gemeinte Worte der Anerkennung besonders empfänglich."

Wie man einen Mitarbeiter richtig lobt

Auf den ersten Blick scheint das nicht allzu schwierig zu sein. Und tatsächlich sollte es einem auch nicht schwer fallen, einem Mitarbeiter anerkennend auf die Schulter zu klopfen.

Aber ein Lob sollte mehr beinhalten, als nur einen oberflächlichen Appell an die Eitelkeit oder einfache Schmeichelein. Auf alle Fälle sollten Sie Superlative wie „der Allerbeste ... unvergleichlich ... nicht zu übertreffen ..." und dergleichen vermeiden. Sie erscheinen damit nicht besonders glaubwürdig!

Ich selbst habe zum Beispiel vor vielen Jahren einmal eine Militärauszeichnung erhalten. In der Urkunde fand ich Worte wie „überlegen ... überragend ... beispielhaft ... unvergleichlich ... unübertroffen ... bestmöglich ..." und so weiter. Ich erkannte mich überhaupt nicht wieder! Ich hatte den Eindruck, über jemanden ganz anderen zu lesen. Und um die Wahrheit zu sagen, konnte ich nicht verstehen, dass ich noch nicht – wie der Rest meiner Kameraden – zum Oberstleutnant ernannt worden war, wenn ich wirklich so gut sein sollte.

Sie sind mit Ihrem Lob wesentlich glaubwürdiger, wenn Sie keine derart überzogenen Phrasen gebrauchen, sondern Ihre Anerkennung in einfache Worte fassen, die auch Ihrem natürlichen Sprachgebrauch entsprechen. Zum Beispiel: „Gute Arbeit, George ..." oder „Du warst noch nie so gut, Sam ..." oder „Ausgezeichneter Job, Al – Danke!"

Ich möchte hier nicht sagen, dass Sie mit Ihren Komplimenten sparsam umgehen sollen. Aber bitte sagen Sie nichts Nettes zu einem Angestellten, wenn Sie es nicht wirklich auch so meinen. Seien Sie ehrlich. Sagen Sie, was Sie denken – und überlegen Sie, was Sie sagen!

Sie müssen einem Mitarbeiter, der sein Äußerstes gibt, nicht ständig Honig um den Mund schmieren. Lassen Sie ihn einfach nur wissen, dass Sie seinen Einsatz sehr schätzen und seine Leistung durchaus anerkennen. Meistens reicht es übrigens völlig, wenn man hin und wieder einmal „DANKE!" sagt.

Eine kleine Empfehlung noch am Rande: Ziehen Sie bei Ihrem Lob niemals Vergleiche zu anderen Angestellten heran! Vergleichen Sie einen Mitarbeiter stets nur mit seinen eigenen Leistungen. Das gelingt Ihnen am besten, wenn

Sie zum Beispiel erklären, dass die Leistungen dieser Woche diejenigen von vor zehn Tagen um einiges übersteigen – irgendetwas in dieser Art.

Wenn Sie Vergleiche mit anderen Kollegen heranziehen, ruft das nur Bitterkeit und schlechte Stimmung hervor, denn es wird immer jemanden geben, der besser oder größer ist.

Erzählen Sie von den Plänen des Unternehmens

Bringen Sie Ihre Leute kontinuierlich auf den neusten Stand der Dinge – halten Sie Ihre Mitarbeiter über anstehende Entscheidungen der Unternehmensspitze auf dem Laufenden.

Geben Sie Ihnen rechtzeitig Bescheid, wenn betriebliche Veränderungen im Raum stehen. Als Mitglieder Ihres Teams haben sie ein Recht darauf, umfassend informiert zu werden.

Setzen Sie Ihre Angestellten über den aktuellen Zustand und die zukünftigen Ereignisse in Kenntnis. Nur so haben sie die Chance, sich selbst in diesem Spiel wieder zu finden und ihre Arbeit aus der richtigen Perspektive zu sehen.

Weihen Sie Ihre engsten Mitarbeiter frühzeitig in Ihre Pläne ein

Ich bin mir natürlich im Klaren darüber, dass es Themen und Entscheidungen gibt, die man nicht mit allen Mitarbeitern besprechen kann und will. Ihre engsten Mitarbeiter und Assistenten sollten Sie allerdings in Ihre Pläne einweihen, ehe Sie vollendete Tatsachen schaffen.

Derartige Vorabinformationen vermitteln diesen Mitarbeitern ein besonderes Gefühl der Zugehörigkeit. Und nicht nur das: Sie tragen Ihre Entscheidungen mit und sind sehr auf den Erfolg derselben bedacht. Sie sind der Ansicht, persönlich verantwortlich zu sein, und werden Ihre Pläne mit Engagement und Begeisterung in die Tat umsetzen.

Wie man Missverständnisse vermeidet

Viele Missverständnisse entstehen nur aufgrund eines Informationsdefizits.

Zum Beispiel bekommt John Green zwei Wochen bezahlten Urlaub. Aber George Smith, der gleich neben ihm arbeitet, billigt man drei Wochen zu. Das wäre alles kein Problem, wenn man John gesagt hätte, dass auch er nach zehn Jahren Betriebszugehörigkeit ein Anrecht auf drei Wochen bezahlten Urlaub hat.

Ein anderes Beispiel: Joe Brown fühlt sich schlecht behandelt, weil er für die neuen Reifen seines Wagens von seinem Arbeitgeber mit dem entsprechenden Einkaufspreis plus zehn Prozent belastet wurde. Joe war der Ansicht, dass man ihn über den Tisch gezogen hatte. Allerdings hatte er bei seinem Einführungsgespräch als neuer Mitarbeiter nicht richtig zugehört. Er hörte nur das Wort „Einkaufspreis", nicht aber den Zusatz „plus zehn Prozent"!

Meistens entstehen derartige Missverständnisse und Beschwerden durch fehlende Informationen. Manchmal liegt der Fehler beim Management, weil man seinen Leuten nicht sagt, was eigentlich los ist. Oftmals sind die Angestellten auch selbst daran schuld, weil sie einfach nicht aufmerksam sind, nicht richtig zuhören oder die Anschläge am schwarzen Brett nicht lesen.

Welcher Grund auch immer die Ursache für derartiges aneinander Vorbeireden ist, er gehört schnellstens und zufrieden stellend aus dem Weg geräumt.

Teilen Sie Ihren Angestellten Veränderungen mit, egal ob sie sie persönlich betreffen ...

Sie müssen natürlich keinesfalls Firmengeheimnisse preisgeben. Aber Sie sind dazu verpflichtet, es Ihren Leuten mitzuteilen, wenn die Entscheidungen der Führungsetage sie persönlich betreffen. Das ist eine gute Gelegenheit zu zeigen, dass Sie sich um das Wohlergehen Ihrer Mitarbeiter sorgen.

Wenn man entschieden hat, in einer anderen Abteilung eine neue Position zu schaffen, für die einer Ihrer Angestellten geeignet wäre, dann sollten Sie ihn davon unterrichten. Er hat ein Anrecht darauf, sich beruflich zu verbessern, auch wenn Ihre Abteilung dadurch langfristig einen wertvollen Mitarbeiter verlieren könnte. Wenn er den Job nicht bekommt, wird er Ihnen dafür dankbar sein, dass Sie ihm die Chance gegeben haben, sich auf eine neue Position bewerben zu können. Allein aus diesem Grund wird er sich weiterhin mit voller Kraft für Ihre Abteilung einsetzen.

... oder nicht

Ebenso wichtig, wie seinen Angestellten mitzuteilen, in welcher Art und Weise sie von anstehenden Veränderungen im Betrieb betroffen sind, ist es, ihnen gegebenenfalls zu versichern, dass sich an ihrem Arbeitsplatz im Wesentlichen *nichts ändern* wird.

Warren Roland, Leiter der des Personal-Managements bei einem großen Hersteller für elektrische Haushaltsgeräte in St. Louis, Missouri, erläutert die Konsequenzen aus dem Versäumnis, seine Untergebenen entsprechend zu informieren:

> *„Letzten Sommer bekamen wir scheinbar aus heiterem Himmel aus den Reihen unserer Produktionsangestellten immer mehr Beschwerden und Klagen eingereicht. Sie schimpften über die angeblich schlechte Beleuchtung der Arbeitsstätten, die nicht ausreichende Belüftung der Hallen, die unerträgliche Hitze und den ohrenbetäubenden Lärm. Immer wenn wir ein Problem zufrieden stellend aus der Welt geschafft hatten, kamen sie mit einer neuen Beschwerde zu uns. Dieses Verhalten war für unsere Leute eigentlich völlig untypisch, da wir in der Vergangenheit ein fast herzliches Verhältnis zwischen den Arbeitern und deren Vorgesetzten verzeichnen konnten.*
>
> *Um der Sache auf den Grund zu gehen, rief ich einen langjährigen Mitarbeiter zu mir. Nun erfuhr ich die Ursache für die sich häufenden Klagen.*
>
> *Das eigentliche Problem lag darin, dass unsere Angestellten plötzlich Angst um ihre Arbeitsplätze hatten und aufgrund angeblich fortschreitender Automatisierung befürchteten, wegrationalisiert zu werden.*
>
> *Der Grund: Die Unternehmensleitung hatte überlegt, die gesamte Immobilie an ein professionelles Leasingunternehmen zu verkaufen, um es dann auf einer langfristigen Basis zurückzuleasen. Dadurch versprach man sich, kurzfristig genügend Kapital frei zu machen, um anstehende Investitionen tätigen zu können. Allein aus diesem Grund konnten unsere Mitarbeiter einige Angestellte der Leasingfirma dabei beobachten, wie sie das Unternehmen sorgfältig unter die Lupe nahmen. Dieses plötzliche und unerwartete Auftauchen der ‚Schnüffler', die mit Papier und Bleistift ihre Runden durch das Betriebsgelände machten, weckte das Misstrauen unserer Leute. Sie waren davon überzeugt, dass sie schon bald durch Maschinen ersetzt werden sollten.*
>
> *Als man ihnen den Grund für den Besuch der Fremden erklärt hatte, hörte die Flut an Beschwerden auf einmal wieder auf."*

Sie können nur dann vermeiden, dass sich auch in Ihrem Betrieb etwas Vergleichbares ereignet, wenn Sie alles daran setzen, Missverständnisse zu vermeiden. Wenn die Situation schon verfahren sein sollte, können nur ein paar klärende Worte mit Ihren Angestellten die Situation wieder entspannen.

Lassen auch Sie sich von Ihren Angestellten ausreichend informieren

Eigentlich sollte dieses Kapitel ausschließlich davon handeln, wie Sie Ihre Mitarbeiter am besten über die Vorgänge im Unternehmen in Kenntnis setzen. Aber ich möchte abschließend doch noch bemerken, dass der Informationsfluss in beiden Richtungen funktionieren muss.

Einer der wichtigsten Dienste, die ein Mitarbeiter Ihnen erweisen kann, ist Ihnen alle Ereignisse in Ihrer Abteilung zu Gehör zu bringen. Sie müssen wissen, was vor sich geht!

Ich selbst habe diese Lektion schon vor langer Zeit lernen müssen. Ein alter Bereichsleiter sagte damals zu mir:

„Lassen Sie sich von Ihren Mitarbeitern nicht nur das sagen, was Sie *hören wollen*, sondern auch das, was Sie *hören müssen*. Nur auf diese Weise können Sie langfristig Ihren Job behalten."

Dieser Ratschlag hat sich in der Vergangenheit als sehr nützlich erwiesen. Er ist auch für Sie wertvoll.

21 Sie behandeln Ihre Mitarbeiter nicht als individuelle Persönlichkeiten

Arbeitspsychologen behaupten, wer seine Mitarbeiter und Untergebenen *nicht als individuelle Persönlichkeiten*, sondern wie einen Teil des Maschinenparks oder einen Einrichtungsgegenstand behandelt, macht einer der gröbsten Fehler, den Manager und Führungskräfte überhaupt begehen können.

Sehen wir uns diese These einmal etwas näher an. Keiner Ihrer Angestellten möchte ein „Nobody" sein. Jeder will doch etwas darstellen und beachtet werden. Niemand ist gern nur eine Nummer – ein gesichts- und namenloses Etwas. *Jeder ist darauf bedacht*, seine besonderen Charakterzüge, *seine individuelle Identität beizubehalten.*

Unglücklicherweise verlieren die Menschen in unserer heutigen hochautomatisierten und technisierten Arbeitswelt immer mehr an Wert und werden oft nur noch als Teil des Betriebsinventars betrachtet.

Mit dem Einzug der Computer in die Geschäftswelt hat sich die Lage auch nicht gerade verbessert. Computer funktionieren mit Codes und Ziffern anstatt Namen, das gilt für Bankgeschäfte ebenso wie für den Arbeitsplatz. So scheint sich die Persönlichkeit zu reduzieren und der Mensch als Individuum tritt in den Hintergrund.

Sie behandeln Ihre Mitarbeiter nicht als individuelle Persönlichkeiten

Was bedeutet das für Sie als Führungskraft? Es bedeutet, dass *Sie alles in Ihrer Macht Stehende unternehmen müssen, um die Individualität Ihrer Angestellten zu erhalten.*

Armond Dunlap, Betriebsleiter bei *Emerson Electric* in St. Louis, gibt uns hierbei ein gutes Beispiel:

> „Wir setzen alles daran, unsere Angestellten als Einzelpersönlichkeiten zu behandeln. Und da es wohl nichts Individuelleres und Bezeichnenderes gibt, als den Namen einer Person, setzen wir genau hier an.
> Ich bestehe darauf, dass jeder unserer Abteilungsleiter, Sektionschefs, jeder Bereichsleiter und Aufseher seine Leute beim Namen kennt. Auf jedem Arbeitsplatz, jedem Schreibtisch und jeder Werkbank steht ein Schild mit dem Namen des dort arbeitenden Mitarbeiters. Unsere Leute sehen daran, dass wir sie als vollwertige Mitglieder unseres Teams anerkennen – sie sind dadurch nicht länger namen- und gesichtslose Nummern auf unserer Gehaltsliste.
> Jede Woche veröffentlichen wir eine neue Ausgabe unserer Betriebszeitung. Darin berichten wir über die neuesten Entwicklungen in unserem Unternehmen, unsere Erfolge, über spezielle Ereignisse, Beförderungen und so weiter. Wenn wir eine neue Maschine installiert haben, bringen wir ein Foto mit dem Mitarbeiter, der sie bedient. Die Personalabteilung berichtet über anstehende Geburtstage und Jubiläen. Wenn jemand von unseren Leuten Geburtstag hat, hängen wir eine Notiz ans schwarze Brett und wünschen ihm durch unsere kleine Zeitung ‚viele weitere glückliche Jahre'. Außerdem erhält er einen Tag bezahlten Urlaub.
> Wenn wir Prämien verleihen oder einem Mitarbeiter unsere Anerkennung auf andere Weise bekunden, engagieren wir einen Fotografen, der den Angestellten und dessen direkten Vorgesetzten bei der Übergabe bildlich ins richtige Licht setzt. Damit rücken wir gleich zwei unserer Leute ein wenig in den Vordergrund. Jeder von ihnen erhält einen Abzug des Bildes, einen weiteren hängen wir wieder an unser schwarzes Brett. Und in der nächsten Ausgabe erscheint ein kleiner Artikel mit Foto über das Ereignis.
> Meistens schicken wir noch einen Abzug an die lokalen Zeitungen.
> Wir beschränken uns allerdings nicht nur auf die betriebsinternen Ereignisse. In unserer Zeitung können Sie auch allerhand Neuigkeiten über Hochzeiten, Geburten, die Schulabschlüsse der Kinder unserer Mitarbeiter, deren Teilnahme an Sportwettkämpfen oder Theateraufführungen und dergleichen lesen. Wenn jemand einberufen wird oder seinen Dienst beim Militär beendet hat, ist uns das ebenfalls ein paar Zeilen in unserem Blatt wert.

> Es geht uns darum, die Namen unserer Mitarbeiter oder ihrer Familienangehörigen in irgendeinem interessanten Zusammenhang in der Betriebszeitung erwähnen zu können.
> Lohnt sich das Ganze? Darauf können Sie wetten! Sie sollten sich unsere Produktionsberichte und die Liste mit den Mitarbeiterbeschwerden einmal ansehen. Der Unterschied zwischen Vorher und Nachher ist gravierend und spricht meiner Meinung nach für sich selbst."

Der Punkt, den wir uns hier merken sollten, ist folgender: Ihre Angestellten benötigen eine individuelle Art der Anerkennung und Bestätigung. Wie Mr. Dunlop werden Sie schnell herausfinden, dass sich die Moral und der Arbeitseinsatz entscheidend verbessern wird, wenn Sie Ihren Angestellten die individuelle Anerkennung und Aufmerksamkeit zugestehen, die sie so dringend benötigen.

Was Sie gewinnen, wenn Sie die Individualität Ihrer Mitarbeiter anerkennen

Wenn Sie Ihre Angestellten als wichtige und eigenständige Persönlichkeiten behandeln, haben Sie folgende Vorteile:

1. Ihre Angestellten werden Ihre Freunde.
2. Keiner wird Ihnen gegenüber feindselig gestimmt sein.
3. Sie werden Sie bewundern und respektieren.
4. Sie werden Ihren Anordnungen Folge leisten.
5. Die Produktion wird steigen; Kosten, Ausgaben und Mitarbeiterbeschwerden werden sinken.
6. Ihr Einfluss und Ihre Macht werden wahre Wunder bewirken.

Methoden, um diese Ziele zu erreichen

Wie Sie Ihre Mitarbeiter als individuelle Persönlichkeiten behandeln

Die verschiedensten Studien haben belegt, dass die Arbeitsmoral und -leistung eines Durchschnittsangestellten um ein Vielfaches höher ist, wenn ihn der Vorgesetzte als individuelle Persönlichkeit behandelt und ihm das Gefühl vermittelt, wichtig und von Interesse zu sein.

Die meisten Führungskräfte würden jederzeit zugeben, dass die Bedeutung dieser Punkte in ihrer Tätigkeit nicht zu unterschätzen ist – aber sie nehmen sich nur in den wenigsten Fällen die Zeit, sie auch zu beherzigen. Wie sie sagen, sind sie mit wichtigeren Dingen viel zu beschäftigt, sodass man es ihnen nachsehen müsse, wenn sie diese Aspekte in ihrer täglichen Arbeitsroutine einfach nicht genügend berücksichtigen könnten. Das Ergebnis? Die Arbeitsmoral sinkt im Sturzflug; die Produktionsleistung lässt nach; die Abwesendheitsrate und die Anzahl der Mitarbeiterbeschwerden schnellen in die Höhe!

Dabei ist es so einfach, seine Leute als wertvolle Individuen zu behandeln. Und es kostet Sie auch fast keine Zeit.

Investieren Sie jeden Tag fünf bis zehn Minuten und Sie ersparen sich endlose Stunden mit dem Bearbeiten von Beschwerden und Klagen oder – noch schlimmer – mit völlig unproduktiven und unprofitablen Anhörungen vor dem Arbeitsgericht.

Es gibt drei ganz einfache Möglichkeiten, wie man seine Angestellten besser kennen lernen und ihnen im Gegenzug das Gefühl vermitteln kann, in ihrer Individualität für das Unternehmen von großer Bedeutung zu sein:

1. Merken Sie sich den Namen jedes Mitarbeiters

Für jeden Menschen ist sein Name das bedeutsamste Wort auf der Welt. Setzen Sie ihn ein, werden sich – wie von Zauberhand – viele Möglichkeiten für Sie eröffnen, die Ihnen ansonsten vielleicht verschlossen bleiben würden.

Wenn Sie Ihr Gegenüber jedoch nicht beim Namen nennen können, wenn Sie ihn nicht wissen, ihn falsch aussprechen oder gar vergessen, dann wird sich der Zauber unter Umständen in „schwarze Magie" umkehren.

Als gute Führungskraft sollten Sie in der Lage sein, jeden einzelnen Ihrer Mitarbeiter mit dem Namen ansprechen zu können; nicht nur mit dem Nachnamen, sondern auch mit seinem Vornamen! Das ist die überzeugendste und beste Art und Weise, seinem Gesprächspartner zu suggerieren: *Ich erkenne Dich als wichtigen und individuellen Menschen an.*

John Wilkins, President von *Kimberly Music Industries*, einem Chicagoer Unternehmen mit annähernd 500 Angestellten, erzählt:

„Heute kenne ich jeden einzelnen Mitarbeiter unseres Betriebs beim Vornamen. Den einen oder anderen vergesse ich vielleicht hin und wieder, vor allem, wenn es sich dabei um einen neuen Angestellten handelt. Aber nicht sehr oft!

Das war früher nicht so. Eigentlich habe ich damals meinen Mitarbeitern nicht besonders viel Aufmerksamkeit geschenkt. Ich kannte gerade meine Abteilungsleiter und war der Ansicht, dass dies völlig ausreichend sei.

Eines Tages sah ich auf dem Firmengelände eine Gruppe von Männern herumstehen und nicht arbeiten. Ich ging zu ihnen hin und sagte ihnen sehr grob, sie hätten hier nicht faul herumzulungern und sollten gefälligst wieder an ihre Arbeit gehen. Schließlich hätte ich sie nicht eingestellt, damit sie hier herumstünden, und würde sie auf der Stelle feuern, wenn sie nicht sofort an ihren Arbeitsplatz gingen.

Was soll ich Ihnen sagen: Die Männer lachten mich aus! Und jeder in der Nähe Stehende lachte ebenfalls über mich. Das machte die Sache noch schlimmer! Ich wurde wirklich wütend und geriet völlig außer mich. Vor allen meinen Angestellten machte ich mich in meiner Empörung und Wut zum Narren.

Wie sich herausstellte, arbeiteten diese Männer gar nicht für mich! Sie müssen wissen, wir haben die Immobilie nur gemietet, und der Besitzer hatte den Auftrag gegeben, das Heizungssystem zu überprüfen. Die Heizungsmonteure standen nur deshalb herum, weil sie auf ihren eigenen Vorgesetzten warteten, der ihnen die Arbeitsanweisungen erteilen sollte.

Seit dem kenne ich jeden, der für mich arbeitet, beim Vornamen! Ich kenne jeden einzelnen meiner Mitarbeiter persönlich. Und das hat sich in mehr als einer Hinsicht bezahlt gemacht. Ich habe mir dadurch die Freundschaft, Loyalität, Kooperation und höchste Leistungsbereitschaft meiner Leute verdient."

Wenn Sie das gleiche Ergebnis erzielen wollen, dann behandeln Sie Ihre Angestellten als Menschen – und nicht wie Vieh! Es besteht ein sehr großer Unterschied zwischen einem Team und einer Herde! Die Menschen möchten, dass man sie beim Namen nennt, und nicht mit „Hey, Sie da!" oder „Leute ..." anspricht.

Es kostet Sie selbst keinen einzigen Pfennig, aber Ihren Mitarbeitern gibt es das Gefühl, von unschätzbaren Wert zu sein.

Sie behandeln Ihre Mitarbeiter nicht als individuelle Persönlichkeiten

2. Sparen Sie nicht mit Lob – klopfen Sie auch mal jemandem auf die Schulter

Charles Schwab, ein hoch bezahlter Angestellter bei *Andrew Carnegie*, dem Stahlmagnaten, kennt das Geheimnis, wie man seine Leute zu Höchstleistungen motiviert.

> *„Ich denke, dass meine Fähigkeit, den Enthusiasmus der Leute zu wecken, einer meiner größten Vorzüge ist. Meiner Meinung nach kann man einen Menschen nur durch individuelle Wertschätzung, Lob und Bestätigung zu Höchstleistungen bringen.*
> *Nichts in der Welt zerstört den Ergeiz eines Menschen so sehr wie Kritik. Daher kritisiere ich niemals. Ich bin davon überzeugt, dass man seinen Leuten einen Anreiz und einen guten Grund geben muss, um sich wirklich anzustrengen und einzusetzen. Ich bin immer bemüht zu loben, aber zögere, nach Fehlern zu suchen. Mit Beifall, Zustimmung und Lob bin ich immer sehr freizügig und diese Emotionen kommen stets von ganzem Herzen."*

Einen Menschen für seinen Einsatz zu loben ist nun nicht gerade eine brandneue Idee.

Studien an Schulen, Universitäten, Fabriken und Unternehmen haben im Laufe der Jahre schlüssig bewiesen, dass 95 von 100 Personen besser auf Lob als auf Kritik reagieren.

Ich habe in meinem Leben noch niemanden getroffen, der nicht lieber gelobt als kritisiert werden möchte; der es nicht schätzt, anerkennend auf die Schulter geklopft zu werden.

Ein Kompliment bringt immer etwas Sonnenschein in einen total verregneten Tag!

Carolyn Webb, die Kosmetikerin meiner Frau, sagt immer: „Ich verliere mehr Pfunde, wenn mir mein Mann ein nettes Kompliment über mein Aussehen macht, als wenn mir mein Arzt erklärt, dass Übergewicht zum Herzinfarkt führt!"

George Dwyer, Filialleiter bei *Fairfax Fashions* in Omaha, Nebraska, erklärt:

„Es ist eigentlich sehr einfach, einen Grund für ein nettes Kompliment zu finden. Sie müssen es nur einmal versuchen. Sie könnten doch zum Beispiel sagen: ‚Sie sind mit diesem schwierigen Kunden wirklich gut fertig geworden, Marge ...' oder ‚Tom, das ist eine wirklich brillante Idee ...' oder ‚Ich schätze es sehr, dass Sie mir diesen Bericht rechtzeitig bringen konnten, Sam ...' oder nur einfach ‚Danke Sally, dass Sie diesen Brief heute noch zur Post gebracht haben.'
Wie ich schon sagte, es ist nicht besonders schwierig; es hängt ganz allein von Ihrer Einstellung ab. Wenn Sie jemandem ein Kompliment machen wollen, dann finden Sie auch einen Grund dafür. Wenn Sie ihn kritisieren möchten, werden Sie aller Wahrscheinlichkeit nach ebenfalls etwas finden, das Sie dazu veranlassen könnte. Ich für meinen Teil lobe lieber als zu kritisieren! Ich finde, man kann die Leute dadurch viel besser motivieren, ihr Bestes zu geben."

Es gibt immer einen Grund, Ihre Leute zu loben.

Hält vielleicht einer Ihrer Mitarbeiter seine Werkbank besonders sauber und ordentlich? Dann sagen Sie ihm das!

Hat einer Ihrer Angestellten ein besonders tadelloses Sicherheitsprotokoll? Dann erklären Sie ihm, wie sehr Sie das zu schätzen wissen!

Konnte einer Ihrer Leute einen Gewinn bringenden oder Arbeit sparenden Verbesserungsvorschlag machen? Dann belohnen Sie ihn für seine Bemühungen!

Ist der Anwesenheitsnachweis einer Ihrer Mitarbeiter lückenlos? Ist er immer pünktlich? Dann danken Sie ihm dafür! Zeigen Sie Ihm, dass Ihnen sein Pflichtbewusstsein nicht verborgen geblieben ist!

Verfügt einer Ihrer Mitarbeiter über besondere fachliche Kenntnisse? Dann sagen Sie ihm, wie glücklich Sie darüber sind, ihn in Ihrer Abteilung zu haben!

Sparen Sie nicht mit Ihrem Lob – und sprechen Sie es, wenn irgendwie möglich, in der Öffentlichkeit aus. Es bedeutet viel für Ihren Mitarbeiter, vor seinen Kollegen gelobt zu werden.

Sind Sie persönlich von Ihrem Vorgesetzten schon einmal einem Fremden mit den Worten vorgestellt worden: „Ich möchte gern, dass Sie Tom Smith kennen lernen. Er ist einer unserer besten Aufseher, ein wirklich aufstrebender Mitarbeiter. Wir versprechen uns viel von ihm!"

Wie würden Sie sich fühlen, wenn Ihr Boss so von Ihnen spricht? Sie würden sich zukünftig sicherlich noch mehr anstrengen. *Genau darin liegt die Macht eines in der Öffentlichkeit ausgesprochenen Lobs.*

Und Ihren Mitarbeitern wird es da nicht anders gehen. Jeder reagiert positiv auf ein Lob und ein anerkennendes Schulterklopfen! Das liegt in der menschlichen Natur.

Also denken Sie immer daran. Die zweite Möglichkeit, einem Mitarbeiter als individuelle Persönlichkeit das Gefühl von Bedeutung und Wichtigkeit zu vermitteln, ist, *ihn zu loben und ihm für seinen Arbeitseinsatz Komplimente zu machen!*

3. Zeigen Sie Respekt gegenüber seinem fachlichen Wissen und seinen Fähigkeiten

> „Der beste Weg, einen Angestellten als individuelle Persönlichkeit zu behandeln, ist meiner Ansicht nach, seinem Wissen und fachlichen Fähigkeiten Respekt zu zollen", erklärt Paul Atwood, leitender Bereichsleiter bei der Phelps Dodge Corporation in Ajo, Arizona. „Gerade gestern zum Beispiel konnte ich einen unserer Maschinisten, Walter Brown, bei der Arbeit beobachten. Ich staunte über die Gewandtheit seiner Bewegungen, die sichere, geschickte und rhythmische Art und Weise, wie er das Rohmaterial und seine Gerätschaften bediente. Und ich sagte ihm das auch: ‚Walter, Du erstaunst mich wirklich. Ich wäre niemals in der Lage, diese Arbeit so gut zu machen wie Du!'
>
> Walter sah von seiner Arbeit auf und grinste nur. ‚Na, das hoffe ich auch', entgegnete er. ‚Wenn Sie das könnten, müsste ich mir ja einen neuen Job suchen!'
>
> Ich meinte wirklich ehrlich, was ich zu Walter gesagt hatte. Ich empfand wirklich tiefen Respekt gegenüber seinen technischen Fähigkeiten und seinem Wissen. Und ich wollte, dass er das weiß. Wenn ich es ihm nicht sage, wird er niemals erfahren, wie viel ich von ihm halte."

Wie Will Rogers zu sagen pflegte: „Jeder Mensch ist unwissend, nur eben immer auf einem anderen Gebiet!"

Es ist ziemlich wahrscheinlich, dass jeder Ihrer Angestellten mehr von seinem Job versteht als Sie in Ihrer Eigenschaft als Vorgesetzter. Und das ist ja auch richtig so.

Wenn Sie also Ihren Angestellten ein gutes Gefühl geben wollen, wenn Sie sie als individuelle Persönlichkeiten behandeln und ihnen das Gefühl vermitteln wollen, wichtig und bedeutend zu sein, dann beachten Sie diesen dritten Aspekt: *Zollen Sie den technischen Fähigkeiten und fachlichen Wissen Ihrer Mitarbeiter den gebührenden Respekt.*

Bemühen Sie sich ehrlich darum, Ihre Angestellten richtig kennen zu lernen

Wenn Sie Ihre Mitarbeiter als individuelle Persönlichkeiten behandeln möchten, müssen Sie diese auch in ihrer Individualität kennen. Sie sollten jedermanns persönliche Veranlagung, seine besonderen Eigenarten genau kennen. Zeigen Sie Interesse für die Vorlieben und die Abneigungen Ihrer Mitarbeiter.

Picken Sie sich aufs Geratewohl einen Ihrer Angestellten heraus und fragen Sie sich einmal, was ihn gegenüber seinen Kollegen so besonders macht. Verstehen Sie seine besonderen Charakterzüge, seine Grundeinstellung, seine tief verwurzelten Bedürfnisse und Wünsche oder seine persönlichen Schwächen?

Wenn nicht, dann rate ich Ihnen, sich ein Beispiel an George Underwood, dem Produktionsleiter der *Pillsbury Company* in New Albany, Indiana, zu nehmen:

„Damit ich mir alle Einzelheiten zu meinen Angestellten merken kann, führe ich eine Art Fotoalbum. Jeder Mitarbeiter füllt darin ein paar Seiten mit seinem Foto, seinem Namen, Einzelheiten zu seiner Frau und den Kindern – wenn möglich inklusive deren Bilder – und allen anderen persönlichen Details, die ich über meine Leute bekommen kann: Hobbys, Freizeitgestaltung, Vorlieben und Abneigungen.

Ich schnüffle bestimmt nicht hinter meinen Leuten her oder spioniere sie aus. Ich möchte einfach nur herausfinden, was für Menschen sie eigentlich sind und wo ihre Interessen liegen.

Wie ich an diese Informationen komme? Ganz einfach: Ich frage sie danach! Meiner Meinung nach ist das der beste Weg. Ich versuche wenigstens mit fünf meiner Angestellten pro Tag intensiv zu sprechen, wenn ich meine Runde mache. Vorher werfe ich einen kurzen Blick in mein Album, um mir ein paar Details zu denjenigen Mitarbeitern ins Gedächtnis zu rufen, mit welchen ich an diesem Tag zu sprechen gedenke.

Sie sehen also, der Zufall spielt bei diesen Unterhaltungen keine maßgebliche Rolle! Es hat vielleicht den Anschein danach, aber dem ist nicht so. Sie können sicher sein, dass ich meine Gesprächspartner vorher sorgfältig ausgewählt habe.

Das Durchsehen meiner Aufzeichnungen zu den einzelnen Angestellten bewahrt mich davor, dumme Fehler zu machen oder jemanden unbeabsichtigt durch eine unüberlegte Bemerkung zu verletzen. Das ist meiner Ansicht nach die beste Methode, seine Mitarbeiter als eigenständige Persönlichkeiten zu achten und entsprechend zu behandeln."

Vielleicht möchten Sie selbst bei Ihren Anstrengungen, Ihre Leute besser kennen zu lernen, nicht ganz so weit gehen. Wenn nicht, sollten Sie zumindest ein kleines Notizbuch bei der Hand haben, mit den Namen und den wichtigsten Angaben zu Ihren Untergebenen: seinem Alter, dem Namen seiner Frau und den Kindern, seine Hobbys, wie lange er bereits in Ihrem Unternehmen angestellt ist – einfach ein paar Hintergrundinformationen.

Welche Methode Sie auch immer anwenden wollen, Sie sollten auf alle Fälle in der Lage sein, die folgenden Fragen zu jedem einzelnen Ihrer Angestellten zu beantworten.

Fragen zu meinen Angestellten:

1. Worüber spricht er/sie gerne?
2. Was sind seine/ihre Ziele, Ambitionen und Vorstellungen?
3. Was sind seine/ihre persönlichen Charakterzüge?
4. Worauf ist er/sie stolz?
5. Wie geht er/sie mit Lob um?
6. Wie geht er/sie mit Kritik um?
7. Wie ist sein/ihr persönliches Auftreten?
8. Wie reagiert er/sie auf Herausforderungen?

9. Hat er/sie schon einmal gute und brauchbare Verbesserungsvorschläge gemacht?
10. Wie ist sein/ihr Verhalten gegenüber Kollegen, Vorgesetzten?
11. Über welche Dinge beschwert er/sie sich?
12. Was bringt ihn/sie zum Lachen?

Wenn Sie keiner der Fragen zu keinem Ihrer Angestellten beantworten können, dann ist das von Ihnen angewendete System absolut nutzlos; es ist in seinem Wirkungs- und Anwendungsbereich nicht umfassend genug. Sie sollten es wenigstens weiter ausbauen, um Ihre Leute wirklich kennen lernen zu können. Oder noch besser: Verfahren Sie gleich nach einer anderen Methode.

Stimmen Sie die Aufgabengebiete mit den Fähigkeiten Ihrer Angestellten ab

Wenn Sie alles Notwendige und Wissenswerte über Ihre Mitarbeiter in Erfahrung gebracht haben, sind Sie besser in der Lage, die einzelnen Aufgabengebiete in Ihrer Abteilung mit den richtigen Leuten zu besetzen.

Wenn Sie wissen, was jeder einzelne Ihrer Angestellten eigentlich will, können Sie ihm dabei helfen, seine Vorstellungen zu verwirklichen.

Ich bin mir natürlich darüber im Klaren, dass es für niemanden eine maßgeschneiderte Position geben kann. Aber wenn es Ihnen gelingt, die Fähigkeiten des Einzelnen den Arbeitsumständen anzupassen, besteht doch die berechtigte Aussicht, dass alle bessere Arbeit für Sie leisten können.

Gibt es zwischen den Jobanforderungen und den Wünschen, Vorstellungen und Fähigkeiten des Mitarbeiters keinerlei Übereinstimmung, wird er mit größter Wahrscheinlichkeit schlecht arbeiten und in seiner Position nur unglücklich sein. Kennen Sie aber seine Wünsche und Ziele, seine technischen Fähigkeiten und sein fachliches Wissen, können Sie seine Arbeitskraft effektiver nutzen, indem Sie ihn auf einen seinen Anforderungen entsprechenden Arbeitsplatz setzen.

Gestehen Sie jedem Ihrer Mitarbeiter seine Individualität zu, und behandeln Sie ihn angemessen. Sie werden schnell herausfinden, dass Sie ihn dadurch zu besseren Leistungen motivieren können. Sie haben sein Selbstvertrauen gestärkt und ihm in Bezug auf seine berufliche Karriere einen Schubs in die richtige Richtung gegeben.

Ich bin mir dessen bewusst, dass es keine Zauberformel gibt, die erfolgreiche Resultate garantieren kann. Aber ich weiß ganz genau, dass die Arbeitsmoral, Effizienz und die Produktivität in Ihrem Unternehmen nur gewinnt, wenn Sie Ihre Angestellten als eigenständige Persönlichkeiten verstehen und behandeln.

Und das sollte Ihnen der kleine Extraaufwand doch wert sein!

22 Sie lehnen es ab, für einen Stellvertreter zu sorgen

Haben Sie schon einmal erlebt, dass ein Mitarbeiter befördert wurde, obwohl einer seiner Kollegen qualifizierter gewesen ist? Haben Sie sich gefragt, was der Hintergrund zu dieser Entscheidung war?

Nehmen wir einmal an, Sie selbst wären der Boss und müssten nun die Wahl zwischen vier qualifizierten Bewerbern treffen. Einer von ihnen verfügt vielleicht über etwas bessere Qualifikationen. Würde Ihre Wahl auf ihn fallen? „Natürlich", werden Sie antworten. „Wenn er der Beste der vier Bewerber ist, wäre ich doch dumm, wenn ich ihn nicht nehmen würde!"

Wenn Sie über keinerlei weitere Informationen über die vier Bewerber verfügen, ist Ihre Entscheidung mit Sicherheit richtig. Ich würde wahrscheinlich nicht anders handeln. Aber nehmen wir weiter an, der Mitarbeiter Ihrer Wahl hat niemanden bestimmt, der auf seinem Posten arbeiten kann; er hat es versäumt, für einen Stellvertreter zu sorgen, und bei einer Beförderung seiner Person würde nun eine nicht zu schließende Lücke in Ihrer Führungskette entstehen! Sie hätten dann eine führungs- und orientierungslose Abteilung in Ihrem Betrieb, denn ein qualifizierter und in den Betrieb eingearbeiteter Ersatz ist nicht so schnell zu finden.

Würden Sie sich immer noch für diesen Mitarbeiter entscheiden? Würden Sie ihn mit einer neuen Aufgabe betrauen und nicht daran denken, was mit dem Rest Ihres Unternehmens passiert? Das möchte ich entschieden bezweifeln! Ich persönlich würde mich mit Sicherheit anders entscheiden.

Arthur Needham, Manager in einem Unternehmen bei Akron, Ohio, hat in einer ähnlichen Situation ebenfalls eine andere Wahl getroffen:

> „Ich erhielt eine wundervolle Nachricht. Ich war zum Vice President der gesamten Produktion unseres Unternehmens ernannt worden. Der CEO des Unternehmens, Mr. Allen, bestimmte Bert Montgomery zu meinem Nachfolger, überließ es aber meinem Ermessen, den Posten von Bert als Produktionsleiter neu zu besetzen. Zur Auswahl standen die Führungskräfte aus fünf verschiedenen Abteilungen unseres Hauses. Jeder von ihnen verfügte für den Job über ausreichende Qualifikationen.
> Auf den ersten Blick erschien Carl Simmons mein Mann zu sein. Er arbeitete schon seit vielen Jahren bei uns und verfügte über die längste Betriebszugehörigkeit. Von den fünf Bewerbern war er der beste Verwalter; seine Berichte waren peinlich genau, die Produktionszahlen erreichten stets die Betriebsvorgaben. Eigentlich schien er die einzig logische Wahl für den zu besetzenden Posten zu sein. Aber ich habe ihn nicht genommen!
> Warum nicht, möchten Sie gern wissen! Ganz einfach: Er hatte es versäumt, einen Mitarbeiter in seinen Aufgabenbereich einzuarbeiten; er hatte keinen Assistenten oder Stellvertreter, der seine Aufgaben hätte nahtlos übernehmen können. Im Fall seiner Beförderung hätten wir eine führungslose Abteilung ohne adäquaten Ersatz gehabt. Für ein Unternehmen, in dem alle Abteilungen aufeinander angewiesen sind und nur dann effektiv funktionieren, wenn alles reibungslos ineinander greift, ist eine solche Entscheidung einfach undenkbar! Die Rohstoffe durchlaufen nacheinander alle fünf Abteilungen, ehe am Schluss das fertige Produkt vom Fließband läuft. Wenn eine Abteilung nicht richtig funktioniert, steht der gesamte Betrieb still!
> Indem er keinen Stellvertreter eingearbeitet hat, wurde Carl – im wahrsten Sinne des Wortes – unersetzlich. Dadurch hat er sich eigentlich selbst ins Abseits manövriert, denn er hatte seine Chance auf Beförderung selbst eingeschränkt.
> Bei einer Ernennung von Leland Schroeder zum Produktionsleiter waren keinerlei derartiger Komplikationen zu befürchten. Seine Abteilung würde auch ohne ihn reibungslos weiterfunktionieren, denn sein Stellvertreter Wade Gearing war in der Lage, seine Aufgaben sofort zu übernehmen. Der gesamte Betrieb konnte weiterarbeiten, als ob keinerlei Veränderungen stattgefunden hätten. Und darin liegt ja unser Hauptanliegen: ein reibungsloser, effizienter Produktionsweg.

Also fiel meine Entscheidung zugunsten von Leland Schroeder aus. Nicht weil er besser qualifiziert gewesen wäre, sondern weil er rechtzeitig für einen kompetenten Stellvertreter gesorgt hatte. Die Vorteile für das Unternehmen lagen auf der Hand. Und ich war mir ziemlich sicher, dass er seine fachlichen Schwächen in Kürze behoben haben und dass er mit den steigenden Anforderungen in seinem Job persönlich wachsen würde."

Ich hätte mich genauso entschieden – und Sie mit Sicherheit auch. Es ist einfach sinnvoller, den *geeignetsten Mitarbeiter* zu befördern, der an seinen Aufgaben wachsen kann, als den fachlich Besten, dessen Weggang aus der Abteilung jedoch nur heilloses Chaos hinterlässt!

Machen Sie nicht den Fehler und werden Sie „unersetzlich", nur weil Sie es versäumt haben, für einen kompetenten und qualifizierten Nachfolger zu sorgen.

Was Sie gewinnen, wenn Sie einen Mitarbeiter zu Ihrem Assistenten oder Stellvertreter ernennen

Sie sind jederzeit darauf vorbereitet, selbst befördert zu werden

Natürlich sollten Sie selbst ebenfalls jederzeit dazu in der Lage sein, die Pflichten und den Verantwortungsbereich Ihres eigenen Vorgesetzten zu übernehmen, sollte dieser auf eine andere Position versetzt werden. Dazu müssen Sie unbedingt jedes Detail seines Aufgabengebietes in- und auswendig kennen. Aber das ist nur eine Seite der Medaille. Für diesen Fall sollten Sie bereits in der Vergangenheit eine Person Ihres Vertrauens in Ihr persönliches Aufgabengebiet eingewiesen und mit Ihren Pflichten vertraut gemacht haben. Wenn Sie keinen kompetenten Stellvertreter benennen können, wird man Sie – wie auch Carl Simmons – bei einer Beförderung einfach übergehen. Benennen Sie einen Stellvertreter, einen Mitarbeiter, der jederzeit in Ihre Fußstapfen treten kann, und die nächste Stufe auf Ihrer Karriereleiter wird Ihnen niemand verwehren können.

Es gibt jemanden, der Ihre Aufgaben in Ihrer Abwesenheit übernehmen kann

Sie müssen sich voll und ganz auf Ihre Abteilung verlassen können, wenn Sie wollen, dass auch in Ihrer Abwesenheit alles reibungslos funktioniert. Niemand kann 24 Stunden am Tag arbeiten, nur um immer präsent zu sein. Ernennen Sie einen guten Stellvertreter, der Sie kompetent vertreten kann, sollten Sie einmal nicht verfügbar sein. Sie können der Arbeit dann auch einmal ruhigen Gewissens fern bleiben – sei es krankheitsbedingt, aufgrund eines Unfalls oder für einen lang ersehnten Urlaub. Sie müssen sich keine Sorgen machen, dass in Ihrer Abteilung alles drunter und drüber geht – Sie können sich entspannen und die arbeitsfreie Zeit genießen. Aber nur, wenn Sie einen fähigen und zuverlässigen Assistenten an Ihrer Seite haben!

Sie haben mehr Zeit für Ihre übrigen Aufgaben als Führungskraft

Der Tag hat nicht genug Stunden, um alle anstehenden Aufgaben zu bewältigen, ist eine der häufigsten Klagen von Führungskräften aus Industrie und Wirtschaft.

Wenn Sie versuchen, alles allein zu machen, sich um jedes auch noch so kleine Detail selbst kümmern, laufen Sie Gefahr, dass Ihnen die Dinge aus der Hand gleiten oder Sie Ihre Arbeit nur oberflächlich machen.

Steht Ihnen aber ein gut unterrichteter Stellvertreter zur Seite, können Sie ihm im Ernstfall ein paar Ihrer Aufgaben und Pflichten anvertrauen. Auf diese Art und Weise gewinnen Sie Zeit, um sich auch mit den Arbeiten zu beschäftigen, die Sie ansonsten vielleicht vernachlässigen würden.

Sie gewinnen Zeit, etwas für das eigene Image zu tun

Jerry Williams, Manager ein einem Kaufhaus in Portland, Oregon, hat den Vorsitz bei einer örtlichen, karitativen Institution übernommen – wie viele andere Führungskräfte im ganzen Land auch.

Arnold Hubbard, Manager bei der *Southern Bell Telephone Company* in Baton Rouge, Lousiana, hat von der Handelskammer den Titel „Young Man of the Year" verliehen bekommen. Aufgrund seiner Verdienste bei der Telefongesellschaft? Sicherlich nicht. Sein unermüdlicher Einsatz für die Pfadfinder, das Rote Kreuz und andere karitative Einrichtungen waren für diese Ernennung ausschlaggebend. Arnold Hubbard oder Jerry Williams sind keine Einzelfälle. Führungskräfte vieler Unternehmen und Betriebe verwenden einen Teil ihrer Arbeitszeit darauf, in ihren Gemeinden unterstützend tätig zu werden.

Wie ist das möglich, wollen Sie sicher wissen? Indem Sie Ihre Stellvertreter so gut in die Materie eingewiesen haben, dass Sie es sich ohne weiteres erlauben können, Ihren Schreibtisch für ein paar Stunden in der Woche zu verlassen.

Ich kann Ihnen versichern, dass auch Ihr Arbeitgeber daran interessiert ist, dass Sie in Ihrer Heimatgemeinde ein gutes Bild abgeben und sich ins rechte Licht rücken.

In Anbetracht dieser Tatsache sind Sie gut beraten, einen kompetenten Stellvertreter zu benennen, der Ihre Aufgaben und Pflichten übernehmen kann, während Sie unterwegs sind und ein wenig die Werbetrommel rühren. Auf lange Sicht ist das für Sie und für Ihr Unternehmen nur von Vorteil.

Methoden, um diese Ziele zu erreichen

Wählen Sie jemanden als Ihren Stellvertreter aus

In Kapitel 4 haben wir darüber gesprochen, wie man die richtigen Entscheidungen trifft. Nun ist es an der Zeit, das Gelernte einmal in die Tat umzusetzen: Machen Sie einen ersten Schritt in diese Richtung und wählen Sie einen Mitarbeiter aus, der Sie in Ihrer Abwesenheit vertreten soll. *Treffen Sie eine Entscheidung*.

Bei manchen Menschen liegt schon da der Hase im Pfeffer! Sie können einfach die Zügel nicht locker lassen und ein wenig von Ihrer Verantwortung und Kompetenz an einen Assistenten abgeben. Jeder Fehler, den Ihr Stellvertreter macht, wird auf Sie zurückfallen – und diese Vorstellung bereitet Ihnen größtes Unbehagen.

Ich gebe zu, dass es nicht einfach ist, Arbeitsbereiche zu delegieren. Mir persönlich fällt das auch nicht leicht. Die meisten von uns sind der Ansicht, dass sie eine Aufgabe am besten selbst erledigen. Es geht uns in der Regel gegen den Strich, jemanden um Hilfe bitten zu müssen oder Aufgaben zu übertragen.

Es gibt immer jemanden, der glaubt, das Unternehmen würde zusammenbrechen, wenn er dort nicht länger arbeiten würde. Scott Brady, ein Oberst der Luftwaffe im Ruhestand, ist da ein gutes Beispiel.

> *„Als ich den Dienst quittierte, dachte ich, dass sie es ohne mich nicht schaffen würden. Aber irgendwie ging es dann doch. Die einzige Person, die sich nach 28 Jahren Dienstzeit noch an mich erinnert, ist der Offizier, der mir jeden Monat meinen Ruhestandsscheck schickt. Und ich hoffe, verdammt noch mal nicht, dass es sich hier um einen Computer handelt!"*

Verbeißen Sie sich nicht bereits an diesem Punkt! Sie müssen sich nur immer sagen: *„Was passiert, wenn ich keinen Stellvertreter einarbeite?"* Nehmen Sie ein Blatt Papier und schreiben Sie die Alternativen auf. Sie haben ja schon erfahren, wie es Carl Simmons ergangen ist. Ich schätze, Sie wollen seinem Beispiel nicht gerade folgen.

Nun stellen Sie sich die folgende Frage: *„Was geschieht, wenn ich einen Stellvertreter für meinen Posten ernenne?"* Schreiben Sie auch diese Möglichkeiten auf einem Blatt Papier nieder. Ich haben Ihnen auf den letzten Seiten ja schon ein paar Anregungen gegeben.

Ich bin mir sicher, wenn Sie die beiden Seiten miteinander vergleichen – das Für und Wider gegeneinander abwägen – sind Sie sehr bald in der Lage, die richtige Entscheidung zu treffen!

Zögern Sie nicht länger! Es gibt keinen Grund, diese Entscheidung noch weiter auf die lange Bank zu schieben. Wählen Sie noch heute jemanden als Ihren Stellvertreter aus!

So findet man die richtige Person für diesen Job

Woher weiß man, dass man den richtigen Mitarbeiter ausgewählt hat?

Sie werden natürlich keine endgültige Antwort erhalten, bis er (oder sie) nicht eine Weile mit Ihnen zusammen gearbeitet hat.

Aber Sie können das Risiko reduzieren, wenn Sie Ihre Wahl sorgfältig und nicht übereilt treffen und die infrage kommenden Mitarbeiter einer gründlichen Prüfung unterziehen.

Sehen Sie sich die Arbeitsweise an; werfen Sie einen Blick in die Personalakten; lesen Sie die Leistungsberichte und Mitarbeiterbeurteilungen.

Unterziehen Sie die Leute einem Test: Stellen Sie ihnen gezielte Aufgaben und verfolgen Sie die Art und Weise, wie jeder Einzelne damit umgeht.

Wenn Sie jemanden von außerhalb wählen, müssen Sie sich auf das Einstellungsgespräch und den persönlichen Eindruck verlassen. Sprechen Sie auch mit dessen ehemaligen Vorgesetzten und auch mit dessen Mitarbeitern.

Martin Block, Leiter der Personalabteilung bei der *Sun Oil Company* in Tulsa, Oklahoma, macht folgenden Vorschlag:

> *„Ich empfehle Ihnen bei der Wahl Ihres Stellvertreters die folgende Vorgehensweise: Sie wissen, dass er über annähernd die gleichen Fähigkeiten verfügen sollte wie Sie selbst. Aber abgesehen davon suchen Sie nach jemandem, der Sie in Ihren Schwächen positiv ergänzen kann. Sie brauchen niemanden, der wie Ihr Spiegelbild ist.*
> *Wenn Abteilungsleiter und Stellvertreter dieselben Stärken und Schwächen haben – wenn beide völlig identisch sind –, dann fliegen bestimmt bald die Fetzen. Der beste Assistent ist derjenige, dessen Stärken und Schwächen sich mit den Ihren ergänzen. Auf diese Weise arbeiten Sie Hand in Hand, anstatt sich gegenseitig Konkurrenz zu machen."*

Auf diese Eigenschaften sollten Sie bei Ihrem Stellvertreter achten

Sie sollten nicht erwarten, jemanden zu finden, der Ihren Vorstellungen auf Anhieb entspricht! Sie müssen sich schon die Mühe machen, diese Person in ihre Aufgaben und Pflichten gründlich einzuarbeiten und ihr auch mit Rat und Tat zur Seite stehen.

Welche Grundvoraussetzungen sollte Ihr Stellvertreter mitbringen? Das Wichtigste ist seine Bereitschaft, von Ihnen zu lernen und von Ihrer Erfahrung zu profitieren. Er muss ja nun nicht ausgerechnet die gleichen Fehler machen wie Sie! Er sollte aber auch über eine schnelle Auffassungsgabe verfügen und bestrebt sein weiterzukommen.

Sie sollten sich jemanden suchen, der selbstständig denken kann und über ausreichend gesunden Menschenverstand verfügt. Er sollte gut mit Menschen umgehen können und in der Lage sein, das Vertrauen und den Respekt seiner Kollegen und Mitarbeiter zu gewinnen. Verantwortung zu übernehmen sollte für ihn kein Fremdwort sein und zu guter Letzt sollte es ihm auch nicht an Eigeninitiative und Einfallsreichtum mangeln. Vergessen Sie nicht: Er repräsentiert in erster Linie Sie selbst!

Wenn die Person Ihrer Wahl über diese Grundvoraussetzungen verfügt, können Sie ihn in die Aufgaben und Pflichten einführen, die Ihr Job mit sich bringt. Sie können ihn weiterhin in bestimmten Führungstechniken unterweisen, allerdings hat sich hier die Methode *Learning by Doing* immer noch am besten bewährt.

Wie man Verantwortung an seinen Stellvertreter delegiert

Wenn Sie möchten, dass Ihr Stellvertreter Höchstleistungen bringt und sein Bestes für Sie gibt, dann müssen Sie eng mit ihm zusammenarbeiten.

Das tatsächliche Abgeben von bestimmten Verantwortungsbereichen wird eine Ihrer schwierigsten Aufgaben sein. Im Folgenden finden Sie fünf Methoden, wie man als Führungskraft seine Vollmachten so problemlos und nahtlos wie möglich überträgt.

1. *Geben Sie ihm vollständiges Bild von seinen Aufgaben.*
   Sorgen Sie dafür, dass Ihr Stellvertreter über alle notwendigen Informationen verfügt, um seine Aufgabe meistern zu können. Erläutern Sie ihm in aller Deutlichkeit und Präzision, was Sie von ihm erwarten. Sagen Sie ihm ganz genau, wo seine Kompetenzen beginnen, und auch, wo sie enden!

Versichern Sie sich, dass Ihre Leute seinen neuen Status akzeptieren und anerkennen. Sie müssen darüber informiert werden, dass sie sich zukünftig bei bestimmten Dingen direkt mit Ihrem Stellvertreter auseinander setzen müssen. Wenn Sie diese Regel nicht konsequent durchsetzen, vereiteln Sie Ihr Ziel, durch einen Assistenten entlastet zu werden, selbst. Verdeutlichen Sie diesen Punkt Ihren Mitarbeitern mit allem Nachdruck und sie werden gern mit Ihnen und dem Stellvertreter kooperieren.

2. *Sagen Sie ihm, was Sie vorhaben.*
Wenn Sie Ihr Stellvertreter wirklich entlasten und gute Arbeit leisten soll, dann müssen Sie ihn auch über all Ihre Aktivitäten in Kenntnis setzen. Erläutern Sie ihm Ihre Pläne und informieren Sie ihn über deren Fortschritte. Erklären Sie ihm Ihre Gründe für bestimmte Entscheidungen, Vorgehensweisen und Anordnungen. Über Probleme sollte er unverzüglich informiert werden. Überlassen Sie es ihm, Lösungen für diese zu finden. Teilen Sie Ihre Erfahrung und Ihr Wissen mit Ihrem Stellvertreter, sodass er daraus lernen und profitieren kann.

3. *Übertragen Sie ihm die Verantwortung und Aufgaben Schritt für Schritt.*
Bürden Sie ihm nicht alle Pflichten auf einmal auf. Übertragen Sie die Aufgaben nach und nach, während er sich in seine neue Position einarbeitet. Delegieren Sie Ihre Aufgaben sukzessive. Nur dann wird er an seiner neuen Stellung wachsen und zu Ihrer vollsten Zufriedenheit arbeiten.

4. *Lassen Sie ihn an der langen Leine.*
Manche Führungskräfte können kein auch noch so kleines Detail in ihrer Abteilung aus den Fingern geben. Diese Verhalten ist absolut indiskutabel. Ständiges Überwachen ist für die Angestellten einfach unerträglich und belästigend. Es macht die Leute nervös und verhindert letztendlich, dass die Arbeit verzögerungsfrei erledigt wird.
Wenn Sie einem Mitarbeiter eine Aufgabe übertragen, dann lassen Sie ihn auch nach seinem eigenen Gutdünken gewähren! Gehen Sie aus dem Weg und geben Sie ihm die Möglichkeit, in Ruhe zu arbeiten. Lassen Sie sich nach Beendigung des Jobs darüber berichten: Zum Beispiel, wie er mit der Aufgabe zurechtgekommen ist. Helfen Sie ihm dabei, eventuelle Fehler zu korrigieren, damit diese das nächste Mal nicht wieder passieren. Auf diese Art und Weise wächst Ihr Mitarbeiter an seinen Aufgaben.

5. *Geben Sie Ihrem Stellvertreter die nötigen Vollmachten.*
   Wenn Sie ihn dafür verantwortlich machen möchten, dass bestimmte Arbeiten erledigt werden, dann müssen Sie ihm auch die notwendigen Kompetenzen und Vollmachten übertragen.
   Ermuntern Sie ihn, mit Problemen nur dann zu Ihnen zu kommen, wenn irgendetwas völlig schief läuft oder er allein nicht mehr weiter weiß. Veranlassen Sie ihn, sich zu dem scheinbar unüberwindbaren Problem wenigstens zwei Lösungsvorschläge zu überlegen. Helfen Sie ihm, indem Sie ihm die Richtung zu der richtigen Entscheidung weisen. Aber lassen Sie ihn diese auf alle Fälle selbst treffen! Das ist Ihre Pflicht und gleichzeitig sein Recht!

Ein kleiner Rat zum Abschluss

„Allein die Tatsache, dass Sie eine Führungsposition innehaben, heißt noch lange nicht, dass Sie jede Woche zwangsläufig kurz vor dem Nervenzusammenbruch stehen müssen", erzählt Steve Powers, Produktionsleiter bei der Westinghouse Electric Company in Tampa, Florida. „Aber genau das wird passieren, wenn Sie versuchen, alles allein zu machen! Sie werden weiterkommen und auch länger durchhalten können, wenn Sie sich ein wenig von Ihrer Last abnehmen lassen.
Ernennen Sie einen Stellvertreter und Ihr Job wird Ihnen um ein Vielfaches leichter fallen. Ein Assistent erlaubt es Ihnen sich die Zeit zu nehmen, um in Ruhe nachdenken, planen, nach Lösungen suchen und an Meetings teilnehmen zu können. Und zu guter Letzt verschafft er Ihnen die Zeit, ein wenig zu entspannen und nach Luft zu schnappen. Er kann Ihnen das Leben viel leichter und angenehmer machen."

Mit einem kompetenten und leistungsstarken Stellvertreter können Sie wirklich länger durchhalten und auch weiter vorankommen. Sie können es sich ruhigen Gewissens gönnen, ein wenig mehr Zeit mit Ihrer Familie und mit Freunden zu verbringen.

Kurz gesagt, ein Stellvertreter kann Ihnen ein erfüllteres und reicheres Leben verschaffen, sowohl an Ihrem Arbeitsplatz als auch zu Hause.

Stichwortverzeichnis

1-Million-Dollar-Erfolgsplan 30

A
Ablauforganisation 63
Abwesenheit 264
Anerkennungsschreiben 180
Ängste 97
Anweisungen 77, 92, 194
Arbeits-
   -einsatz 126
   -methoden 197, 209
   -platzbeschreibung 75
   -weise, verbesserte 210
Aufgaben-
   -bereich 87
   -definition 75
   -gebiet 36
   -gebiete der Angestellten 259
Aufzeichnungen, detaillierte 223
Ausdrucksweise 80

B
Beförderung 17
Begeisterungsfähigkeit 146, 239
Beispiel, gutes 145
Belohnung 187
Bewunderung 122
Bezahlung 29

D
Delegieren 91, 268
Denkansätze, individuelle 184
Dezentralisierung 88

E
Ehrlichkeit 124
Eigeninitiative 87
Einfallsreichtum 87
Entfaltung, individuelle 192
Entscheidungs-
   -prozesse 172
   -spielraum 196
Erscheinungsbild, berufliches 41
Experte 18

F
Fach-
   -gebiet 33
   -kenntnisse 22
Fähigkeiten 256
   - der Angestellten 259
   - eigene 32
   - fachliche 210
   - überdurchschnittliche 179
Fehler(s) 221
   - der Mitarbeiter 45
   - Wiederholung des 222
Firmenaktien 173
Freiraum 90
Frustration 53

G
Gerüchte 240
Geschenke 154
Gewinnbeteiligung 174
Glaubwürdigkeit 244
Goldene Regeln 162

H
Haftbarkeit 198
Hauptverantwortungsbereich 43
Humor 161

I
Image, eigenes 264
Individualität 257
Initiative 41
Itegrität 138

K
Konsequenzen 136
Kontakt, sozialer 158
Kontroll(-)(e) 66, 83
   -funktion 191
   -maßnahmen 63
Kooperation(s-) 42, 166, 240
   -bereitschaft 143
Kreativität 180
Kritik 242
   - konstruktive 215

L
Leistung(s-)
   - eigene 96
   -bereitschaft 117
   -nachweis 242
   -standards 109
   -steigerung 63
   -verbesserung 63
Lob 220, 243, 244, 254
Lösungsvorschläge 97
Loyalität 143, 161

M
Management-
   -methoden 47
   -probleme 57
Meetings, wöchentliche 172
Missverständnisse 245
Mitarbeiter(-) 36
   - kompetente 191
   - verärgerter 232
   - zufriedener 232
   -beschwerden 234

P
Pflichtbewusstsein 105
Popularität 156
Problem-
   -bewältigung, aktive 182

-löser 53

R
Regeln 126
   - effektive 211
Respekt 42, 86, 122, 133, 143, 190, 240, 256,

S
Schwächen 96
Selbstlosigkeit 127
Sicherheitsbedingungen 63
Sonderbehandlungen 156
Spaß 19
Standard 143
   - hoher 143
Stärken 96
Stellvertreter 267
Sympathien 156, 228

T
Tadel 220
Teams 179
Termine, vorgegebene 103

V
Veränderungen 246
Verantwortung(s-) 23, 43
   -bereich 87
Verbesserungsvorschläge 112
Vertrauen 86, 121, 143, 190,
Vertraulichkeit 220
Vorabinformationen 245
Vorschläge 79, 186

W
Weiterbildungs-
   -maßnahme 21
   -möglichkeiten 23
Wertschätzung, individuelle 254
W-Fragen 55, 80
Wissen 20
   - fachliches 256
Wohlwollen 42
Würde 222

Z
Ziele, neue 113
Zivilcourage 134
Zuhören, aufmerksames 228
Zuverlässigkeit 133